안재홍의 민족운동 연구 4

안재홍의 민족운동 연구 4

초판 1쇄 발행   2025년 10월 31일

저   자 | 김인식·오영섭·이주현·방유미·황우갑
편   자 | 민세안재홍선생기념사업회
발행인 | 윤관백
발행처 | 선인

등록 | 제5 - 77호(1998.11.4)
주소 | 서울시 양천구 남부순환로 48길 1, 1층
전화 | 02)718 - 6252 / 6257   팩스 | 02)718 - 6253
E-mail | suninbook@naver.com

정가   21,000원
ISBN   979-11-6068-991-4   94900
       978-89-5933-496-4   (세트)

·잘못된 책은 바꿔 드립니다.

※이 책은 평택시의 후원으로 제작하였습니다.

민세학술연구총서 015

안재홍의 민족운동 연구 4

김인식·오영섭·이주현·방유미·황우갑 지음
민세안재홍선생기념사업회 편

책머리에

올해는 광복 80주년이자, 민족지도자 민세 안재홍 서거 60주년이 되는 해이다. 안재홍은 1891년 11월 경기도 평택에서 태어나 국내 민족운동을 이끌며 1919년 대한민국 청년외교단 사건을 시작으로 조선일보 필화, 신간회운동, 군관학교 사건, 조선어학회 사건 등으로 9차례 걸쳐 7년 3개월 옥고를 치른 독립 운동가였다. 또한 시대일보 논설기자, 조선일보 주필·사장, 해방 후 한성일보 사장을 지낸 언론인이자, 일제식민사관에 맞서 한국고대사 연구에 몰두하고 다산 정약용의 『여유당전서』를 교열·간행한 사학자였다. 민세는 해방 후에는 건준 부위원장, 좌우합작 우측대표, 미 군정청 민정장관, 2대 국회의원 등으로 통일민족국가 수립에 헌신했던 정치가였다.

1980년대 중반 이후 본격적으로 시작된 안재홍 재조명 학술연구 사업은 그동안 역사학, 정치학, 언론학을 중심으로 연구가 진행되어왔다. 최근에는 교육학, 문학, 체육학 등 다양한 분야로 연구가 점차 확대되고 있다. 이는 당대 다사가(多事家)라는 별명을 가진 안재홍이 다양한 분야에 걸쳐 많은 글을 썼기에 가능한 일이기도 하다.

이 책에 게재되는 논문들은 2024년 (사)민세안재홍선생기념사업회가 주관하고 평택시가 후원한 「제18회 민세학술대회: 곧은 펜으로 겨레를 이끌다」와 기타 학술 연구 결과를 정리한 것이다. 이 책에 수록된 5편의 논문들을 요약하면 다음과 같다.

김인식은 「식민지시기 안재홍의 옥고 횟수와 기간 재검토」에서, 안재홍의 총 옥고 기간은 7년 15일여로 추산할 수 있으며 기간에는 병보석으로 석방된 날과 출옥일은 제외하였고, 피체일이 분명하지 않을 경우에는 가장 늦은 날짜를 피체일로 계산하였으므로 30여 일 전후의 오차가 날 수 있다고 분석했다. 또한 '7년 3개월'의 기간 중 '9차례'에는 포함되지 않은 옥고를 가정할 수 있으며 안재홍은 1917년 3월 5일 조선산직장려계(朝鮮産織獎勵契) 사건에 연루되어 「보안법」 위반으로 검사국에 송치되었는데, 송치되기 이전 경찰서 유치장에 수일간 구금되었을 가능성이 크며 지방 순회 강연 중 내용이 문제가 되어 수시로 구류되었을 예도 다수 있을 것으로 추정했다.

오영섭은 「『한성일보』의 남한단정론에 대한 비판적 지지」에서, 일제시기에 이상재와 YMCA와 『태평양잡지』를 매개로 인연을 맺은 이승만과 안재홍은 독립과 건국의 대의를 실현하고자 협력관계를 유지했다. 양인의 협력관계는 일제시기 말기에 단절되었으나 해방된 조국에서 재개되었고 이때 양인은 자주적 통일민족국가의 건설이라고 하는 광복대업의 최종목표를 달성하고자 분투하는 과정에서 안재홍이 사장을 맡은 『한성일보』를 통해 협력관계를 이어갔다. 이때의 협력양상은 많은 논쟁과 논란을 낳은 이승만의 신국가 건설방안인 남조선단독국가건설론(남한단정론)에 대해 안재홍의 『한성일보』가 거의 대부분의 언론 매체들과 달리 비판적 지지를 보내는 방식으로 이루어졌다고 평가했다.

이주현은 「1930년대 민세 안재홍 조선학운동의 지평 재점검」에서 민세는 세계시민으로서의 조선 인민이, 일제 압박에서 벗어나 그릴 청사진의 단위 또한 민족국가로 제시함으로써 식민지 조선의 문제 의식을 계승하였고 끊임없이 전통의 서사를 주체적인 민족문화로 재구성하고자 하였으며, 재구성의 도구는 다산이었다고 보았다. 민세가 1930년대에 진행한 다산 독해는 분명 굴절되어 있었지만, 그 굴절은 다시 '신민족주의와 신민주주의'라는 새로운 가치를 형성했으며 그가 제시한 이상사회의 가치가 지금의 사회에서 어떤 의미를 가지고 있는지 이끌어내기 위해서는 그의 사상에서 그의 '지금-여기'가 어떻게 이해되었는지 다시금 독해할 필요가 있다고 강조했다.

방유미는 「지역 문화콘텐츠로써의 역사인물 활용 방안: 평택시의 안재홍을 중심으로」에서, 상대적으로 활동 업적에 비해 상대적으로 대중적 인지도가 부족한 평택 출신 역사인물 안재홍에 대해 재조명함으로써 지역문화콘텐츠 연구의 범위를 확장하였으며 정체성이 부재한 평택시의 문화적 정체성 구축 방안을 제시하였다. 실용적 측면에서는 안재홍 콘텐츠 개발은 평택만의 고유한 문화 브랜드 구축, 문화관광 활성화를 통한 지역경제 발전, 교육적 가치 실현을 통한 시민 의식 향상과 지역 공동체 결속 강화라는 세 가지 목표 달성에 기여할 수 있다고 제시했다.

황우갑은 「안재홍의 근현대 체육 확산 활동 연구」에서 안재홍은 일제강점기 조선일보를 기반으로 축구, 농구, 야구, 권투 등 다양한 체육 분야에서 경기인들과 협력하며 스포츠를 통한 민족의식 고취에 힘썼고 조선농구협회 초대 회장으로 한국 농구 발전에 초석을 놓았으며 해방 후에도 안재홍은 조선체육회 고문, 한국프로권투협회 고문 등으로 체육발전에 기여했고 민정장관 재직시절인 1947년 12월 대한올림픽 후원회 회장으로 한국 최초 복권인 올림픽 후원권을 발행 1948년 6월 신생 대한민국이 최초로 런던 올림픽에 참여할 수 있게 지원했음을 규명했다.

안재홍기념사업회는 2000년 창립 이후 꾸준하게 민세 관련 학술대회를 지속적으로 개최하고 관련 연구내용을 정리해 민세학술총서로 발간해왔다. 이는 일제강점기와 해방공간에서 다양한 활동과 함께 방대한 글과 자료를 남긴 민세 안재홍의 삶과 정신을 재조명하는 목적사업을 충실하게 추진하고자 하는 실천에서 나온 소중한 결과였다. 앞으로도 민세학 정립을 위한 학술출판사업은 꾸준하게 추진될 것이다.

민세 학술연구총서의 꾸준한 발간은 '민세 정신'의 선양과 재조명 사업에 애정을 아끼지 않는 평택시의 한결같은 후원에 힘입었다. 본 발간사업을 지원해주신 정장선 평택시장님과 묵묵히 보훈정신 선양에 힘써온 복지정책과 보훈팀 담당자들께도 거듭 고맙다는 말씀을 드리고 싶다. 도서출판 선인의 윤관백 사장님은 2011년부터 사업회와 좋은 인연을 맺고 매년 민세학술연구 총서를 꾸준히 발간해 주셨다. 윤사장님과 편집기획자 여러분께도 깊은 감사의 뜻을 전한다.

2025년 8월 15일
안재홍 선생 서세 60주기를 맞이하는 광복 80주년에
높은 절개를 지닌 국가의 선비 안재홍 선생의 정신을 기리며
민세학술연구 총서 15권 편집위원 일동

차례 | 안재홍의 민족운동 연구 4

책머리에 / 5

▌식민지시기 안재홍의 옥고 횟수와 기간 재검토 / 김인식

1. 머리말 ··· 15
2. 제1차 옥고: 대한민국청년외교단 사건, 총 30개월 13일 ···················· 19
3. 제2·3차와 4차 옥고: 두 차례의 필화와 민중대회 사건,
   총 8개월 20여 일 ·· 24
4. 제5차 옥고: 만주동포 구제금 유용 사건, 8개월 20여 일 넘게 ·········· 36
5. 제6·7·8차 옥고: 남경군관학교 학생모집 사건(6·8차)과
   흥업구락부 사건(7차), 총 32개월여 ·· 44
6. 제9차 옥고: 조선어학회 사건, 총 100여 일 ······································· 57
7. 맺는말 ··· 66

▌미군정기 『한성일보』의 남한단정론에 대한 비판적지지 / 오영섭

1. 머리말 ··· 73
2. 미군정의 남한단독정부 수립설 ··· 75
3. 독립전취국민대회 석상에서 김규식의 남한단독정부 수립설 ············· 82
4. 이승만의 정읍선언과 단계적 통일정부수립론 ···································· 89
5. 이승만의 방미활동에 대한 비판적 지지 ··· 97
6. 맺음말 ·· 106

1930년대 민세 안재홍 조선학운동의 지평 재점검 / 이주현

1. 들어가며 ··· 113
   1) 문제의식 설정과 예비적 담론 ··· 113
   2) 선행 연구 분석과 연구의 목적 ······································· 120
2. 다산을 읽은 민세의 맥락 ··· 126
   1) 1920년대: '세계'로 조선을 편입하려는 시도 ·················· 127
   2) 1930년대: 새로운 사상적인 구호 – '조선적인 것'의
      제창과 지식인들의 분열 ··· 136
3. 민세의 다산 독해와 평가 ··· 143
   1) 민세의 다산 독해 ··· 147
   2) 민세의 다산 독해, 그 평가와 의의 ······························· 158
4. 민세의 다산 확장 – 신민족주의와 신민주주의 ···················· 164
5. 나가며: '지금—여기'와 '조선색을 짜너은' ···························· 168

지역 문화콘텐츠로써의 역사인물 활용 방안 / 방유미

1. 서론 ··· 177
2. 평택의 문화자원과 안재홍의 문화적 가치 ························· 181
3. 역사인물 기반 지역문화콘텐츠 활용 사례 및 시사점 ········ 185
4. 안재홍을 활용한 평택 지역문화콘텐츠 개발 방안 ············· 188
5. 결론 ··· 194

안재홍의 근현대 체육 확산 활동 연구 / 황우갑

1. 머리말 ·· 201
2. 일제 시기 안재홍의 체육 확산 활동 ·· 206
    1) 안재홍의 생애 ··· 206
    2) 1920년대의 체육활동 ·· 207
    3) 1930년대의 체육활동 ·· 213
3. 해방 후 안재홍의 체육 확산 활동 ·· 223
    1) 국민당 정강정책과 체육 활동의 중요성 언급 ··························· 224
    2) 조선체육회 고문 등 경기단체 지원 활동 ································ 225
    3) 대한 올림픽후원회 회장으로 올림픽 복권 발행 등 지원활동 ·· 226
4. 맺음말 ·· 229

식민지시기 안재홍의 옥고 횟수와 기간 재검토

김인식 (중앙대학교 교양대학 명예교수)

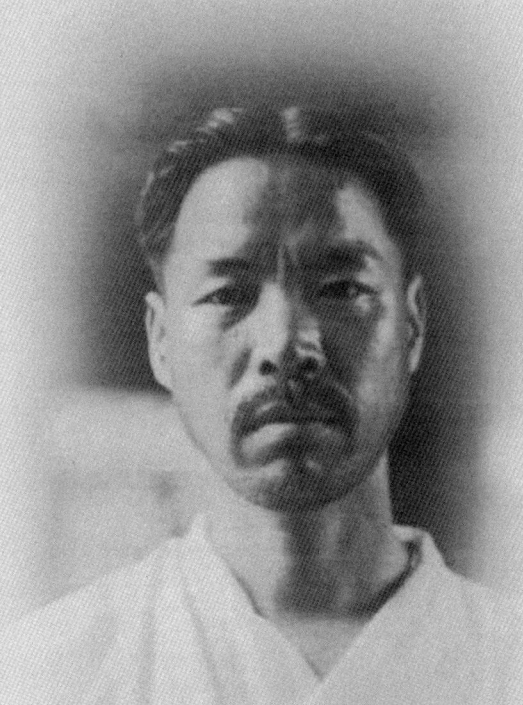

식민지시기 안재홍의 옥고 횟수와 기간 재검토

김인식 (중앙대학교 교양대학 명예교수)

1. 머리말

가혹했던 일제 식민지시기 조국의 독립을 위해 헌신했던 민족운동가들에게 고난이 한두 가지가 아니었지만, 열악한 行刑 시설에서 악독한 고문이 자행되었던 옥고는 평범한 후세인이 형언할 수 없다. 악랄한 고문으로 옥중에서 절명한 분들을 헤아리기도 어렵다. 그러나 민족운동가의 옥살이에는 범인들과 다른 深層이 있었다.

'9차례 7년 3개월'의 옥고를 겪은 안재홍은 『新民族主義와 新民主主義』를 탈고하면서 작성한 「謹告」를, "幾十年來 몇번의 鐵窓生活에서 어설핀 體驗을 되돌아 뼈아푸게 이를 檢索하엿고…"라고 끝맺었다.[1] 그는 자신의 정치이론이 형성되는 經緯를 "레닌주의와 數種의 唯物史觀 등의 熟讀과 각종 史

---

[1] 民世 安在鴻, 「謹告」, 『新民族主義와 新民主主義』, 民友社, 1945.

書의 涉獵에서 얻은 새(緯)와 나의 實踐의 生涯를 통하여 얻은 體驗을 날(經)로 삼아 生成된 것인데, 그것도 入獄할 때마다 空靜한 獨居房 生涯에서 悠悠히 冷徹空明한 自己와 現實을 향한 回顧와 批判을 通하여 作成된 것이다."2) 라고 강조했다.

안재홍에게 옥살이는 사상의 심화뿐 아니라, 민족사의 고난에 동행함으로써 '同志愛'의 영역을 확장시켰고, 이는 다시 이념을 뛰어넘는 사상과 실천의 개방성으로 이어졌다. 그는 공산주의국가는 단호히 거부하였지만, "나는 新幹會運動當時의 協同뿐 아니라 그以後數十年동안 至毒한 日帝의 彈壓속에 한번가고 두번째가고 또다시 가고 하든 그 鐵窓生活에서 監房門이 잠깐 열리고 差入구멍이 번뜻열리는 틈틈에 그 춥고 더웁고 괴로운生活속에 同苦하는 左方의 人士와 視線이 마주칠때 目禮를 하고 點頭를 하면서 서로 안타까워 하든 그 印象깊은 追憶만으로도 左側의 人物과는 많은 同志愛와 友情을 가지게된다."3)는 진심을 말했다. 식민지시기의 신간회운동과 8·15해방 후의 좌우합작운동에서 안재홍은 항상 중심에서 활동하였다. 이념의 폭과 동지애의 범위가 넓었기에 가능한 일이었다.

옥살이가 안재홍의 안과 밖을 심화시키고 확장시켰다 하더라도, 형언할 수 없는 고통을 순간순간 뼈에 새길 수밖에 없는 나날이었다. 안재홍은 그 고통의 어느 순간 '絶命詩'를 남겨두고 '恨많은故國'을 떠나려 하였다[(자료 I)를 참조].

안재홍뿐만 아니라 모든 독립 지사들도 이렇게 옥고를 뼈에 새기면서 감내하였을 터이다. 후세들이 독립지사의 공적을 제대로 헤아려야 할 이유이

---

2) 「髑髏哲學의 使徒로 되었다」, 『三千里』, 1949. 2[安在鴻選集刊行委員會 編, 『民世安在鴻選集』5, 知識産業社, 1999, 102쪽]. 앞으로 『民世安在鴻選集』을 『選集』으로 줄임.
3) 安在鴻, 『韓民族의基本進路』, 朝洋社出版部, 1949, 65쪽.

다. 이 논문은 이러한 문제의식에서 출발하여, 안재홍의 민족운동과 옥고를 연관지어 그의 옥고 횟수와 기간을 정확히 파악하려는 데 목적이 있다.

안재홍의 옥고로 '9차례 7년 3개월'이 학계와 일반에게 알려진 계기는, 천관우가 「民世 安在鴻 年譜」4)를 발표한 데에서 비롯되었다. 천관우는 안재홍의 부인 김부례에게서 '9차례 7년 3개월'을 간접 들었고, 전거를 제시하며 연보를 서술하면서 '9차례 7년 3개월'5)을 최초로 설명하였다. 그는 개개 옥고를 가져 온 사건을 통하여 '9차례'를 입증하였지만, '7년 3개월'의 옥고 기간을 충분히 규명하지는 못하였다. 또 안재홍이 흥업구락부 사건으로 재입옥하였다가 다시 석방되었다고 서술하는 등 때로는 사실 관계에서 오류도 발견된다.

「民世 安在鴻 年譜」가 안재홍을 주제로 한 최초의 학술논문으로서 先驅한 의미가 큰 만큼 이를 보정해 나감도 학계의 과제였는데, 안재홍의 옥고와 관련해서는 천관우가 기술한 바를 다소 보강하는 수준에서 이의 없이 그대로 수용하였다.6)

통설로 된 '9차례 7년 3개월'에 유일하게 이의를 제기한 연구자는 성주현이었다.7) 그는 9차례로 나누어 본 옥고의 성격을 확인하면서, "안재홍은 옥

---

4) 千寬宇, 「民世 安在鴻 年譜」, 『創作과批評』통권 50호, 創作과 批評社, 1978. 12, 212~254쪽.
5) 앞으로는 '안재홍'이라는 전제를 달지 않더라도, '9차례 7년 3개월'로 안재홍의 옥고 횟수와 기간을 나타내기로 한다. 또 옥고의 回次를 '2차 옥고' 등으로 표기하면 안재홍의 옥고를 가리킨다.
6) 이를테면 김인식, 『중도의 길을 걸은 신민족주의자-안재홍의 생각과 삶』, 역사공간, 2006에서도, 천관우가 각 回次의 옥고 기간으로 산정한 수치를 면밀하게 검토하지 않고 반복함으로써 오류를 재생산하였다.
7) 성주현, 「민세 안재홍의 민족운동과 옥고 기록 분석」, 『3.1운동과 항일독립운동가의 삶』, 아라, 2014, 39~61쪽.

고는 다섯 차례, 6년 7개월에 해당한다고 볼 수 있다."고 결론지었다. 그러나 성주현은 조선어학회 사건으로 인한 옥고 기간을 잘못 산정하였고, 민중대회 사건과 흥업구락부 사건을 옥고에서 제외시켰다. 또 만주동포 구제의연금 유용 사건을 '횡령'이란 단어로 표현하였다. 무엇보다도 그는 서론에서 정의한 사전상의 '옥고' 개념을 본문에서 일관되게 관철시키지 않았다.

이 논문의 제목에 '재검토'를 붙인 이유는, 논점이 '9차례 7년 3개월'을 입증하려는 데 있으므로, 천관우의 오류 및 이를 반복한 김인식의 서술을 보정하는 한편, 성주현의 주장에서 문제점을 짚어보았기 때문이다. 안재홍뿐 아니라 모든 민족운동자의 옥고 기간을 정확히 산정하기 위해서는, 또 논지의 일관성을 유지하기 위해서도 먼저 상식으로도 이해할 '獄苦'라는 단어의 뜻부터 규정하는 데에서 출발하고자 한다.

옥고의 사전상의 뜻은 "옥살이를 하는 고생"[8]·"감옥에 갇혀 지내는 동안 겪는 괴로움"[9]으로 풀이된다. 그럼 옥고 기간을 산출할 때는 '옥'·'감옥'의 범주가 문제된다. 감옥을 "죄인을 가두어 두는 곳"[10]이라는 넓은 뜻으로 해석하면, 옥고는 경찰서 유치장 생활부터 포함된다. 이 논문에서도 안재홍의 옥고 기간을 경찰에 피검되어 경찰서 유치장에 구금되는 날부터 起算하였고, 보석·출옥하는 날은 제외하였다.

옥고 기간을 정확하게 산출하기 위해서는, 옥고의 사유가 되었던 사건들의 전 과정을 파악해야 한다. 옥고를 겪게 되는 사유는, 안재홍의 전체 민족운동 과정에서 개개 활동의 성격과 특징을 보여준다. 이 논문은 안재홍의 옥고를 통하여 그의 민족운동의 성격과 활동상을 연관지어 살펴보려는 의도

---

8) 『표준국어대사전』(인터넷 제공).
9) 『고려대한국어대사전』(인터넷 제공).
10) 『고려대한국어대사전』(인터넷 제공).

도 갖고 있다.

2. 제1차 옥고: 대한민국청년외교단 사건, 총 30개월 13일

천관우는 『民世安在鴻選集』의 발간을 촉구할 목적에서, 1978년 당시 지식층들이 열독하였던 『創作과 批評』에 「民世 安在鴻 年譜」를 게재하였다. 그는 이 年譜에서 안재홍이 '高節의 國士'인 이유의 하나로, "외세 강점(強占)하에 전후 9차에 걸쳐 7년 3개월의 옥고를 겪은 그 도저(到底)한 행동"을 들었다. 이의 근거로는 "부인 김부례씨에 의하면, 조선어학회 사건까지 『입옥(入獄) 9차, 옥중생활 도합 7년 3개월』이었다고 민세 자신이 가끔 술회하였다고 한다.(연보작성자 주)"고 기술하면서, 자신이 金富禮에게서 '9차례 7년 3개월'을 傳聞하였음도 밝혔다.[11]

안재홍이 직접 '9차례 7년 3개월'을 언급한 자료는 확인하지 못하였는데, 근사치를 말한 자료는 남아있다. 8·15해방 이후 그가 民政長官으로 재임할 때, UN한국임시위원단의 제2분과가 면담을 요청하여 회의하는 과정에서, 위원장 잭슨(Samuel. H. Jackson)의 질문에 다음과 같이 답하였다.

> (자료 A)
> 위원장: 당신은 2년간 일본에 의해 투옥되었다고 알고 있는데요?
> 안: 모든 날짜를 계산하면, 거의 8년간 감옥에 있었습니다. 도합 아홉 번, 어떤 때는 단지 10일 동안, 다른 때엔 몇 달, 몇 년을 감옥에 있었습니다.[12]

---

[11] 千寬宇, 「앞의 논문」, 236쪽.
[12] 「《문서 58-1》附-UN한국임시위원단 제2분과위원회 제13차 회의록(1948. 2. 2)」, 김인식 해제·주해 / 최순용·은희녕 번역, 『국가지정기록물 제2호-안재홍 민정장관 문서』,

위의 자료에서 '도합 아홉 번'과 '단지 10일 동안'이라는 수치 이외에는 모두 근사치이다. 그러나 후술하듯이 '10일'의 옥고 기간은 민중대회 사건으로 투옥되었다가 10여 일 만에 불기소로 풀려난 4차 옥고의 정확한 수치였다.

안재홍은 대한민국청년외교단 사건(이하 청년외교단 사건)으로 투옥되어 첫 번째 옥고를 치렀다. 1919년 3월 식민지조선의 골골샅샅에서 일어났던 만세시위운동에 안재홍은 가담하지 않았다. 이로 인한 부채의식은 그에게 매우 컸고, 이후 3·1민족운동의 산물인 대한민국임시정부와 연계하려는 비밀결사에 가담하는 행동으로 이어졌다.

청년외교단은 임시정부의 외교활동을 후원할 목적으로 1919년 6월 趙庸周(趙素昴의 實弟)·延秉昊(안재홍이 중앙YMCA 교육부 간사 시기의 제자)·李秉徹 등을 중심으로 국내에 조직된 비밀결사였다. 안재홍은 청년외교단이 결성된 이후인 1919년 7월경, 연병호가 중개하여 同團의 총무로 추대(이병철과 함께 2인 총무제)된 뒤 피체되기까지 단체를 지도하였다.[13]

안재홍이 1차 옥고를 언급한 대목은 여러 곳에서 확인된다. 8·15해방 후 그는 자신의 감옥 생활과 그 안에서 떠올린 詩想을 회고하면서 청년외교단 사건으로 인한 첫 번째 옥고를 첫머리로 시작하였다.

선인, 2024, 278쪽. 위의 문건은 1948년 2월 2일 안재홍이 민정장관의 자격으로 UN 한국임시위원단 제2분과위원회에 참석하여 면담한 회의록이다. 타이핑한 총 12쪽 분량의 英文 原文의 사본이 高麗大學校博物館 編, 『選集-資料篇』8, 2004, 138~150쪽에 실려 있다.

[13] 청년외교단의 조직화 과정을 재검토하면서 안재홍의 활동상을 다룬 연구로는 김인식, 「안재홍의 '己未運動'과 임정법통성의 역사의식」, 『韓國人物史研究』제18호, 한국인물사연구소, 2012 ; 김인식, 「안재홍의 1919년-대한민국청년외교단에 참여하는 과정과 활동상」, 『崇實史學』제42輯, 崇實史學會, 2019이 있다.

(자료 B)

나는 詩人이 아니고 詩想조차많지않다 己未運動쩍에 늦게大邱獄에 들어가 가진苦楚를견대어내면서 未決旣決 三十數朔지냈었다. 豫審에걸렸을때 하필北向한房에서 半年이넘고 옴기어一年이 또지나고 하는판이었다 낮에는 運動하러 나아가서 하늘구경 해구경하였지만 밤이면 오직 충충한監房에서 냄새나는空氣를 들이마실뿐이었다 답답하였다.[14]

안재홍은 자신의 신민족주의 사상이 수감 생활 동안의 사색에서 우러나왔음을 회고할 때에도, 청년외교단 활동으로 입옥되었던 옥고부터 떠올렸다.

(자료 C)

나는 日帝時代 己未運動에서 한번 收監되고 筆禍로써 두번 收監되고 세번째 新幹會運動과 濟南事變에 關聯된 朝鮮日報社의 筆禍事件을 兼하여 收監되었을 때 鐵窓 찬밤 홀로 앉은 몸이 病弱한中에 心痛한 바있는차 偶然 옛 歷史를 뒤지다가 …[15]

상호 연결 관계였던 청년외교단과 대한민국애국부인회(앞으로 애국부인회로 줄임)는 동시에 일경에게 탐지되었고,[16] 1919년 11월 초순부터 수사가 시작되어 두 단체(앞으로 '두 단체'라고 지칭하면 청년외교단과 애국부인회를 가리킴)의 핵심 간부들은 모두 1919년 11월까지 경상북도 警務部 제3부에 검거되었다. 11월 20일 청년외교단의 총무 이병철이 검거된 데 이어, 안재홍이 피체된 날은 11월 27일이었다. 이때 그의 나이 29세였다. 안재홍은 청년외교단의 검거 경위 및 자신이 검거되는 정황과 날짜를 정확히 기억

---

14) 安在鴻, 「牢獄深深人不到」, 『三千里』第十四號, 1949. 12, 132쪽.
15) 앞의 「韓民族의基本進路」, 28쪽.
16) 청년외교단과 애국부인회가 검거되는 상황은 김인식, 「앞의 논문」, 2019, 180~181쪽.

하였다.

> (자료 D)
> 一九一九年 己未運動 일어난後 上海에 臨時政府가 成立되었는데 … 나는 늦게야 投獄 되었다. … 當時 내가 指導하고 있던 秘密結社 大韓靑年外交團의 … 땅속에 묻었던 一切 書類와 함께 發覺되어 大邱地方法院인 日帝의 公判廳에서는 河村檢事 이것으로써 … 나는 그해 十一月 二十七日로써 그트나 秘密結社가 間諜에게 密告되어 大韓愛國婦人會一黨과 함께 慶北警察部에 檢擧되었고 因하여 豫審일세 三年役일세 하고 三十數朔 投獄되어 있었던 까닭에…17)

먼저 제1차 옥고 기간을 通算하면, 검거된 날짜가 1919년 11월 27일이었고 가출옥한 날은 1922년 6월 9일이었으므로 총 수감 일수는 926여 일, 개월로 환산하면 30개월 13여 일 동안이었고, 햇수로는 4년에 걸쳐 있었다. 안재홍이 제1차 옥고 기간을 "미결 기결 합하여 30數朔"이라고 누차 회고한 바의 정확성은, 당시 일제 관헌 자료와 신문 자료로도 충분히 증명된다.

체포된 두 단체의 핵심 간부들은 모두 대구로 호송되어 경상북도 제3부에서 취조를 받은 후, 동년 12월 11일 대구지방법원 검사국에 송치되었다.18) 검사국으로 송치된 청년외교단 사건이 언제 豫審에 넘겨졌는지는 확인되지 않으나, 大邱地方法院에서 豫審判事에게 취조를 받은 뒤, 1920년 4월 중으로 예심을 마치고 공판에 회부되었다.19) 제1심 공판은 1920년 6월 7일 대구지방법원에서 개정되었다.20) 1920년 6월 29일 대구지방법원형사부에서

---

17) 安民世, 「夢陽 呂運亨氏의追憶」, 『民聲』 通卷39號, 高麗文化社, 1949. 10, 68~69쪽.
18) 「大正 八年 十二月 三日 高警 第三四三〇一號 (秘)靑年外交團員檢擧に關する件」, 金正明 編, 『朝鮮獨立運動-民族主義運動』 第Ⅰ卷 分冊, 原書房, 1967, 207·209쪽.
19) 「愛國婦人會事件」, 『東亞日報』(1920. 4. 24).
20) 「大韓靑年外交團과大韓愛國婦人團의 第一回公判傍聽速記錄」, 『東亞日報』(1920. 6. 9)

열린 1심 공판 결과, 안재홍은 「大正八年 制令 第七號」 위반 혐의로 징역 3년을 받자,21) 다른 인사들과 함께 異議하여 控訴하였다. 1920년 12월 27일 大邱覆審法院刑事第一部에서 열린 2심 공판은 안재홍을 비롯해 대부분의 건을 기각하였다.22) 이로써 안재홍은 未決拘留 100일이 算入되어 최종 징역 3년형이 확정되었으므로23) 대구형무소에 수감되어 30개월 13일여의 옥고를 치른 뒤 1922년 6월 9일 가출옥하였다.24) 감옥을 나와 鄕第인 振威郡(현 평택시)으로 향할 때25) 그의 나이 32세였다.

안제홍이 가출옥하게 된 사유는 확인하지 못하였다. 1920년 12월 27일 형이 확정되었으므로, 복심법원의 확정 판결대로 미결통산 100일을 산입하더라도, 안재홍의 만기출옥일은 얼핏 계산하여도 1923년 9월 16일 전후이

 ; 「大韓愛國婦人團과 大韓靑年團」, 『朝鮮日報』(1920. 6. 10).
21) 「大韓民國靑年外交團·大韓民國愛國婦人會 事件判決書」(大邱地方法院刑事部, 1920. 6. 29), 金正柱 編, 『朝鮮統治史料』 第五卷, 韓國史料研究所, 1970, 739쪽. 이 판결서는 애국부인회와 청년외교단 사건에 연루된 23명의 1심 판결문이다.
22) 김인식, 「앞의 논문」, 2012, 476·491쪽에서, 1921년 5월 13일 청년외교단 사건과 애국부인회 사건의 최종 판결이 이루졌다고 서술했으나, 천관우의 서술[千寬宇, 「앞의 논문」, 221~222쪽]을 검토하지 않은 채 인정하여 일제 관헌 자료를 오독하였으므로 바로잡는다.
23) 「大韓民國靑年外交團·大韓民國愛國婦人會 事件判決書(大正九年刑控第四七七號)」(大邱覆審法院刑事第一部, 1920. 12. 27), 金正柱 編, 앞의 책, 762~763쪽.
24) 성주현은 제1차 옥고에 다음과 같은 결론을 내렸다. "안재홍이 언제 피검되었는지는 분명하지 않다. 그렇지만 첫 보도가 1919년 12월이고 11월 말에 발각되었던 점으로 보아 적어도 1919년 12월 초 대구형무소에 수감되어 1920년 6월 29일 3년형을 언도받고 복역 중 감형이 되어 1922년 6월 9일 출옥하였다. 이로 볼 때 안재홍은 2년 6개월 정도 옥고를 치른 것으로 판단된다." 성주현, 「앞의 논문」, 47쪽. 그러나 안재홍은 1919년 11월 27일 피체되었고, 1920년 6월 29일의 재판은 1심이었고, 1920년 12월 27일의 2심에서 공소는 기각되었다.
25) 『東亞日報』는 안재홍의 출옥 소식을 간단하게 보도하면서, '가출옥'이라고만 언급하였을 뿐 사유는 밝히지 않았다. 「安在鴻氏出獄」, 『東亞日報』(1922. 6. 13).

므로, 1년 3개월여를 앞당겨서 출옥하였다. 이때를 전후하여 소위 '恩赦令'이라고 불리는 조치도 없었다. 후술하겠지만, 안재홍의 3차 옥고의 재판 과정에서 검사가 이때의 '석방'·'가출옥'의 사유가 불분명하다는 의문을 제기하자, 이를 조사하기 위하여 공판이 잠시 연기되는 일까지 있었다.

3. 제2·3차와 4차 옥고: 두 차례의 필화와 민중대회 사건, 총 8개월 20여 일

안재홍의 제2차와 3차 옥고는 일제가 『조선일보』의 사설들을 문제시한 두 건의 필화, 4차 옥고는 新幹會 중앙본부가 주도한 민중대회 사건과 연관이 있었다. 2차와 3차는 둘 다 필화 사건에 해당하지만 다소 차이가 있다. 제2차 옥고 때는 조선일보사의 논설기자(또는 사설기자로도 지칭)인 李寬求가 사설의 집필자였으나, 안재홍이 주필 겸 발행인이었으므로 책임자로서 연루되었다. 당시 언론은 이 필화를 '조선일보 필화 사건'으로 지칭하였다. 제3차 옥고는 안재홍 자신이 사설의 집필자였는데, 일제는 신간회와 연관시켜 안재홍을 구속하고 『조선일보』를 發行停止(無期停刊)시켰다. 4차 옥고도 조선일보사 부사장의 위치에서 신간회 중앙본부가 계획한 민중대회를 모의하는 자리에 참석한 데에서 비롯되었다

'조선일보 필화 사건'은 이관구가 집필한 1928년 1월 21일자 朝刊의 사설로 발단이 되었다. 이 사설이 직접 문제삼은 바는, 1925년 11월 신의주에서 발단한 세칭 '신의주사건'[26]·'101인 사건'으로 피검되어 재판을 받던 朴

---

[26] '신의주사건'의 상세한 전말은 金俊燁·金昌順 共著, 『韓國共産主義運動史』 2, 청계연구소, 1986, 361~374쪽을 참조.

吉陽이, 병보석으로 출감하려는 바로 그날 1월 19일 새벽 6시에 서대문형무소에서 獄死한 사건이었다. 이렇게 한겨울 새벽에 차디찬 감옥의 철창 안에서 서른 네 살의 한창나이에 한 독립운동가가 생을 마감하였다.27)

박길양이 보석일에 옥사한 사건은 각 신문에 즉시 보도되어 세상을 놀라게 했고, 『조선일보』는 한글 발행 신문 가운데 유일하게 박길양의 옥사를 사설로도 다루었다. 문제가 된 『朝鮮日報』 사설의 제목은 정확하게 「保釋遲延의犧牲-共産黨事件의實例를보고서」(1928. 1. 21 朝刊)였다. 사설은 "二年二個月의支離한歲月을끌고내려"온 조선공산당 재판의 희생자 상황을 지적하면서, 行刑 제도를 비롯해 인권 실태 전반에 걸쳐 있는 일제의 비인도·야만의 처사를 직설법으로 규탄하였다.

일제는 처음에는 사설을 삭제하는 압수 행정처분으로 끝냈다가, 돌연 1월 25일 아침 경성지방법원검사국이 종로경찰서의 고등계 형사들을 대동하고 수사에 나섰다. 이들은 조선일보사의 논설반실을 수색한 데 이어, 논설반 기자 이관구와 주필 겸 발행인 안재홍 및 편집인 白寬洙의 사택도 압수 수색하였다. 이들 3인은 당일 소환되어 조사를 받기 시작하여, 사설 집필자인 이관구는 오후에 석방되었으나, 안재홍과 백관수는 구인장이 발부되어 「新聞紙法」 위반 혐의로 서대문형무소에 수감되었다.28)

필화 사건으로 검사국이 활동한 전례는 여러 차례 있었으나, 취조를 마친 후 즉시 구속·수감한 예는 이번 사건이 처음이었다.29) 안재홍·백관수는 동월 30일부로 취조가 끝난 뒤 「신문지법」 제26조 위반으로30) 경성지방법원

---

27) 임경석, 『독립운동 열전』, 푸른역사, 2022, 316~324쪽.
28) 「兩氏突然收監」, 『朝鮮日報』(1928. 1. 2); 「檢事局緊張 自動車로活動」, 『東亞日報』 (1928. 1. 27); 「朝鮮日報筆禍 安·白 兩 氏 收 監」, 『中外日報』(1928. 1. 27).
29) 「兩氏收監」, 『東亞日報』(1928. 1. 27).

형사부에 기소되어 "西大門刑務所未決監獨房에 收容"되었고, 즉일로 공판에 회부되었다.31) 두 사람은 기소된 직후 곧바로 보석을 신청하였으나 2월 3일에야 허가되어 출감하였고,32) 이후 불구속 상태에서 재판을 받았다.

첫 번째 공판은 2월 24일 오전에 경성지방법원에서 열렸는데, 재판장의 장황한 사실심리가 끝난 뒤, 변호사들의 증인 신청은 모두 각하되었다. 이어 검사가 論告에 들어가기 전 안재홍의 前科, 즉 청년외교단 사건으로「大正8년 제령 제7호」를 위반하여 정치범으로 복역하던 중 가출옥한 경로가 충분히 조사되지 않았음을 문제 삼았다. 검사는 안재홍이 15개월 12일의 형기를 앞두고 가출옥한 사실이 전과 조서에 누락되어, 이것이 검사의 논고와 판사의 판결에도 영향을 미칠 터이므로 대구지방법원에 자세한 조사를 요청한 뒤 다시 개정하자고 주장하였다.33)

1심의 제2회 공판은 4월 16일 경성지방법원에서 열렸다. 검사는 안재홍이 발행인, 백관수는 편집인이라는 책임을 이유로 양인에게 모두 금고 4개월을 구형하였다.34) 4월 28일 열린 언도 공판에서 재판장은 사설의 불온성을 문제 삼아 안재홍에게는 검사가 구형한 대로 금고 4개월을, 백관수에게는 형량을 낮추어 1백원의 벌금형을 언도하였다. 백관수는 控訴하지 않았으나

---

30) 「朝鮮日報=筆禍公判」,『東亞日報』(1928. 2. 24).
31) 「朝鮮日報 筆禍起訴」,『東亞日報』(1928. 2. 1);「朝鮮日報筆禍 兩氏遂起訴」,『中外日報』(1928. 2. 1);「安白兩氏 遂起訴 신문지법위반」,『每日申報』(1928. 2. 1).
32) 「安,白兩氏保釋出監」,『朝鮮日報』(1928. 2. 4);「朝鮮日報筆禍의 安白兩氏保釋」,『中外日報』(1928. 2. 4);「兩氏保釋」,『東亞日報』(1928. 2. 5).
33) 「同業朝鮮日報 筆禍公判」,『中外日報』(1928. 2. 25);「本報筆禍事件 調書不備로延期」,『朝鮮日報』(1928. 2. 25);「朝鮮日報筆禍 公判은 延期」,『東亞日報』(1928. 2. 25).
34) 「本報筆禍事件 兩氏에게體刑求刑 각각신문지법위반으로」,『朝鮮日報』(1928. 4. 17);「朝鮮日報筆禍 禁錮四月求刑」,『東亞日報』(1928. 4. 17);「朝鮮日報事件 禁錮四個月 求刑」,『中外日報』(1928. 4. 17).

안재홍은 異議하여 당일 즉시 공소하기로 결정하였다.35) 1심의 담당검사인 中野도 판결이 가볍다며 附帶控訴하였다.36)

공소 공판은 5월 21일 경성지방법원 제3호 법정에서 개정하였다. 2심의 담당 검사 河村은 附帶控訴의 이유를 설명한 데 이어 "문뎨의 사설에관하야 상세히문구를쌀어 심리"한 뒤 1심 판결인 금고 4개월을 깨고 금고 8개월을 구형하였다.37)

5월 25일 오후 2시 京城覆審法院에서 열린 공소 공판에서 재판장은 河村 검사가 구형한 대로 1심보다 4개월이 늘어난 금고 8개월을 언도하였다.38) 게다가 5월 28일 검사는 안재홍이 "다라날념려가 잇다하야 동일에 돌연보석을취하하는동시에" 서대문서에 촉탁하야 오후 5시경에 서대문형무소에 수감하였다.39)

그러면 청년외교단 사건 당시 안재홍 등을 '峻烈'하게 논고하였던 河村[(자료 D)를 참조]이 "상세히문구를쌀어 심리"한 '문뎨의 사설'은 무엇이며, 그는 왜 1심 판결의 두 배인 금고 8개월을 구형하였고, 재판장은 그대로 언도하였는가. 또 河村은 왜 안재홍의 보석까지 취소하고 다시 구속하였는가.

결론부터 말하면, 1928년 5월 들어 '조선일보 필화 사건'은 조선일보·안

---

35) 「體刑과罰金言渡」, 『朝鮮日報』(1928. 4. 29); 「朝鮮日報筆禍 禁錮四月判決」, 『東亞日報』(1928. 4. 29); 「朝日筆禍事件 安在鴻氏控訴」, 『中外日報』(1928. 5. 5).
36) 「八個月禁錮求刑 판결언도는오는이십오일」, 『東亞日報』(1928. 5. 23).
37) 「一審判決四個月에 檢事八個月求刑」, 『中外日報』(1928. 5. 22); 「八個月禁錮求刑 판결언도는오는이십오일」, 『東亞日報』(1928. 5. 23).
38) 「八個月禁錮求刑 판결언도는오는이십오일」, 『東亞日報』(1928. 5. 23); 「一審보다四月加刑 禁錮八月判決」, 『東亞日報』(1928. 5. 26); 「朝鮮日報安在鴻氏 禁錮八個月言渡」, 『中外日報』(1928. 5. 26).
39) 「保釋突然取消 安在鴻主筆收監」, 『東亞日報』(1928. 5. 30); 「安在鴻氏 突然收監」, 『中外日報』(1928. 5. 31).

재홍의 필화 사건으로 전환되면서, 일제는 신간회와 조선일보사를 동시에 탄압하였다. 안재홍의 혐의도 「신문지법」위반에서 「보안법」위반으로 변경되었다.

안재홍은 조선일보 필화 사건의 공판 과정 중 보석 상태에서 불구속 재판을 받았으므로, 사회활동(이를테면 조선물산장려회의 이사로 선임)은 물론, 『조선일보』의 주필로서 사설도 그대로 집필하였다. 안재홍이 1심 판결에 이의하여 공소한 이후 중국 정세가 소용돌이쳤고, 5월 3일 지난사건(濟南事件)이라고 불리는 일제의 중국 침략이 자행되었다. 山東省 濟南에 주둔한 일본군이 자국민의 보호를 명분으로 출병하여, 2차 북벌 도중 濟南에 진입한 중국 국민혁명군과 충돌한 사건이었다. 이 충돌로 인하여 이후 상당한 숫자의 중국 軍民이 일본군에게 살해되었으므로, 중국에서는 '濟南慘案' 또 '5·3慘案'이라고도 표현하는 일제의 중국 침략사 중 하나였다.

안재홍은 사건의 추이를 지켜보면서 1928년 5월 9일자 『조선일보』에 「濟南事變의壁上觀-田中內閣의大冒險」이라는 사설을 게재하였다. "城壁 위에서 바라본다"는 말뜻 그대로, 안재홍은 일본의 중국 침략과 제국주의 속성을 직설법을 피하여 에둘러 비판하였다.

그런데도 『조선일보』는 이 사설로 인하여 5월 9일부로 發行停止(제4차 無期停刊)을 당했고, 안재홍은 직접 필화를 당해 5월 28일 보석이 취소되어 재수감되었다. 이후 구속 상태에서 진행된 공판에서 그는 조선일보 필화 사건 시 「신문지법」위반 혐의로 받은 금고 4개월에, 다시 「보안법」위반 혐의로 4개월이 가중되어 금고 8개월을 선고받았다.

일제가 사설 집필자를 탄압하는 데에서 더 나아가, 신문사로서는 가장 큰 타격인 발행정지를 내린 이유는, 조선일보사와 신간회의 연결고리를 끊으려는 데 있었다. (자료 C)에서 안재홍이 3차 입옥의 이유를 "세 번째 新幹會運

動과 濟南事變에 관련된 朝鮮日報社의 筆禍事件을 겸하여 收監되었을 때"라고 회고한 대목은 이것을 가리켰다.

「濟南事變의 壁上觀」이 게재된 5월 9일을 전후하여, 『朝鮮日報』와 마찬가지로 『東亞日報』・『中外日報』는 1면을 지난사건으로 도배하다시피하였고, 『中外日報』도 5월 8일자 사설로 다루었다.40) 『東亞日報』의 5월 9일자 1면 역시 지난사건의 기사가 주를 이루었는데, 1면의 사설은 삭제된 채 발행되었다. 『東亞日報』5월 11일자 기사의 일부도 동일한 조처를 당하였다.41)

이를 보면, 일제는 지나사건과 관련한 보도를 예의주시하여 검열하고 있었다. 그런데도 『동아일보』를 해당 기사에 한하여 압수・삭제와 발매금지 조치로 끝낸 반면, 『조선일보』는 발행정지하는 초강경으로 탄압하였다. 「濟南事變의 壁上觀」은 「保釋遲延의 犧牲」처럼 조선총독부 당국을 직접 비난하지도 않았다. 조선총독부 警務局長은 조선일보를 발행정지케 한 사설의 취의가, "國民으로하여금出兵의眞意를誤解케하고國威를中外에毁損케하라는非國民的執筆은明히帝國의施設에背馳하는者이라認定하고斷然그發行을停止하고最後의反省을促하랴는것이다"42)라고 결론지었지만, 일제가 '벽상관'을 표방한 사설을 빌미삼은 저의는 다른 데 있었다.

일제는 이전에도 조선일보사 간부들에게 신간회에서 손을 떼라고 종용하고 경고도 하였으나 양자의 관계는 더욱 밀착하였다. 이번에도 조선총독부는 社主 申錫雨에게 『조선일보』의 解停 조건으로, "言論機關과 社會運動기관과의 관계를 끊을 것"을 강요하는 한편, 신석우 자신뿐만 아니라 조선일보사 전 사원이 신간회에서 탈퇴하라고 요구하였다.43) 일제가 발행정지 처분을

---

40) 「日中衝突의影響」, 『中外日報』(1928. 5. 8).
41) 「本報押收」, 『東亞日報』(1928. 5. 12).
42) 「本報發行停止理由-警務局長談」, 『朝鮮日報』(1928. 9. 21).

내린 저의를 확인케 하는 대목이다.

　1928년 8월 3일 열린 신간회 본부의 간사회의는 총무간사·간사의 사임·補選을 의결하였는데 신석우와 李昇馥이 총무간사직을, 韓基岳·洪性熹·張志映·安碩柱가 간사직을 사임하였다.44) 이들은 모두 조선일보사의 간부였다. 발행정지라는 치명상을 입은 조선일보사는 일제의 요구를 받아들였고, 이로써 신간회 본부에서 조선일보계의 표면 활동은 사라졌다.

　『조선일보』정간 해제의 조건은 신간회 중앙본부를 장악한 조선일보계의 좌파민족주의자들이 적극 항일 투쟁으로 나가지 못하도록 만든 요인으로 작용하였으므로,45)『조선일보』를 무기정간한 일제의 계략은 성공을 거두었다. 일제는 이후 안재홍의 필봉도 8개월여 동안 묶어 두었다.

　서대문형무소에 수감된 안재홍은 2심 판결에도 이의하여 상고하였고, 1928년 7월 16일 京城高等法院에서 개정된 공판은, 사실심리도 다시 하지 않고 변호사 측(金炳魯)이 제출한 上告趣意書로 대신하여 결심한 후 판결언도하기로 하였다. 그런데 이 날 공판을 보도한『中外日報』에서 안재홍의 혐의를 가리켜 "상고중에잇든 조선일보(朝鮮日報)주필안재홍(主筆安在鴻)씨에 관한보안법위반(保安法違反)사건은…"이라고 표현한 문구46)에 주목해야 한다.

　위의 기사가 오류가 아니라면, 안재홍이 위반하였다는 죄목이「신문지법」에서「보안법」으로 바뀌어 적용되었거나 또는 추가되었다. 후술할 소위 '은

---

43)　朝鮮日報60年史 편찬위원회,『朝鮮日報60年史』, 朝鮮日報社, 1980, 430쪽.
44)　「新幹會幹部 六氏가辭任」,『東亞日報』(1928. 8. 5).
45)　이균영,『신간회연구』, 역사비평사, 1993, 157쪽.
46)　「朝鮮日報筆禍 上告公判開廷」,『東亞日報』(1928. 7. 17);「安氏上告公判」,『中外日報』(1928. 7. 18).

사령'이 공포되자 안재홍이 해당되느냐 여부가 역시 관심거리였는데, 한 기사는 "…금번 은사로 은뎐을닙어 불일줄옥(출옥의 오자; 인용자)을 전하든 신문지법(新聞紙法)위반의 안재홍(安在鴻)은 얼마전에 보안법(保安法)위반의 전과(前科)에작년대사(大赦)를닙게되어금번은사는닙지못하게되어다더라"라고 보도하였다.47) 안재홍은 '恩赦令'에 해당하였으므로, 이 기사의 일부는 결과에서 오류였지만 "얼마전에 보안법 위반의 전과"라는 문구는 안재홍의 혐의에 「보안법」 위반이 추가되었고, 이것이 금고 4개월에서 8개월로 형량이 가중된 사유였음을 말해준다. 이 점에서 안재홍의 3차 옥고가 「신문지법」 위반으로 금고 8개월을 받았다는 기존의 서술들은 수정을 요한다.

안재홍은 7월 26일 경성고등법원에서 상고가 기각되어 형량이 최종 확정되었고, 이튿날부터 즉시 '복역'하였으나,48) 일제가 1928년 11월 10일 이른바 '은사령'을 발표하였다.49) 세간의 관심은 의당 '은사'의 범위에 쏠리었고, 안재홍이 일반 감형에 포함되었음이 최종 확인되었다.50) 안재홍은 1929년 1월 26일 오전 8시 친지와 지인들 100여 명의 환영을 받으며 서대문형무소에서 출감하여 자택으로 향하였다.51)

당시 신문에는 안재홍이 2개월 감형된 형량 즉 6개월 형량을 채우고 '만기출옥'하였다고 보도하였으나, 1928년 5월 25일 보석이 취소되어 즉일 구속된 시점부터 계산하면, 1929년 1월 26일 출옥일까지 모두 246일(출옥일

---

47) 「恩赦에싸진李壽興生死」, 『東亞日報』(1928. 11. 12).
48) 「朝鮮報筆禍 安主筆服役」, 『東亞日報』(1928. 8. 3).
49) 「卽位御大禮擧行」, 『東亞日報』(1928. 11. 10); 「今日卽位大禮節次」, 『中外日報』(1928. 11. 10); 「今日에恩赦입을囚人 全朝鮮에七千五百?」, 『朝鮮日報』(1928. 11 10).
50) 「世上을驚動케하든 重罪囚의減刑消息」, 『朝鮮日報』(1928. 11. 12).
51) 「安在鴻氏出監 건강한몸으로」, 『東亞日報』(1929. 1. 27); 「百餘親知歡迎裡에 安在鴻氏出獄」, 『朝鮮日報』(1929. 1. 27).

을 빼고)로 이미 8개월이 넘은 상태였다. 여기에 1928년 1월 25일 구속되었다가 동년 2월 3일 보석되기까지 구속된 9일을 더하면 총 8개월 10여 일의 옥고를 겪었다. 2개월 '감형'되었다고 하나 실지 금고 8개월을 다 채운 '만기'였다. 구속 기간으로 볼 때 안재홍에게 소위 '은사'는 전혀 없었다.52)

안재홍은 3차 옥고를 치르고 출옥한 뒤, 1929년 4월 1일자로 조선일보사의 부사장으로 복귀하였으나53) 해를 넘기지 않고 또 옥고를 겪어야 했다. 시간상으로 짧았고 고통도 전후의 옥고보다 덜하였지만 4차 옥고로 기록된다. 4차 옥고는 신간회운동과 직접 관련이 있으며, 그가 언론사의 부사장이라는 중요 직책에 있었기 때문에 연루되었으나, 광주학생운동을 보도하는 책임을 맡아 적극 가담하지 않았으므로 불기소되었다. 안재홍의 옥고 중 최단 기간인 11일간의 옥살이였다. (자료 A)의 "도합 아홉 번, 어떤 때는 단지 10일 동안"에서 '10일 동안'은 바로 민중대회 사건으로 인한 옥고를 가리켰다. 안재홍의 피체일과 사유를 정확히 밝히기 위하여 민중대회 사건을 간략히 서술한다.

---

52) 천관우는 『朝鮮日報五十年史』에 의거하여, 3차 옥고를 "…『조선일보』 발행인에서 물러나고, 이어 금고 8개월의 선고를 받음."이라고 서술하였는데[千寬宇, 「앞의 논문」, 228쪽], 실제 옥고 기간을 정확하게 산정하지 않았다. 성주현은 논문의 제2절을 '제2차 옥고: 조선일보 필화사건-보석 지연의 희생'이라고 題하고, 「濟南事變의 壁上觀」으로 인한 필화는 언급하지 않은 채, "복역 중 1928년 11월 10일 恩赦令에 의해 1928년 11월 11일 출감될 예정이었으나 7개월간 옥고를 모두 치르고 1929년 1월 26일 출옥하였다"고 서술한 뒤 "이 사건으로 안재홍은 기소를 포함하여 서대문형무소에 7개월 8일 동안 옥고를 치렀다."고 결론지었다. 성주현, 「앞의 논문」, 47~52쪽. 이러한 서술에는 몇 가지 오류가 보인다. 우선 안재홍이 '보석지연의 희생'으로 인하여 1928년 1월 25일부터 2월 3일 보석되기까지 구금된 날들을 제외하였다. 또 보석이 취소되어 재수감된 1928년 5월 28일부터 계산하더라도, 안재홍은 출옥일까지 이미 8개월여의 옥고를 치렀다. 성주현이 통산한 '7개월 8일'이라는 옥고 기간은 당시 신문 자료에 근거하더라도 실제 옥고 기간에서 한 달여가 누락되었다.

53) 「社告」, 『朝鮮日報』(1929. 4. 2).

민중대회 사건이란 新幹會 중앙 본부가 1929년 11월 3일 전라남도 광주에서 발단한 광주학생운동을 전국으로 확산시키려 계획·시도하다가 검거된 사건을 가리킨다. 11월 3일의 진상을 파악한 신간회 본부는, 일제의 만행을 규탄하고 광주학생운동의 진상을 보고하는 민중대회를 12월 13일 하오 안국동 로터리에서 열기로 결정하였다. 이 계획은 일경에게 사전에 탐지되었고, 당일 대회가 열리기 8시간 전부터 신간회 중앙집행위원장 許憲을 비롯해, 이어 洪命憙·趙炳玉·김병로 등 간부들도 체포되었다.[54]

이때는 안재홍이 신간회 중앙간부(총무간사)를 그만두었을 때인데, 신간회 중앙본부가 민중대회를 논의하는 초기 단계에 참여하였다. 신간회의 現 간부도 아닌데, 민중대회를 계획하는 데 참석한 이유는, 조선일보사의 부사장이라는 위치에서 보도 책임을 논의하려는 데 있었다. 이는 동아일보사 사장 宋鎭禹[55]와 중외일보사 조사부장 李時穆[56]이 12월 10일의 협의에 참여한 사실에서도 증명된다. 안재홍을 포함해 이들 3인은 신간회와 밀접한 관계가 있으며, 모두가 한글 신문사의 중요 간부라는 특징이 보인다.

신간회 중앙본부가 12월 10일의 모임에 상기 3인을 참석케 한 이유는, 이들이 신간회 前 또 現 회원으로 신간회와 관계 있었고, 또 언론사의 현 간부였으므로 광주학생운동을 보도하는 적임이었기 때문이다. 후술하듯이 이 날 회의에서 "동아일보, 중외일보, 조선일보 세 한글신문은 사건 직후에 2회에 걸쳐 호외를 발간한다"는 결정 사항이 이를 말해준다. 회의에서는 안

---

[54] 민중대회 사건의 상세한 내용은 이균영, 앞의 책, 201~216쪽을 참조.
[55] 송진우는 1928년 1월 9일 정식으로 신간회 京城支會에 입회하였다. 金俊燁·金昌順 共著, 앞의 책3, 54~56쪽.
[56] 1928년 10월 22일 개최된 신간회 京城支會 제5회 정기대회에서 李時穆은 幹事로 보선되었다. 「新幹京城支會 第五回幹事會」, 『中外日報』(1928. 10. 25).

재홍 등 3인이 언론 보도의 책임 이외에 민중대회를 계획·실행하는 데에는 적극 가담하지 않는 방향으로 합의가 이루어진 듯하다. 이들 3인이 모두 불기소된 이유는 이 때문이었다.

재판 기록에 의거하면,57) 허헌 등 신간회 중앙간부들이 중심이 되어 12월 13일 민중대회를 개최하기로 계획·결정하는 모임을 가진 날은 12월 10일이었다. 이 날 京城府 光化門通 25번지 許憲의 집(사무소)에서 천도교의 원로이며 신간회 검사위원장인 權東鎭, 동아일보사 사장 송진우, 조선일보사 부사장 안재홍, 중외일보사 조사부장 이시목, 천도교의 孫在基, 그 외 조병옥·홍명희·李灌鎔·韓龍雲·朱耀翰 등 11명이 회동하여 광주학생사건의 정체 폭로, 구금된 학생들의 무조건 석방, 경찰의 학교 ××배격, ××한 경찰 ××에 대한 항쟁 등을 목표로 일대 민중운동으로서 민중대회를 개최하기로 결의하였다. 이 날 결정된 사항은 7개 항에 이르는데 6항이 앞에서도 인용한 "동아일보, 중외일보, 조선일보 세 한글신문은 사건 직후에 2회에 걸쳐 호외를 발간한다."였다. 11인이 서명한 결의문은 중요 인사와 사회단체를 민중대회에 참여토록 권유하는 데 사용하기 위하여 이날 밤 인쇄되었다.58)

---

57) 민중대회 사건의 판결문은 당시 3개 한글 신문에 보도되었다. 예심결정서는 「許憲等事件 豫審決定書」, 『東亞日報』(1930. 9. 10); 「民衆大會事件 豫審決定書全文」, 『朝鮮日報』(1930. 9. 10); 「民衆大會事件 豫審決定書全文」, 『中外日報』(1930. 9. 10). 경성지방법원의 1심 판결은 「民衆大會事件 判決文全文」【一】·【二】, 『朝鮮日報』(1931. 5. 17·18); 「民衆大會事件 判決文全文」(一)·(二), 『東亞日報』(1931. 5. 18·19).

58) 이균영, 앞의 책, 208~210쪽. 일제 헌병대 자료에는 이균영의 서술과는 다른 내용이 보고되었다. 이에 따르면, 12월 12일을 기하여 일대 민족운동을 일으키려는 계획과 12월 10일 안재홍 등에게 참가를 제의한 사실 등을, 경기도경찰부가 探知하고 12월 12일 신간회 간부를 불러서 경고하였다. 그런데 이 날 밤 신간회 간부들이 다시 집합하여 5개 항을 결정하는 등 '구체적 준비'에 들어갔지만 12월 13일 道警察部와 所轄 鍾路署에 검거되었다. 여기서 5개 항의 결의는 이균영이 나열한 7개 항 중 "(3) 연사 권유는 조병옥이 담당한다. (4) 청중에 대한 유도는 李源赫이 담당한다."는 2개 항이 빠졌고,

민중대회 계획을 사전에 탐지한 일경은 12월 13일 이른 아침에 본격 검거에 나섰다. 동일 아침 허헌 등이 체포된 뒤부터 검거된 인사는 신간회 본부와 지부의 간부, 천도교·기독교·불교 기타 청년회와 노동단체 간부 등 91명에 달하였다.59) 이를 보면 신문 기사에서 안재홍의 이름이 피체자로 거론되지는 않았지만, 서울에 있었던 그도 이 날 일찍 체포되었음은 분명하다.

광주학생운동이 처음 보도되기는 1929년 12월 28일부터인데, 이 날 『朝鮮日報』와 『東亞日報』는 호외를 발행하여 2면과 3면의 전면을 광주학생운동으로 채웠다. 『東亞日報』(1929. 12. 28 호외)의 기사는, 권동진·허헌·홍명희·이관용·이원혁·조병옥·주요한·손재기·한용운·김무삼 등 10사람의 "명의로 모종결의문을발표"하였고, 여기에 金恒奎를 포함하여 11인을 구속 송치하였다고 보도하였는데, 이들은 모두 결의문에 서명한 사람들이었다. 반면 불구속 송치된 3인은 안재홍·송진우·이시목 3인이었다. 3인은 모두 언론계 인사로, 12월 10일의 회동에는 참석하였으나 결의문에 서명하지 않았고 이후에도 적극 가담하지 않았다.

경기도경찰부는 수사를 일단락한 뒤, 12월 24일 11인을 구속하고 3인을 불구속한 채로, 14명을 「보안법」 위반의 혐의로 경성지방법원검사국으로 송치하였다. 구속 송치된 권동진·허헌·홍명희·조병옥·이원혁·이관용·한용운·

문구 상의 차이가 다소 있을 뿐 동일하다. 헌병대 자료에서 보이는 결정 사항 4번 항이 "(四)東亞, 朝鮮, 中外의 3개 한글(헌병대 자료에는 諺文: 인용자) 신문은 사건 직후 2회 號外를 發할 事"였다. 「昭和五年二月一日朝京第二五〇號」京城ヲ中心トスル管內鮮人學生動搖ノ顚末」(京城憲兵隊 昭和五年一月三十一日 調製)의 '第二. 左傾團體其他 ノ策動狀況'-'二. 裏面ノ策動'-'1.新幹會幹部ノ騷擾計劃」『思想ニ關スル情報綴』第二冊 [국사편찬위원회, 한국사데이터베이스 제공]의 70~71쪽(쪽번호는 필사본 문서에 표기된 번호이다. 이하 같음).
59) 앞의 「京城ヲ中心トスル管內鮮人學生動搖ノ顚末」, 72쪽.

주요한·손재기·김무삼 등은 서대문형무소에 수감되었다. 불구속 송치된 3인은 송진우·이시목·안재홍이었다.60) 이어 1930년 1월 6일 허헌·홍명희·이원혁·이관용·조병옥·김무삼 6명을 기소하여 예심 중이며, 기타는 불기소에 부쳤다. 불구속 상태에 있던 안재홍이 최종 기소유예된 날은 1930년 1월 6일이었다.61)

4. 제5차 옥고: 만주동포 구제금 유용 사건, 8개월 20여 일 넘게

신간회가 해체되기 며칠 앞선 1931년 5월 초, 안재홍은 신석우의 뒤를 이어 조선일보사의 제6대 사장으로 취임하였다. 이 무렵 조선일보사의 재정난은 극심하였고, 안재홍이 사장에 취임한 이유와 목적도 이를 타개하려는 데 있었다. 이해 7월에는 사장으로서 발행인도 겸하였다. 10월에는 편집인을 겸하면서 신문사의 정상화를 위하여 분투하였으나, 가중되는 재정난에 그의 어깨는 더욱 무거웠다.

일제의 침략 전쟁이 확대되면서 시국도 악화되었다. 일제 관동군은 1931년 9월 18일 만주 침략 전쟁을 시작하였고, 이 와중에서 재만 한인 동포들이 억울하게 학살당하고 박해를 받는 사태가 여기저기 잇달아 일어났다. 만주 지역의 한인 동포들이 곤경에 처하자, 조선일보사·동아일보사 등 언론사를 중심으로 만주 동포를 구제하자는 움직임이 일어났고, 중심에는 안재홍이

---

60) 「某事件被疑 十二名檢局送致」, 『朝鮮日報』(1929. 12. 26); 「各方面人士網羅 某決議文 發表」, 『東亞日報』(1929. 12. 28 號外); 「重大計劃이未然發覺 各團體主要人物檢擧」, 『朝鮮日報』(1929. 12. 28 號外).
61) 앞의 「京城ヲ中心トスル管內鮮人學生動搖ノ顚末」, 72~73쪽.

있었다.

　1931년 10월 27일 각 방면의 유지 60여 명이 기독교청년회관에 회합하였고, 조선일보사 사장 안재홍이 사회를 보며 회의를 주도하였다. 안재홍은 구제 운동을 주도할 단체명을 滿洲遭難同胞問題協議會(이하 협의회로 줄임)로 발의하였다. 會衆은 즉석에서 尹致昊·안재홍·송진우(동아일보사 사장) 등 43명의 집행위원을 선정하여 일체의 사무집행을 일임함으로써 협의회가 출발하였다.62)

　협의회는 대표를 만주에 파견하여 실상을 조사하는 한편, 각 신문사를 매체로 구호금을 모으는 일을 추진하였다. 일제가 달갑게 볼 리 없었다. 일경은 노려보고 있다가, 만주동포 구호 의연금(義捐金)의 일부가 조선일보사의 회사 운용 자금으로 유용되었음을 포착하였다. 구제금 모집과 지출에서 문제점은 비단 조선일보사에만 있지 않았는데,63) 일제는 유독 조선일보사를 타깃으로 삼았다. 여기에 만주동포 구제금 유용 사건(앞으로 구제금 유용 사건으로 줄임)의 본질을 포착할 단서가 깔려 있었다.

　1932년 3월 10일 일경은 조선일보사가 취급하는 '在滿遭難同胞救濟義捐金 一萬數千원'을 '橫領消費'하였다는 혐의로, 갑자기 조선일보사의 사장 안재홍과 영업국장 李昇馥 두 사람을 경기도경찰부 유치장에 구금하였다.64)

---

62) 「各方面有志會合 遭難同胞問題協議會組織」, 『東亞日報』(1931. 10. 29); 「各界人士四十三人으로 協議會執行機關設置」, 『朝鮮日報』(1931. 10. 29). 협의회는 1931년 11월 25일 제2회 집행위원회에서 滿洲遭難同胞問題協議會를 滿洲同胞問題協議會로 改稱하기로 결의하였다. 「協議會委員會 重要事項決議」, 『東亞日報』(1931. 11. 27); 「會名改稱,委員改選 僻地事情을調査調」, 『朝鮮日報』(1931. 11. 27); 「滿洲遭難同胞協議會의 活動」, 『中央日報』(1931. 11. 27).

63) 김인식, 「민세 안재홍 선생 서훈(敍勳) 훈격(勳格) 상향을 위한 추가 공적 조사 보고」, 『(광복 제78주년 기념 제17회 민세학술대회) 안재홍의 민족운동연구③』(민세안재홍선생기념사업회, 2023. 8. 24), 10쪽.

이틀 후인 3월 12일 안재홍은 석방되어 불구속으로 취조를 받기 시작하였다.65)

　이후 사건의 진행 과정을 정리하면 다음과 같다. 3월 14일에는 이승복도 석방되었다. 그리고 당일 조선일보사는 문제가 된 구제금 '1만 2천 65원 77전' 전액을 총독부에 변상하였다.66) 이후 안재홍·이승복 양인은 불구속으로 계속 취조를 받았고, 3월 22일 경기도경찰부 형사과는 안재홍·이승복 양인을 경성지방검사국에 '횡령죄' 혐의로 불구속 송국하였다.67)

　사태가 이렇게 전개되자, 안재홍은 협의회에 집행위원직의 사표를 제출하였고, 3월 25일 열린 협의회의 제5회 집행위원회는 안재홍의 사임을 수리하는 동시에 협의회를 해체하기로 결의하였다.68) 4월 22일 조선일보사의 이사회도 안재홍·이승복의 사임을 수리함으로써69) 두 사람은 조선일보사를 떠났고, 일제는 기다렸다는 듯이 이들을 즉각 서대문형무소에 구금하였다.

---

64) 「朝鮮日報幹部等을 橫領嫌疑로拘引取調」, 『中央日報』(1932. 3. 13).
65) 「安社長은釋放코 取調는進行」, 『中央日報』(1932. 3. 14).
66) 「李局長은釋放 不拘束으로取調繼續」, 『中央日報』(1932. 3. 16).
67) 「朝鮮日報=背信事件送局」, 『中央日報』(1932. 3. 24). 千寬宇는 '1932. 임신(42세)'에서 『朝鮮日報五十年史』을 전거로 "▲ 3월, 만주동포구호 의연금(義捐金)을 유용(流用)했다는 구실로, 『조선일보』 영업국장 이승복(李昇馥)과 함께 구속됨. 제5차 옥고(獄苦)"라고 기술하였으나[千寬宇, 「앞의 논문」, 231쪽] 오류이다.
68) 「滿洲同胞問題協議會遂解體」, 『朝鮮日報』(1932. 3. 27); 「滿洲同胞協議會淸算코解體 二十五日의委員會에서 諸般問題를討議決定」, 『中央日報』(1932. 3. 27); 「滿洲同胞問題協議會는解體」, 『東亞日報』(1932. 3. 28).
69) 「謹告」, 『朝鮮日報』(1932. 4. 22). 조선일보사 이사회가 사임을 수리한 간부는 編輯局長 韓基岳까지 포함하여 3인이었는데, 당일 한기악은 상무이사로 승진 인사하였다. 이를 보면 안재홍·이승복의 사임은 인책 사표였다. 千寬宇는 '1932. 임신(42세)'에서 『朝鮮日報五十年史』를 전거로 "▲ 4월, 『朝鮮日報』 사장(社長)을 옥중에서 사임(辭任)"이라고 기술하였으나[千寬宇, 「앞의 논문」, 231쪽] 오류이다. 안재홍·이승복이 사표를 제출하여 수리된 때는 불구속 상태였다.

두 사람이 재구속된 일자는 확정할 수 없지만 4월 하순경(4월 23~28일 사이)이었다.70)

1932년 7월 19일 경성지방법원에서 구제금 유용 사건의 豫審이 종결되었고, 안재홍·이승복은 '횡령죄'로 동 법원의 공판에 회부되었으나,71) 이튿날인 7월 20일 보석이 허가되어 오후 6시경 서대문형무소를 출감하였다.72) 이후 두 사람은 불구속으로 재판을 받았으나, 未決 상태에서 85일 전후, 적어도 80여 일 이상의 옥고를 이미 치른 상태였다.

안재홍·이승복의 재수감은 조선일보사에도 커다란 타격을 주었고, 이후 조선일보사가 경영권 분쟁에 휘말리게 되는 원인이 되었다. 안재홍이 조선일보사 사장직에서 물러나자, 제7대 사장으로 俞鎭泰가 취임하였으나 1932년 5월 30일 사임했다. 유진태가 취임한 지 1개월 8일이라는 단시일에 사임한 이유는, 『조선일보』의 발행권이 林景來에게 넘어갔기 때문이다. 조선일보사는 사채업자 임경래에게 板權(발행권)을 담보로 운영자금을 빌렸는데, 사장 안재홍과 영업국장 이승복이 구속되어 있는 동안 채무를 이행하지 못하였다. 임경래는 총독부에 발행인 변경을 요구했고 총독부가 즉각 허가함에 따라, 임경래는 조선일보의 발행인 겸 편집인 겸 부사장에 취임하였다. 1932년 6월 1일 조선일보의 발행권은 채권자인 임경래에게 합법하게 넘어갔고, 이후 조선일보사는 복잡한 경영권 분쟁에 들어갔다.73)

---

70) 『三千里』第四卷第五號(三千里社, 1932. 5. 1발행)에는 「風聞片片」에 '外遊說의宋社長'과 '水標橋畔吟'(필명 파인은 『三千里』의 발행인인 金東煥의 아호이다)이라는 두 개의 단편이 실려 있는데, 이 두 글(각각 11쪽과 22쪽)에서 안재홍의 재수감 시기의 단서를 찾을 수 있다. 자세한 점은 김인식, 「앞의 논문」, 2023, 11~12쪽을 참조.
71) 「安在鴻終豫公判에廻附」, 『東亞日報』(1932. 7. 20).
72) 「安在鴻,李昇馥 保釋今日許可」, 『東亞日報』(1932. 7. 21).
73) 이상의 서술과 이후의 경영권 분쟁은 조선일보100년사편찬실, 『朝鮮日報100年史-민

구제금 유용 사건은 조선일보사의 경영난에서 비롯되어, 경영권 분쟁으로 이어지는 사태와도 직결되었고 이 와중에서 발생하였다. 조선총독부는 이 틈새를 파고드는 책략을 폈다. 조선총독부는 구제금 유용 사건을 빌미로, 애초에는 안재홍을 조선일보사에서 축출하고 『조선일보』의 題號를 폐지하는 수준까지 의도하였다. 그러나 명분이 없었으므로 안재홍·이승복에게서 신문 경영권과 발행권을 빼앗고, 두 사람을 조선일보사에서 영구 퇴출시키는 방향으로 선회하여 관철시켰다. 구제금 유용 사건의 본질은 바로 여기에 있으며, 일제가 불구속 송치한 안재홍·이승복을 왜 갑자기 재수감하였는지도 설명해 준다.[74]

일제는 구제금 유용 사건을 '橫領' 혐의로 검속하여 재판에 회부하였다. 이때 일제가 의도한 '橫領'이라는 용어에는 안재홍·이승복을 파렴치범으로 매도하여 조선일보사에서 방축할 뿐 아니라, 조선일보사에도 타격을 주려는 간교한 술책이 담겨 있었다.

상식선에서 판단하더라도, '횡령'이라 함은 이른바 橫領者가 他者의 재물을 詐取·私取하여 개인의 목적으로 私用·使用하였음을 전제한다. 그러나 일제 경찰이나 검사·판사도 이러한 측면에서 구제금 유용 사건을 '횡령사건'으로 규정하여 '횡령죄' 혐의를 씌우지는 않았다. 안재홍·이승복이 구제금을 사사롭게 '소비'한 적이 없기 때문이다.

일제 관헌이 간교하게 의도한 '횡령'과 달리, 사실에서 안재홍·이승복은 구제금을 私取·使用하지 않았으므로, '횡령'이란 단어는 부적합할 뿐 아니라 부적절하다. 구제금을 '유용'한 동기가 사사로움에서 비롯되지 않았고 목적

족과 함께 한 세기』(上), 조선일보사, 2020, 300~311쪽을 참조.
[74] 김인식, 「앞의 논문」, 2023, 13~14쪽.

이 私用에 있지 않았다면, '횡령'이라는 범죄 행위와는 절대 구별해야 한다. 안재홍 자신도 '횡령' 혐의를 강하게 부인하였다. 그는 南京軍官學校 학생모집 사건으로 송치되어 경성지방법원검사국에서 訊問을 받을 때(1936년 7월 16일), 담당검사의 질문에 다음과 같이 답하였다.

> (자료 E)
> 문: 소화 七년(1932년을 가리킴 : 인용자) 중 업무횡령사건이란 어떠한 일을 했는가.
> 답: 소화 七년 중 滿洲사변에서 난리를 만난 조선동포의 구제금을 신문사에서 모집하였던바, 모아진 돈이 一二,〇〇〇원 정도 되었는데 당시 신문사의 재정상태가 생각한 만큼 없었기 때문에 그 돈을 잠시 신문사의 비용에 유용한 일이다."75)

(자료 E)에서 검사가 '횡령'이란 단어를 사용하자, 안재홍이 '유용'이라는 말로 대꾸한 데 유의해야 한다. 안재홍은 구제금을 돌려썼음을 인정하면서, 그것이 신문사의 재정난을 해결하려는 救社策이라고 주장하였다. 그는 같은 검사에게서 신문을 받을 때(1936년 7월 25일)에도, "나로서는 소화 八년 중 업무 횡령죄 처분을 받은 것은 한평생 치욕으로 생각하고 있는데…"76)라고 답하였다. '치욕'은 일제가 자신을 '횡령죄'로 엮은 데 강한 모욕감과 반발감을 나타내는 단어였다. 구제금 유용 사건과 관련한 안재홍의 심경이 그대

---

75) 「安在鴻 訊問調書」(供述者 安在鴻, 작성일 昭和十一年七月十六日 京城地方法院檢事局, 신문자 朝鮮總督府檢事 香川愿), 國史編纂委員會 編, 『韓民族獨立運動史資料集』 45, 國史編纂委員會, 2001, 122~125쪽[日文 원문은 362~365쪽].

76) 「安在鴻 訊問調書(第二回)」(供述者 安在鴻, 작성일 昭和十一年七月二十五日 京城地方法院檢事局, 신문자; 朝鮮總督府檢事 香川愿), 앞의 『韓民族獨立運動史資料集』 45, 153~154쪽[日文 원문은 391~393쪽].

로 드러난다.

구제금 유용 사건으로 인한 안재홍의 옥고가 지니는 의미를 정확히 이해하려면 두 가지 전제가 필요하다. 첫째는 식민지시기 조선일보사의 견실한 경영과 유지가 민족공익의 목적성에 부합하느냐 여부인데, 이는 당시 『조선일보』가 항일운동의 범위에서 차지하는 비중과 위상에서 인식해야 한다. 둘째, 앞에서도 언급하였듯이, 일제가 구제금 유용을 사건화한 목적은 반일 논조가 강하였던 『조선일보』의 반일·항일 성향을 거세하려는 데 있었다. 이의 일환으로 민족운동가이자 항일 언론인인 안재홍을 조선일보사에서 제거할 의도를 지녔으므로, 이는 민족언론과 민족운동가를 탄압하려는 일제 술책이었다.

안재홍이 신문으로써 언론구국운동을 전개한 독립운동가였음은 주지의 사실이다. 그는 『조선일보』의 紙面으로 식민정치에 저항하였고, 신간회를 조직하여 일제 항거하면서도 『조선일보』를 매체로 십분 활용·동원하였다. 『조선일보』가 안재홍에게 지니는 의미였다. 식민지 상황에서 언론구국의 목적성은 自社의 영리를 공익보다는 우선하는 오늘날의 언론 상황과 비교할 수 없다. 더욱이 조선총독부의 의도가 조선일보사 자체를 겨누지 못하자 차선책으로, 항일 언론인 안재홍을 퇴출하려는 목표를 달성한 사건은 일제 법률의 잣대가 아니라 항일의 시각에서 평가해야 한다. 구제금 유용 사건으로 인한 안재홍의 옥고가 민족운동으로 평가되고, 공적이 인정받아야 하는 이유이다.[77]

구제금 유용 사건의 1회 공판은 조선일보사의 분규가 지속되는 와중에서

---

[77] 필자는 구제금 유용 사건으로 인한 안재홍의 제5차 옥고를 민족운동의 차원에서 이해하면서, 본문에서 서술한 견해를 제시하였다. 김인식, 「앞의 논문」, 2023, 9쪽.

1932년 11월 24일 열렸고, 검사는 안재홍·이승복에게 징역 1년을 구형하였다.[78] 동년 12월 1일 경성지방법원에서 진행된 결심 공판에서 재판장은 두 사람에게 未決通算 60일을 算入하여 8개월을 언도하였다.[79] 두 사람은 즉각 공소하였다. 두 달여 뒤인 1933년 2월 2일 경성복심법원에서 控訴 공판이 열렸고,[80] 2월 9일 열린 복심 판결은 1심 선고와 복심 검사의 구형대로 두 사람에게 미결구류 60일을 通算한 징역 8개월을 언도하였다.[81]

안재홍·이승복은 다시 상고하였으나, 5월 1일 고등법원이 상고 기각을 판결함으로써 각 8개월의 형량이 확정되었고, 두 사람은 즉일 서대문형무소에 재수감되었다.[82] 두 사람은 미결구류 60일이 산입되었으므로 11월 2일 만기출옥하였으나,[83] 구제금 유용 사건으로 인한 실지 총 옥고 기간은 경찰서 수감, 미결 수감, 기결 수감을 모두 더하여, 최소로 잡더라도 8개월 20여 일 이상으로 9개월 전후였다.[84]

---

78) 「安在鴻李昇馥에各一年을求刑」, 『中央日報』(1932. 11. 26).
79) 「安在鴻李昇馥에 體刑八個月言渡」, 『中央日報』(1932. 12. 2); 「安在鴻,李承馥 體刑八個月」, 『東亞日報』(1932. 12. 3).
80) 「李,安兩名에게 懲役八個月求刑」, 『中央日報』(1933. 2. 4).
81) 「安李兩名에서八個月言渡」, 『中央日報』(1933. 2. 10).
82) 「安,李兩人收監」, 『朝鮮中央日報』(1933. 5. 2).
83) 「安在鴻氏 今朝滿期出獄」, 『東亞日報』(1933. 11. 3).
84) 천관우는 '1932. 임신(42세)'에서 전거를 밝히지 않고 "▲ 11월, 만주동포구호 의연금 유용혐의 사건에 징역 8개월의 선고를 받고, 미결통산으로 출옥", '1933년, 계유(43세)'에서 "▲ 이 해, 요양중."이라고 서술했다. 千寬宇, 「앞의 논문」, 232쪽. 김인식은 천관우의 오류를 반복하여 "1932년 11월 안재홍은 징역 8개월을 받고 미결통산으로 출옥하였으나, …"·"출옥한 뒤 안재홍은 1933년 한 해를 옥살이로 망가진 몸을 추스렸고, …"라고 서술했다. 김인식, 앞의 책, 140쪽.

5. 제6·7·8차 옥고: 남경군관학교 학생모집 사건(6·8차)과 흥업 구락부 사건(7차), 총 32개월여[85]

안재홍의 옥고 중에서 가장 파악하기 어려운 옥고는 6·7·8차 옥고로, 그만큼 잘못 이해한 부분도 많았다. 남경군관학교 학생모집 사건(앞으로 군관학교 사건으로 줄임)으로 입옥(제6차 옥고)되었다가 병보석으로 출옥하여 재판을 받던 중, 흥업구락부 사건으로 다시 구속(제7차 옥고)되었다. 흥업구락부 사건에 연루된 인사들이 기소유예로 석방되었으나, 안재홍은 군관학교 사건의 재판 중에 있었으므로 구속 상태에서 최종 판결을 받고 刑期가 시작되었다(8차 옥고). 즉 흥업구락부 사건은 군관학교 사건의 재판이 진행되는 사이에 위치하였으므로, 두 사건은 별개 사안이지만, 안재홍의 옥고에서는 연결성을 지니고 있었다. 이러한 사실을 이해하지 못하여, 지금까지 안재홍의 옥고를 부정확하게 산정하였으므로 세밀하게 재검토를 요한다.

안재홍은 구제금 유용 사건으로 다섯 번째 옥고를 치르고 1933년 11월 2일 출옥하였으나, 이후 "言論界의 第一線으로부터 물러앉아" 있었다.[86] 그러나 그는 신문기자 또 주필로서의 현직은 아니었지만, 조선일보사의 客員으로 초빙되어 1935년 5월 4일부터 석간 1면에 「民世筆談」을 연재하기 시작하면서[87] 논객으로 복귀하여 "論陣을 펴기 시작"하였다.[88] 안재홍은 1936년 초에도 조선일보 객원으로 신문에 연재하는 문필 활동을 계속하면서 다

---

85) 김인식, 「앞의 논문」, 2023, 24~41에서 흥업구락부와 군관학교 사건의 상관성을 자세하게 살펴보았는데, 놓쳐 본 바를 보정하고 오류를 수정하면서 제6·7·8차 옥고를 다시 정리·서술하려 한다.
86) 「民世筆談」의 '筆者後記', 『選集』 1(1981. 6), 470쪽.
87) 安在鴻, 「民世筆談(一)-文章奉事의難神을차저漢山에」, 『朝鮮日報』(1935. 5. 4).
88) 앞의 「民世筆談」의 '筆者後記'.

소 평온한 삶을 이어갔지만, "닥쳐오는 受難의멍에"89)를 피할 수는 없었다. 첫 번째 멍에는 군관학교 사건으로 1936년 6월 2일 피검된 6차 옥고였다.

안재홍이 연루된 군관학교 사건의 핵심은, 1936년 3월 鄭必成이라는 청년을 당시 난징(南京)에 있던 民族革命黨의 간부 金枓奉에게 추천하는 소개장을 써 주어, 杭州의 軍官學校 航空科에서 양성할 계획으로 밀파하려다가 발각된 데 있었다. 안재홍의 「예심청구서」에 따르면, 안재홍은 南京 방면에서 활동하는 金枓奉에게서 독립운동에 종사할 유망한 청년을 소개 바란다는 부탁을 받고 있었다. 이러하던 차에 이승복이 소개한 정필성이 중국의 육군항공학교에 입학하거나 또는 남중국 방면의 독립운동단체에 참가하기 희망함을 알게 되었다. 1936년 3월 안재홍은 자택에서 민족혁명당의 간부가 된 김두봉 앞으로 작성한, 정필성을 잘 지도해 달라는 소개장을 정필성에게 써 주었고, 정필성은 경성을 출발하여 上海 방면으로 향하던 중 大連에서 검거 당하였다.90)

군관학교 사건의 발단은 의외의 곳에서 터져나와 안재홍까지 확대되었다. 1936년 5월 말경 종로경찰서가 수사를 시작하였고, 1936년 6월 2일 밤 안재홍은 경성부내 舘洞町에서 급작스럽게 피체되었다. 鄭世鎬와 金梓瀅(金在瀅) 두 청년이 1936년 4월경 남경군관학교 飛行科에 입학하였는데, 동지를 규합하기 위하여 입국하였고, 안재홍을 방문하여 국내 정세를 상세히 조사하는 동시에 운동 자금과 금후 운동의 구체 방침을 지시해 달라고 요청하였다는 혐의였다.91) 이승복도 6월 3일 경성부내 桂洞町에서 체포되었다.92)

---

89) 安在鴻, 「『朝鮮上古史鑑』卷頭에書함」(1946. 1), 『朝鮮上古史鑑』上, 民友社, 1947, 3쪽.
90) 「豫審請求書」(작성일: 昭和十一年七月二十七日, 발송자: 京城地方法院檢事局 朝鮮總督府檢事 香川愿, 수신자 京城地方法院豫審掛 御中), 앞의 『韓民族獨立運動史資料集』 45, 156~157쪽[日文 원문은 394~395쪽].

이후 南京·上海·安東縣로,93) 다시 新義州·大邱까지 수사 범위가 확대되어 10여 명의 피검자가 생겼다.94)

수사가 일단락되자, 6월 24일 吳世鎬·金舜濟 등이 경성지방법원검사국으로 송치되었다.95) 이어 7월 16일 오전 10시경 안재홍·김재형·金世鍾·金德元·鄭泰運(정필성) 5인은 구속, 이외 이승복 등 5인은 불구속으로 모두 10인이 경성지방법원검사국에 「치안유지법」 위반 혐의로 송치되었다.96)

7월 27일 담당검사는 송치된 10명 중 안재홍·정태운·김덕원 3인만을 경성복심법원 예심에 회부하였고, 나머지 7인은 불기소(기소유예)하였다. 정태운과 김덕원에게는 「치안유지법」 위반 혐의만 적용되었으나, 안재홍에게는 「보안법」 위반 혐의가 추가되었다.97)

예심판사는 군관학교 사건의 예심을 장기간 지루하게 진행한 끝에 유죄로 결심하고, 1937년 5월 8일에야 검찰 기소와 동일한 혐의를 적용하여 경성지방법원의 공판에 회부하였다.98) 기나긴 예심의 과정에서 피폐해진 안재홍은

---

91) 「"룸펜"檢擧의餘波」, 『朝鮮中央日報』(1936. 6. 2); 「兩靑年檢擧로 重大事實綻露」, 『朝鮮中央日報』(1936. 6. 3 水); 「鍾路署事件漸次擴大 軍官生取調로某事實綻露」, 『朝鮮中央日報』(1936. 6. 4).
92) 「李昇馥氏도檢擧」, 『朝鮮中央日報』(1936. 6. 5).
93) 「新事實의綻露로 送局이遲延될듯」, 『朝鮮中央日報』(1936. 6. 13).
94) 「鍾路署事件 取調一段落」, 『朝鮮日報』(1936. 6. 16).
95) 「軍官學校事件의 吳世鎬等逐送局」, 『朝鮮中央日報』(1936. 6. 26).
96) 「鐘路署軍官學校事件 安在鴻以下九名」, 『朝鮮中央日報』(1936. 7. 17); 「南京軍校事件 十六日送局」, 『東亞日報』(1936. 7. 17). 위의 『東亞日報』에 따르면, 1936년 5월 상순에 金德元은 天津에서, 鄭泰運은 大連에서 밀입국하여 활동 중에 검거되었다.
97) 「安在鴻等三名 豫審에 廻付」, 『朝鮮中央日報』(1936. 7. 28); 「三名은豫審에」, 『東亞日報』(1936. 7. 28); 「安在鴻氏等三名 起訴豫審에廻付」, 『朝鮮日報』(1936. 7. 28); 「安民世 公判에 廻付」, 『朝鮮日報』(1937. 5. 9).
98) 「安民世 公判에 廻付」, 『朝鮮日報』(1937. 5. 9).

보석을 신청하였다. 장장 11개월에 걸쳐서 9개월 넘게 진행된 예심이 종결되는 당일 오후에 병보석이 허가되었으며, 이틀 뒤인 5월 10일 출옥하여 쇠약해진 몸을 요양할 차 杜陵里 鄕第로 향했다.[99]

안재홍은 군관학교 사건으로 1936년 6월 2일에 검거된 뒤, 1937년 5월 8일 병보석으로 출감할 때까지 미결수로 이미 11개월이 넘게(11개월 5일) 옥고를 치른 상태였다. 그는 흥업구락부 사건으로 재입옥되기까지 "政治로써鬪爭함은 한동안거의絶望의일이오 國史를硏鑽하야 써民族正氣를 不朽에 남겨둠이 至高한使命임을 自任"하면서 한국상고사를 집필하는 일에 '專心'하였다.[100]

이후 안재홍은 불구속 상태로 법정에 출정하였다. 1937년 10월 5일 경성지방법원 형사부 법정에서, 소개장을 써준 안재홍 및 군관학교에 입학하려던 정필성·김덕원 3인의 제1회 공판이 열렸다. 공판은 안재홍에게 事實審理로 시작되었고,[101] 사실심리가 끝난 후 변호인의 증인신청을 끝으로 공판은 폐정하였다. 변호인이 신청한 증인은, 안재홍을 普成專門學校에 초청하여 강연을 의뢰하였던 卞仁均(증언할 당시는 졸업생)이었다.[102]

변호인단이 군관학교 사건과 전혀 무관한 변인균을 증인으로 신청한 이유는, 안재홍에게 군관학교 사건 이외에도 다른 행동이 혐의에 추가 반영되었음을 나타내는데, 일제 사법 담당들이 안재홍이 보성전문학교에서 강연한 내용도 문제 삼았음을 보여준다. 이 점은 매우 중요하다. 「보석지연의 희생」

---

99) 「安民世保釋 十日振威鄕第로」, 『朝鮮日報』(1937. 5. 11).
100) 앞의 「『朝鮮上古史鑑』卷頭에書함」, 3쪽
101) 「安民世等公判」, 『東亞日報』(1937. 10. 5); 「安在鴻公判開廷」, 『東亞日報』(1937. 10. 6); 「安在鴻等公判」, 『朝鮮日報』(1937. 10. 6).
102) 「被害者身元判明되면 犯人逮捕는容易」, 『朝鮮日報』(1937. 10. 6).

에서 발단한 제2차 옥고가, 안재홍이 집필한 사설 「제남사변의 벽상관」으로 인해 가중 처벌되었듯이, 일제는 자신들이 지속해서 감시·포착한 안재홍의 행동들이 공판 중인 사건과 직접 관련이 없는데도 혐의에 포함시켰다. 변호인은 일제의 의도를 간파하고, 안재홍에게 유리한 증언을 할 변인균을 증인으로 신청하였다고 생각한다.

10월 12일 속개된 공판에서 증언대에 선 변인균은 안재홍에게 유리한 증언을 하였지만, 검사의 구형103)과 판결에는 전혀 반영되지 않았다. 군관학교 사건의 판결 언도는 10월 19일 경성지방법원형사부 법정에서 속행되었고, 재판장은 안재홍에게 「보안법」과 「치안유지법」 위반 혐의를 적용하여 검사의 구형대로 징역 2년(未決通算 150일)을 선고하였다.104)

안재홍이 수감되었다가 예심 종결로 병보석되기까지 미결수로 수감된 기간은 11개월이 훨씬 넘었는데도, 미결통산은 150일 즉 5개월에 그쳤고, 절반이 넘는 6개월여(180일을 넘게)를 누락시켰다. 이는 法定 制裁하기 곤란하였던 안재홍의 평소 反日 언행들까지 군관학교 사건의 판결에 반영되었기 때문이다.

군관학교 사건의 변호인 가운데 한 사람이었던 李仁은 안재홍의 혐의 및 형량과 관련하여 다음과 같은 회고를 남겼다.

 (자료 G)
 民世의 사건가운데서 가장 기억에 남은 사건은 1937년의 舌禍事件이다. 그

---

103) 앞의 「被害者身元判明되면 犯人逮捕는容易」; 「安在鴻續行公判」, 『東亞日報』(1937. 10. 9); 「○○講義眞否 證人學生審問」, 『朝鮮日報』(1937. 10. 9); 「安在鴻에二年求刑」, 『東亞日報』(1937. 10. 13) 「安在鴻에게 懲役二年求刑」, 『朝鮮日報』(1937. 10. 13).
104) 「安在鴻體刑二年」, 『朝鮮日報』(1937. 10. 20); 「安在鴻判決 求刑대로二年役」, 『東亞日報』(1937. 10. 20).

가 普成專門학생들에게 강연을하면서 우리와 印度의 사정을 비교하고 나아가 「네루」의 獨立運動한내력을 쭉 설명했는데 이것으로 징역8개월을 산것이다.105)

위의 회고에는 사실과 기억착오가 혼재되었으나, 오히려 이것이 군관학교 사건에서 안재홍의 형량이 어떻게 결정되었는지, 즉 해당 사건과 무관한 혐의가 추가되어 형량이 加重되었음을 보여준다. 1937년에는 안재홍이 舌禍事件 자체만으로 법정에 선 적은 없었으므로, 이인이 1937년으로 기억하는 사건은 군관학교 사건이 분명하다. 또 '印度의 사정'을 운운한 대목은 日警의 심문기록(1936년 6월 12일)106)과 검사의 예심청구서(1936년 7월 27일)107)에서도 증명된다. 두 문건은 모두 안재홍이 1935년 11월경 보성전문학교에서 「내가 본 민족주의」라는 제목으로 연설하면서, 영국에 반기를 드는 아일랜드 및 인도의 독립운동을 예로 들어 학생들에게 민족주의를 선동했다고 문제삼았다. 검사는 보성전문학교 강연 내용도 혐의에 포함시켜 범죄 사실을 제시했다.

日警은 안재홍을 심문하는 과정에서 군관학교 사건과 무관한 1년 전의 합법 활동까지 끄집어내었다. 이들은 안재홍이 1935년 7월 17일 '丁茶山百年忌 기념강연회' 때의 강연 내용, 1935년 5월 또는 7월 延禧專門學校에서 강연, 1936년 普成高等普通學校·京城保育學校의 졸업식 강연, 1936년 2월경 梨花專門學校에서 군비 관계 강연, 1936년 5월 상순 徽文高普에서 축사 등을 일일이 거론하며 추궁하였다. 안재홍의 일거수일투족이 사찰 대상이었

---

105) 李仁, 「나의 履歷書(31)-法廷人物錄」, 『한국일보』(1973. 3. 30).
106) 앞의 「安在鴻 訊問調書(第二回)」, 49~52쪽[日文 원문은 294~297쪽].
107) 앞의 「豫審請求書」, 156~157쪽[日文 원문은 394~395쪽].

음을 반증하면서, 보성전문학교 강연에서 독립사상을 고취하였다는 혐의에, 일제가 안재홍을 예의주시하였던 반일 행동들이 모두 포함되었음을 증명한다.108)

(자료 G)에서 "이것으로 징역8개월을 산것이다."라는 문구는, 안재홍의 담당변호사가 증언하는 바로 매우 중요하다. 안재홍이 징역 2년을 받았으므로, 이인의 기억은 사건 명과 형량에서는 사실과 일치하지 않지만, '이것' 즉 보성전문학교 강연 내용이 형량에 반영되었음을 보여준다. 당시 한 신문은, 변호인들이 "이구동성으로 안재홍이 보전강당에서 조선××선동연설을하엿다는점과 조선××를꾀하고저 김두봉(金枓奉)에게정필성을 항주(杭州)륙군비행학교에 입학식히도록 소개하엿다는사실을 … 상식으로 판단하여도 상상할수 업는일이라하야 극력무죄를 주창하엿다"고 보도하였는데,109) 변론의 초점이 크게 군관학교 사건과 보성전문학교 연설 내용 두 가지였음을 확인시켜 준다.

일제가 보성전문학교 연설을 군관학교 사건과 연관시켰음은 이렇게 언론에도 보도된 바였다. 이인이 1973년 78세의 고령에 1937년의 사건을 회고하였으므로 세세한 사실은 착오하였더라도, 군관학교 사건을 '보선전문학교 필화사건'으로 기억할 만큼 경찰 조서 때부터 재판에 이르기까지 이 강연이 혐의로 부각되었음을 반증한다. 이인의 회고는 신문 자료와 일제 관헌 자료에서도 입증된다.

안재홍은 1심 판결에 이의하여, 10월 26일 즉각 경성복심법원에 공소를 제기하였으나,110) 해가 바뀌어 1938년 4월 27일 진행된 공판에서 검사는

---

108) 자세한 점은 김인식, 「앞의 논문」, 2023, 32~35쪽을 참조.
109) 「安在鴻에게 懲役二年求刑-餘外兩名은一年式」, 『朝鮮日報』(1937. 10. 13).
110) 「安在鴻公訴」, 『東亞日報』(1937. 10. 29).

원심대로 징역 2년을 구형하였다.111) 이 과정에서 1938년 예정한 경사를 하루 앞두고 안재홍에게 조사가 닥쳐왔다.

안재홍의 장남 安晸鏞에 따르면, 肺炎으로 누워 있던 안재홍의 아내 李貞純의 병세가 갑자기 악화되어서 안정용의 婚日을 하루 앞둔 4월 7일 사망하였다.112) 보석 중이던 안재홍은 아들의 혼례를 그대로 치르기로 하고, 공소 판결의 연기를 요청하는 한편 물러놓았던 婚事 준비를 다시 하였다. 그는 이 틈에서도 『朝鮮上古史鑑』을 집필하는 데 분망하였다.113)

보석 중인 안재홍의 복심 공판은 1938년 4월 27일 경성복심법원에서 열렸고, 이어 5월 4일 언도 공판에서는 검사가 구형한 대로114) 징역 2년이 선고되었다.115) 안재홍은 다시 이의하여 5월 9일 곧바로 상고하였고,116) 미루었던 아들의 혼사를 준비하면서 상고 공판을 기다리고 있었다.

그러나 혼일을 눈앞에 두고 이번에는 興業俱樂部 사건이 터졌다. 검거의 선풍이 불어닥쳤고 안재홍은 재입옥되었다. 7차 옥고였다. 안재홍이 흥업구락부 사건에 연루된 이유는, 李承晩이 미국에서 결성한 同志會의 국내 지부로서 흥업구락부를 모의되는 단계부터 적극 참여하였고, 1928년 11월 동생 安在鶴이 신입 부원으로 가입하는 등 이때까지 흥업구락부에 관여하였기 때

---

111) 「安在鴻公判 방청금지코」, 『東亞日報』(1938. 4. 28); 「安在鴻에二年 覆審에서求刑」, 『朝鮮日報』(1938. 4. 28).
112) 李貞純의 사망은 당시 신문에도 보도되었다. 「消息」, 『東亞日報』(1938. 4. 9); 「人事·集會」, 『朝鮮日報』(1938. 4. 9).
113) 安晸鏞, 「아버지와 나(遺稿)」, 『選集』 4, 368~369쪽.
114) 「安在鴻公判 방청금지코」, 『東亞日報』(1938. 4. 28) ; 「安在鴻에二年 覆審에서求刑」, 『朝鮮日報』(1938. 4. 28).
115) 「安在鴻公判 覆審서二年言渡」, 『東亞日報』(1938. 5. 5); 「安在鴻에게 二年役言渡」, 『朝鮮日報』(1938. 5. 5).
116) 「安在鴻上告」, 『東亞日報』(1938. 5. 10).

문이다.117)

　흥업구락부 사건 자체가 발단한 시점은 1938년 2월이었지만, 사건이 확대되어 5월 중순부터 대검거가 시작되었다. 일제 경찰 자료에 따르면, 보석 중이던 안재홍이 平澤 杜陵里 자택에서 경기도경찰부에 연행되어 身柄拘束된 날은 빠르면 5월 20일, 늦어도 22일이었다.118) 서대문경찰서에 구속되어 취조 받기 시작한 날은 5월 23일이었다.119)

　흥업구락부 사건에 연루된 尹致暎(尹致昊의 사촌동생)이 서대문경찰서에

---

117) 이후 흥업구락부의 활동은 활발하지 못하였고, 이 안에서 안재홍의 활동상도 보이지 않는다. 안재홍이 흥업구락부 창립에 적극 참여한 사실과 흥업구락부 사건이 발단하는 계기는 김인식, 「앞의 논문」, 2023, 24~29쪽을 참조.

118) 1938년 5월 22일자 경기도경찰부장의 보고서에는, 5월 20일 경무국·검사국과 함께 세밀하게 打合하여 身柄拘束한 인사들로 흥업구락부 창립 발기인 安在鴻·李甲成·洪鍾肅·吳華英·張斗鉉 및 부원 金俊淵·朴勝喆 등을 검거·취조하고 있다고 보고하였다. 「(京高特秘第七二五號ノ二 昭和十三年五月二十二日 京畿道警察部長, 警務局長 殿/京城地方法院檢事正 殿)在米革命同志會ノ朝鮮支部タル秘密結社興業俱樂部事件檢擧ニ關スル件」(對五月十一日京高特秘第七二五號ノ一 「改題延禧專門學校經濟硏究會關係者檢擧ノ件」, 57쪽(쪽번호는 원본 필사 자료의 번호임. 이하 같음)[국사편찬위원회, 한국사데이터베이스 제공]. 여기서 경기도경찰부가 경무국·검사국과 '타합'한 날짜가 5월 20일인지, 검거한 날짜가 20일인지 문맥상으로 해석하기 어려운 부분이 있다. 그럴더라도 안재홍은 5월 22일에는 이미 경기도경찰부에 구금되어 있었으므로, 5월 22일 이전에 검거되었음은 분명하다.

119) 안재홍의 보석 출옥과 관련하여 서대문경찰서장의 또 다른 보고서에는, "(1938년: 인용자) 5월 23일 주소지에서 同行 目下 檢束處分에 부쳐 취조 중"이라고 보고하였다. 「京西高秘第五七八五號 昭和十三年 五月二十四日 京城西大門警察署長) 保釋 出獄者ニ關スル件」, 7쪽[국사편찬위원회, 한국사데이터베이스 제공]. 며칠 뒤의 서대문경찰서장의 보고서에서도 안재홍의 '拘束月日'은 '五月二十三日'이라고 기록하였다. 「京高特秘第七十三號ノ三 昭和十三年 五月二十八日 京畿道警察部長): 興業俱樂部關係者檢擧ノ件」, 69쪽[국사편찬위원회, 한국사데이터베이스 제공]. 서대문경찰서장이 京城地方法院 檢事正에게 발송하는 한 보고서(발신일 불명)에서도, 안재홍의 '拘束年月日'을 '昭和十三年五月二十三日'으로 기록하였다. 「極高秘)關係者名簿 京城西大門警察署」(地檢秘 13.6.10 第943號), 80~82쪽[국사편찬위원회, 한국사데이터베이스 제공].

서 가혹한 고문을 84회나 받아 瀕死 지경에 이른 예가 보여주듯이,[120] 안재홍 역시 서대문경찰서에서 혹심한 고문을 당했음은 짐작하기 어렵지 않다. 흥업구락부 사건으로 서대문경찰서에 유치된 상태에서, 1938년 7월 4일 안재홍의 「보안법」과 「치안유지법」 위반 건의 上告審이 열렸으나 '上告取下' 됨으로써[121] 징역 2년 형(未決通算 150일)이 최종 확정되었다. 이때부터 군관학교 사건의 형이 집행되는[122] 8차 옥고가 시작되었다.

군관학교 사건의 형량이 확정된 7월 4일의 시점에서, 안재홍은 이미 100여 일 넘게 경찰서에 구금되어 있었고, 흥업구락부 사건으로 인한 경찰의 취조는 계속되었다. 서대문경찰서가 흥업구락부 사건의 연루자들을 「치안유지법」과 「制令 제7호」 위반 혐의로 경성지방법원검사국에 송치한 날은 1938년 9월 3일이었고, 검찰은 이례라 할 만큼 당일 신속하게 기소유예 처분을 내려 흥업구락부 사건을 종결하였다. 경기도 경찰부도 당일 사건의 개요를 발표하였다. 검찰은 이 날 31명의 수감자(윤치호에 따르면)들을 석방하였고, 이들 중 일부는 전향서까지 작성하였다.[123] 1938년 9월 4일자 한글과

---

[120] 윤치영이 당한 고문은 흥업구락부 사건이 기사화되어 세상에 알려지는 계기가 되었고, 이것이 일본 정계에서도 문제가 되었다. 흥업구락부 사건 연루자들이 기소유예로 풀려난 이유 중의 하나였다. 김인식, 「앞의 논문」, 2023, 37쪽.

[121] 「刑事控訴事件簿」(국가보훈처, 「안재홍: 독립유공자 공적 검증서」).

[122] 일제 경찰 기록에는 군관학교 사건의 '判決言渡年月日'을, 안재홍이 控訴한 제2심 최종 판결일인 '昭和13年(1938) 5月 4日'로, '刑의 時期'를 '昭和13年(1938) 7月 18日'로, '出獄年月日'을 '昭和15年(1940) 2月 19日'로 기록하였다. 「身分帳指紋原紙(警察廳)」(국가보훈처, 「안재홍: 독립유공자 공적 검증서」). 안재홍이 1940년 2월 19일에 '만기출옥'한 이유는, 형의 시기를 최종 판결이 나온 날보다 13일이나 늦추어 1938년 7월 18일로 잡았기 때문이다.

[123] 『윤치호 영문 일기』(1938년 9월 3일 토요일), 박정신 번역, 『(한국사료총서 번역서 10) 국역 윤치호 영문 일기』 10, 국사편찬위원회, 2016, 107쪽. 서대문경찰서장이 1938년 9월 2일 보고한 문건에는 구자옥 등이 성명서를 작성한 날은 9월 2일이었고, 작성자는 윤치호 일기에 나오는 인물들과 완전히 동일하다. 이 문건은 "本日 興業俱樂

日文 신문에는, 1938년 9월 3일자 '興業俱樂部員一同'의 명의로 작성된 국한문·일문 전향 성명서를 비롯해, 일경이 제공한 흥업구락부 사건의 전말 등이 크게 보도되었다.124)

안재홍 역시 흥업구락부 사건은 기소유예되었겠지만, 군관학교 사건의 형량이 이미 확정된 상태였으므로 석방에서 제외되어 계속 형이 집행되었다. 그는 '改悛의 情'을 보이는 전향 성명서에 서명할 대상도 아니었다. 그는 여전히 서대문형무소에 수감된 채 2년형이 끝났고, 1940년 2월 19일 오전 서대문형무소에서 '만기출옥'하였다.125)

이로써 8차 옥고가 끝났으나, 안재홍의 옥살이는 미결통산 150일을 산입하여 1938년 7월 4일 최종 판결일부터 형기가 시작되었다고 하더라도 15일을 더 감옥에 있었다. 여기에 1936년 6월 2일에 검거되어 1937년 5월 8일 병보석으로 석방되기까지 옥살이한 11개월(5일)을 더한다면, 최종 형량인 2년보다 8개월(3일)을 더 수감되어 있었다. 총 형기는 32개월(3일)이었다.

흥업구락부 사건과 관련한 7차 옥고 및 군관학교 사건의 형량이 확정되어 시작된 8차 옥고는, 오해와 오류가 많으므로 좀더 정확하게 짚을 필요가 있다.

천관우는 '1938. 무인(48세)' 항에서 "▲ 5월, 흥업구락부사건(興業俱樂部事件)으로 서울 서대문경찰서에 검거되어, 3개월 만에 석방됨. 제7차 옥고(獄苦) … ▲ 이 해, 군관학교학생사건(1936)에 징역 2년형이 확정되어 다시

部 幹部인 尹致昊·申興雨·兪億兼·具滋玉·鄭春洙·李寬求·李萬珪·朴勝喆·具永淑 9명이 집합·협의한 끝에 別紙添付한 대로 聲明書案을 작성하였다"고 보고하였다. 「同志會(秘密結社興業俱樂部)ノ聲明書案ニ關スル件(地檢秘 13.9. 2 第1400號」(昭和十三年九月二日 京城西大門警察署長)」, 302쪽[국사편찬위원회, 한국사데이터베이스 제공].
124) 김인식, 「앞의 논문」, 2023, 39~40쪽.
125) 「民世安在鴻 昨日滿期出監」, 『東亞日報』(1940. 2. 20); 「安在鴻氏出獄」, 『朝鮮日報』(1940. 2. 21).

입옥. 제 8 차 옥고"라고, '1939, 기묘(49세)' 항에서 "▲ 이 해(?), 출옥한 듯함."이라고 기술하였다.126) 즉 흥업구락부 사건으로 3개월간 입옥된 바를 제7차 옥고, 군관학교 사건의 확정 판결로 재입옥되어 출감하기까지를 제8차 옥고로 보았다. 그러나 안재홍은 흥업구락부 사건으로 1938년 5월에 검거되었으나 3개월 만에 석방되었고, 1938년 중에 다시 입옥되었다는 서술 등은 모두 오류이다. 또 천관우는 군관학교 사건의 확정 판결 시점도 흥업구락부 사건이 종결되어 석방된 이후라고 잘못 기술하였다.

한편 성주현은 "흥업구락부사건은 관련자 대부분이 전향을 하고 풀려났기 때문에 '옥고'라고 하기에는 매우 모호한 요소를 가지고 있다. 다만 안재홍의 경우 군관학교 사건으로 보석 중에 흥업구락부사건과 연류되어 보석이 취소되어 서대문경찰서에 입감되어 취조를 받은 것이다. 실재적으로 볼 때 흥업구락부사건으로 옥고를 치룬 관련자는 한 명도 없다는 점이다."는 전제 아래 안재홍과 흥업구락부 사건을 언급하였다. 또 안재홍의 '제4차 옥고: 군관학교 사건'를 서술하는 가운데 "흥업구락부사건은 관련자는 치안유지법 위반으로 송치되었지만 관련자 대부분이 사상전향 성명서를 제출함에 따라 9월 3일 흥업구락부는 해체되었다. 뿐만 아니라 이날 신흥우 등 54명은 기소유예처분으로 모두 풀려났다. 그렇지만 안재홍은 군관학교 사건으로 서대문형무소에서 수감생활을 하였다."고 서술하였다.127)

성주현이 節을 달리 하여 서술한 위 두 개의 문구는 진의를 파악하기 어려

---

126) 千寬宇, 「앞의 논문」, 234~235쪽. 김인식은 천관우의 오류를 그대로 반복하여 "안재홍은 이 사건(흥업구락부 사건을 가리킴: 인용자)으로 구속되었다가 3개월만에 석방되었으나, 1938년 군관학교학생 사건에서 징역 2년형이 확정되어 다시 투옥되었다. 여덟 번째 옥고였다. 1939년 안재홍은 출옥하였으나,…"라고 서술하였다. 김인식, 앞의 책, 156쪽.
127) 성주현, 「앞의 논문」, 44, 58~59쪽.

운 면이 있지만, 필자가 이해한 바는 이렇다. 흥업구락부 사건의 연루자들이 전향서를 작성하였으므로 '옥고'로 인정하기 어렵고, 실제로 옥고를 치른 사람들도 없으며, 더욱이 안재홍은 군관학교 사건으로 입옥되었으므로 흥업구락부 사건으로 인한 안재홍의 옥고는 없었다는 논지인 듯하다. 한마디로 흥업구락부 사건 관련자들이 전향서를 쓰고 석방되었기 때문에 '옥고'로 인정할 수 없다는 뜻으로 이해된다.

그러나 흥업구락부 사건으로 서대문경찰서에 가장 빨리 구속된 인사는 李春昊로 5월 16일이었고, 가장 늦은 사람은 申興雨로 6월 7일이었다.[128] 이들은 길게는 100여 일 넘게, 짧게는 3개월 미만으로 서대문형무소에 수감되어 모진 고문을 당하면서 취조를 받았다. 윤치호는 신흥우 등 흥업구락부 사건 연루자들을 가리켜 "오로지 지옥에서 빠져나가기 위해 경찰이 원하는 대로 무슨 말이든 행동이든 뭐든지 다 하고 있는 가련한 수감자"[129]라고 표현하였다. 윤치영 등 수감자들에게 심한 고문이 자행되었고, 이 고문을 비롯한 수감 생활의 '지옥'에서 벗어나기 위해 전향서를 작성하고 또 동의하였음을 보여준다.

사후 '전향'을 잣대로 이를 '옥고'에서 제외함은 '옥고'의 사전상의 정의와도 배치된다. 더욱이 안재홍은 전향 성명서에 동의하지 않았으므로, 이를 옥고로 산정하지 않을 이유가 없다. 제7차와 8차 옥고는 안재홍이 동일한 형무소에 계속 수감된 상태였지만 구속과 판결의 사유가 달랐으므로, 다른 사안으로 인한 옥고로 구별하였다.

안재홍이 1938년 5월 20일(또는 22일) 무렵 구금되어 동년 7월 4일까지

---

128) 앞의 「(極高秘)關係者名簿 京城西大門警察署」, 81~82쪽
129) 앞의 『국역 윤치호 영문 일기』10, 107쪽.

서대문형무소에 구속된 사유는 흥업구락부 사건에 있었으므로, 40여 일이 넘는 이 기간은 흥업구락부 사건으로 인한 옥고 즉 제7차 옥고로 인식해야 한다. 이때 혐의는 「치안유지법」·「制令 제7호」 위반이었다. 안재홍은 1938년 7월 4일―일제가 설정한 7월 18일이 아니라― 수감 상태에서 군관학교 사건의 확정 판결을 받고 형기가 시작되었으므로, 1940년 2월 19일까지는 8차 옥고에 해당한다. 이때 혐의는 「보안법」과 「치안유지법」 위반이었다.

6. 제9차 옥고: 조선어학회 사건, 총 100여 일

안재홍이 조선어학회 사건으로 피검되었을 당시 『東亞日報』·『朝鮮日報』는 벌써 폐간된 때였다. 또 그가 불기소로 100여 일 만에 석방되었으므로 일경의 심문 기록·예심결정서 및 재판 기록도 남아 있지 않으나, 옥중 동지들이 증언하는 자료는 많다. 조선어학회 사건의 처참한 고문의 실상은 金允經·李熙昇·鄭寅承 등 옥고를 치른 인사들이 세세하게 남긴 기록에 생생하지만, 안재홍도 자신이 겪었던 고초를 다음과 같이 기록하였다.

(자료 H)
一九四二年에는 朝鮮語學會事件있어, 많은 識者指導者가 咸南洪原에 拘禁되었다. 이痛憤할 被拘禁者들은 東西列國의 最高學府를나온 번듯한『신수로서 발에는中世紀의遺物인 기둥나무만한足鎖』를걸어 小便한번에도 열쇠를 잡은看守巡査의 片時「解放」을 빌어야 하고 하로 두세번식은빠지지않고『銃殺 해버릴테다아』! 하고 侮蔑하는 日警의 譖謔的脅迫을 당하든것이다. 나는잡히어 끄을려 단일적마다 敵에게 卑怯한꼴을 보이고싶지않어, 餞送者 知人等에게 한눈한번파는것조차 스스로禁斷하던그나인데, 洪原留置場의 나와함께 足鎖차고있는 諸友

人의 情景에서는 남모르게눈물지은일조차 잇엇다 民族의 運命이 너무 慘澹한데는 저도모르게 하염없는 눈물이 흘르든 것이다 그러나 어둠속에도 光明은 그윽히 바라보고 있었든 것이다 … 一九四三 이른봄 洪原의 留置場에서는 불리어나아가면 天井에 매어달리고 흠 심매를맞고 물벼락을치르면서도 어느분은『이안사람들로 內閣을 組織한다면 아모는 總理, 아모는 外交總長』하면서 오히려닥어오는 解放의날을 질거워하든것이다130)

(자료 H)에서 보듯이, 안재홍을 비롯한 민족 지사들은 칠흑 같은 어둠 속에서도 광명을 바라보았다. 그들은 민족자존감을 지키며 다가올 '해방의 날'을 기다리면서 옥고를 견뎌내었다. 그렇더라도 옥고는 인간으로서는 감내하기 어려운 지경이었다. 안재홍은 絶命詩를 남기고 한많은 고국을 떠나리라고 '그윽히' 별러보았고, 함경남도 홍원 감옥에서 절명시를 완결하고 내심을 실행하려 하였다. 그는 이때의 상황과 심경을 이렇게 남겼다.

(자료 I)
日帝末年에는 反動關係도잇고 物資녁녁지못한탓에 獄中의 衣服, 食料, 寢具 아울러졸어드는 판이었다 짧은소매에 맨발로 집신조차도 못얻어신고 벽돌담쌓은 獨居房運動場에 뛰어나간다 얼골살은 쪽빠젓고 정갱이는 가느단 것이 내몰골스스로 우수운것을잘알았었다 늦인가을 첫겨울에 땅바닥을 성큼성큼밟어보니 차기가어름짱같다 우러러보니 푸른하늘에해빛이 明朗하다 … 나는 그때監房에서 언젠가우리國歌와 聯結시켜서 漢詩를 맨들어보려고 하였다. … 이것은 絶命詩로 남겨두고 適當한때에 恨많은 故國을 떠나리라고 그윽히 별러보았다 咸南洪原에 잡혀가서 足鎖차고 앉었으면서 더욱많이꼰어보았다. 그러나 幸인지 不幸인지 오늘까지 살어왔다131)

---

130) 安民世,「八・一五當時의우리政界」,『(旬刊)새한민보』通卷 第55號, 새한민보社, 1949. 8. 25, 12쪽.

글 제목인 '牢獄深深人不到'로 시작하는 漢詩는 '軍官學校學生事件' 당시 "西大門刑務所에혼저앉어 지어 본 直興漢詩七絶一首"의 첫 구절이었다. 조선어학회 사건은 그가 未完成으로 두었던 絶命詩를 완성하고 '한많은 고국'을 떠나려고 별러볼 만큼 혹독하였다. (자료 J)에서 확인하듯이, 출옥한 뒤의 고문 후유증은 아들이 보기에도 처참하였다

안재홍은 조선어학회 사건으로 겪은 옥고를 여러 곳에서 언급하였지만, 입옥·출옥의 날짜를 기록하지 않았으므로 옥고 기간을 정확히 산정하기는 어렵다. 부모의 옥고를 자식이 망각할 리 없다고 전제하여, 아들 안정용이 회고한 '100여 일'(자료 J)을 기준으로 추산할 뿐이다.

다 아는 바와 같이, 조선어학회 사건은 1942년(壬午年) 10월 1일 본격 검거가 시작되었다. 1940년 2월 군관학교 사건의 형기를 마치고 출옥한 안재홍은 杜陵里 鄕第에 '幽居'하면서 『朝鮮上古史鑑』의 초고를 마무리짓고 『朝鮮通史』를 막 집필하기 시작하였다. 그러나 그 역시 "壬午(1942년을 가리킴 : 인용자)의 嚴冬"에 "北獄猝然열리어" "千里轉囚의몸"이 되었다.[132] 안재홍의 장남 안정용은 '壬午의 嚴冬'과 석방된 달을 다음과 같이 기억하였다.

(자료 J)
　이해(1942년 : 인용자) 十二月 二十日, 마침 日曜日인지라[133] 집에서 낮잠을 자던 중, 꿈에서 돌아가신 어머니가 머리를 풀고 통곡을 하시는 바람에 소스라쳐 놀라 깨었을 때엔, 나의 父親은 벌써 咸南 洪原을 향하여 倭警에게 連行되어 咸鏡線 車中에 있었던 것이다. 天幸으로 이듬해 三月에 釋放되어 나왔으나, 零下 二十度 이하의 地關 콘크리트 監房에서 百餘日을 起臥하고 나온 父親은, 胃腸이

---

131) 앞의 「牢獄深深人不到」, 132쪽.
132) 앞의 『朝鮮上古史鑑』 卷頭에書함」, 3~4쪽.
133) 1942년 12월 20일은 일요일이었다.

冷傷으로 옛날의 면모를 찾아볼 길이 없었다.134)

'백여일'이 실제에 근사한 옥고 기간임을 전제하고, 조선어학회 사건에 연루되었던 다른 인사들의 회고를 참조하여, 안재홍이 구속 또 출옥한 일시를 다시 추측해 본다. 단 조선어학회 사건 수난자들의 회고에서도 일시 등에서 차이가 나타나며, 더욱이 李仁의 경우에는 시간이 흐름에 따라 자신의 회고에서도 혼선을 일으켰으므로, 이러한 점들을 모두 종합해서 고려해야 한다.

안재홍이 조선어학회 사건으로 피체된 날짜와 불기소로 석방된 날짜는 각개 인사들의 기억에 차이가 있지만, 옥고를 치르다가 불기소로 풀려나왔다는 데에서는 모두 일치한다.135) 안재홍이 1942년 12월 20일에는 이미 '咸鏡線 車中'에 있었다는 (자료 J)에 의거하면, 당시 서울에 있던 안재홍은 12월 20일 이전에 일경에 검거되었다. 조선어학회 사건 수난자의 글들에서 (자료 J)와 일치하는 기록은 李仁의 1950년대 글들이 유일하고, 대부분은 안재홍이 12월 23일 검거되었다고 회고하였다.136)

조선어학회 사건의 수난자로서 8·15해방 직후 옥고의 전말을 처음으로 정리한 국어학자 金允經에 따르면, 안재홍은 1942년 12월 23일 李仁 등과 함께 피체(이날 총 8명)되었고, 1943년 3월 15일 유일하게 不起訴로 석방되었다.137) 이에 의거하여 추산하면, 안재홍의 옥고 기간은 80여 일이다. 안정용이 회고한 100일과는 20여 일의 차이가 난다.

김윤경의 회고담이 나온 지 약 14년쯤 지나, 조선어학회 사건의 수난자였

---

134) 安晸鏞, 「앞의 글」, 370쪽.
135) 안재홍의 조선어학회 관계 활동은 김인식, 「앞의 논문」, 2023, 52~54쪽을 참조.
136) 이하의 서술은 김인식, 「앞의 논문」, 2023, 42~53쪽의 오류를 바로잡아 정리하였고, 미진한 점을 보완하였다. 李仁과 관련한 부분은 새로운 자료를 활용하여 수정하였다.
137) 金允經, 「朝鮮語學會受難記」, 『한글』 제11권 제1호, 한글社, 1946. 4. 1, 54·59·66쪽.

던 李熙昇이 방대한 분량으로 사건의 전말을 상세하게 기록하였다.[138] 이희승에 따르면, 안재홍은 제4차 검거 때인 12월 23일 李仁 등과 함께 서울에서 피체되었다(이 날 피체된 인사들의 이름과 숫자는 김윤경과 일치한다).[139] 일경은 1943년 1월 하순에 가서야 調書를 쓰기 시작하였고 3월 15일경에 "우선 일단락 끝을 내었다."[140] 홍원경찰서는 조선어학회 사건에 연루된 33명 관련 意見書를 작성하면서 안재홍 1인만을 不起訴로 제시하였고, 안재홍은 3월 15일에 석방되었다.[141] 안재홍과 관련해서 김윤경과 이희승은 대체로 일치한다.

대한민국의 초대 재무부 장관을 역임한 金度演도 조선어학회 사건의 수난자로 자신의 수난사를 기록하였다. 김윤경이 김도연의 피검일을 "1943년 三月 五·六日", 이희승이 "1943년 들어와서 1월 5·6일경", 후술하는 鄭寅承이 "1943년 3월 5일"로 회고한 바와 전혀 달리, 김도연 자신은 "그해(1943년 : 인용자) 十二月 二十八日 第四次로 檢擧"되어, "一九四二年 十二月 二十九日 밤 鍾路署 留置場에 收監되었다."고 기억하였다. 김도연은 안재홍과 관련하여서는 피검일을 적지는 않았지만, 안재홍·이인 등 "八名이 第三次로 拘束되었다."고 기술하였는데,[142] 명단이 김윤경·이희승 등과 일치한다.

---

138) 이희승은 『思想界』(1959년 7월號)부터 『思想界』(1961년 6월號)까지 13회에 걸쳐서 조선어학회사건 회상록을 연재하였다.
139) 李熙昇, 「拷問의 가지가지-朝鮮語學會事件回想錄④」, 『思想界』通卷第七四號(思想界社, 1959년 9월號), 245쪽.
140) 李熙昇, 「이름만의 送局-朝鮮語學會事件回想錄(六)」, 『思想界』通卷第七六號(1959년 11월號), 209쪽.
141) 李熙昇, 「警察署에서 刑務所로-朝鮮語學會事件 回想錄⑦」, 『思想界』通卷第七七號(1959년 12월號), 224쪽.
142) 김도연은 안재홍의 석방 일시는 기록하지 않았다. 金度演, 『常山 金度演回顧錄』, 日新文化社, 1965, 134~135, 137쪽.

국어학자 **鄭寅承**도 조선어학회 사건을 상세하게 회고하였는데, 피검일 및 검찰에 송치되는 날짜가 다른 인사들과 상당히 다르다. 정인승도 안재홍이 피검된 날을 12월 23일로 기억하였고, 8명의 명단도 김윤경·이희승·김도연과 동일하다. 그렇지만 출옥일에는 차이를 보이는데, 홍원경찰서가 조서를 끝낸 시점은 4월 중순이었고, 안재홍은 이때 불기소로 석방되었다.143) 이에 따르면, 안재홍의 옥고는 110여 일이 넘는다. 안정용이 회고한 100일과는 10일이 넘게 차이가 난다.

이상에서 인용한 조선어학회 수난자 4인의 회고에서는, 안재홍이 피검된 날짜가 1942년 12월 23일이었다는 데에서 일치하지만, (자료 J)에서 12월 20일에는 이미 '함경선 차중'에 있었다는 회고와 어긋난다. 또 '3월 15일 경'·'4월 중순'으로 회고한 출옥 시기는, 안정용이 '100여 일'로 기억한 기간과도 차이가 난다.

조선어학회 사건을 언급한 기존의 연구들은 **李仁**의 회고를 그다지 주목하지 않았는데, 안재홍이 검속된 날과 관련해서는 중요한 실마리를 제시하므로, 그의 회고담들이 날짜 등에서 혼선이 심하더라도 면밀하게 분석을 요한다. 이인은 자신과 안재홍이 같은 날짜에 피체되어 같은 경찰서에 구금되었고, 그 날을 **中東學校長**이었던 **崔奎東**의 환갑 축하 모임을 기준으로 기억한 데에서는 일관하였는데, 최규동의 회갑연을 열었던 날이 여러 곳에서 엇갈린다.

김윤경·이희승 등은 모두 **李仁**·안재홍이 1942년 12월 23일 또는 '제3차 검거' 때 피체되었다고 기록하였다. 그런데 당사자 **李仁**은 안재홍을 비롯해 **金良洙**·**張鉉植** 등과 같은 날에 피체되었다고 회고한 데에서는 일치하지만, 피체일을 여러 곳에서 달리 기억하였다.

---

143) 한말연구학회, 『건재 정인승 전집』 6, 박이정, 1997, 16~17, 62쪽.

필자가 확인한 바, 이인의 조선어학회 사건 회고담 중 시기가 가장 빠른 글은 다음과 같다.

(자료 K)

…朝鮮語學會幹部 李致144)華 崔鉉培, 李熙昇, 李克魯, 鄭寅昇, 鄭泰鎭, 韓澄 諸氏等二十餘名이 한줄에엮겨 洪原으로, 押送된지 작으만치 두달이되였으나 아모消息이없고 … 그해 十一月九日이 않인가 생각된다. 白濃(崔奎東氏)이 電話로 今夕에 學校로 와달나는것이다. 오라는時間에 갔드니 … 그날이 바로 白濃의 回甲인데 本人이固辭하였음에도 不拘하고, 中東學校에서는 簡素한 賀宴을 베풀고, 今夕에 白濃과 平素 情誼格別한이를 招請한 것이다. … (이하 이 자리에 참석한 인사들이 다시 최규동의 축하연을 조출히 열기로 한 내용) … 날을 받은날이 十一月十八日밤에 桂洞 仁村宅(金性洙를 가리킴: 인용자)에서 일전 그사람들만이 뫃이여, 술잔을 주고 받으면서 … 深夜를 지낸 午前二時나 되어 歸宅하였든 것이다. 집에돌아와 寢席에든지, 二三時間內外된 아즉 어둠컴컴한 早曉에 突然 門열라는 소리가 요란하기에 … 어두운中에도 히미하게 咸興地方法院檢事局淸柳玉郞의 發付한 拘引狀임이 분명하다. … 刑事隊에 끌리여가니 京畿道警察部 留置場이다. 不過 十分도못되어 若嬰(金良洙氏) 一松(張鉉植氏) 兩兄의 목소리가 남으로 … 조끔 있다 突然 愛山愛山하는 소리가 들린다. … 留置場의 反對方向인 곳에서 … 그누구야 했드니 民世(안재홍의 아호: 인용자)야 무얼 그리죽은 듯이 하고있오 한다. …

一個月間 京畿道警察部 留置場 身勢를지고, 十二月二十一日에 民世 若嬰 一松 鷺山(李殷相을 가리킴: 인용자) 徐先生(徐承孝를 가리킴: 인용자)과 같이 咸興差使에게 끌리여 咸興行汽車에 몸을 실었든 것이다. (筆者는現國會議員)「次號繼續」145)

---

144) 重의 오자이다.
145) 李仁, 「隨筆-지낸날의 敍述」, 『國會報』通卷第二號(大韓民國國會事務處, 1950. 5. 30 발행). 위의 잡지는 쪽번호를 매기지 않았는데, 이인의 글은 3쪽 분량으로 게재되었다.

5년여 뒤 이인은 최규동의 환갑 시점과 北行 열차를 타고 이송된 날짜 등을 (자료 K)과 달리 기억하였는데, 아직 40대의 나이로 5년의 時差에 불과한데 차이가 너무 크다. 그렇지만 (자료 L)은 (자료 K)의 모순된 기억, 이를테면 경기도경찰부 유치장에서 '一個月間' 구금되었다는 오류를 바로잡고, 더욱 뚜렷한 정황으로 자신의 수난사를 시작한 점에서 사실에 가장 부합하는 듯하다.

> (자료 L)
> … 日人이 最後의 發惡으로 不意에 眞珠灣을 爆擊한 後 얼마안되어 나의 淸進洞 집에 白濃(故 崔奎東先生)이 電話하기를 오늘 저녁에 學校에 잠깐 들르라기에 … [이하 (자료 K)와 같은 내용] …
> 그 五, 六日後에 仁村宅에 모여든 사람은 … 나等 八,九人이었다. … [이하 (자료 K)와 같은 내용] …
> 어둠 깜깜한 새벽에 뒷골목으로만 끌고 가는곳은 京畿道警察部 留置場이다
> 한참 있으니 별안간 恒常귀에 익숙한 목쉰 音聲으로 「愛山 왜 죽은 듯이 하고있노」(愛山은 나의 雅號)하기에 나는 앗차!民世(拉致된 安在鴻君)도 왔고나 … 얼마 아니되어서 이웃 監房에서 松山(張鉉植) 若嬰(金良洙) 月派(徐珉濠)等 同志가 逮捕되어온 모양이다. … 二日後 同志六名은 洪原으로 끌려가는데 나만은 咸興警察署 留置場에 처넣고 말았다. …146)

(자료 K)와 (자료 L)에서 일치하는 바는, 李仁이 최규동의 還甲147) 축하 모임 이후 피체되어 경기도경찰부에 구금되었으며, 안재홍도 같은날 체포되

---

146) 「日帝末葉의 나의 受難」, 『코메트』(1955년 8월호)[金鳳基·徐容吉 編著, 『愛山餘滴』第一輯(世文社, 1961. 1). 134~135쪽].
147) 필자가 확인한 바, 최규동의 출생일은 1882년 12월 30일이었다. 김인식, 「앞의 논문」, 2023, 52쪽.

어 경찰서 유치장에서 두 사람이 간단한 대화까지 나누었다 등이다. 이러한 기억은 부분 부분에서 엇갈리지만, 이후 李仁의 회고담에서도 일관하는 골자이다.

(자료 K)와 (자료 L)에서 몇 가지 중요한 차이도 보인다. 우선 李仁이 최규동의 전화를 받은 날이 무려 한 달 이상 차이가 나는데, 이는 그가 피체되는 날짜가 한 달여 차이가 난다는 뜻이다. (자료 L)에서는 기억하는 정황이 매우 분명한데, 이를 기준으로 정리하면, 일제가 진주만을 공격한 1942년 1월 8일(미국 시각은 12월 7일)에서 며칠 뒤에 최규동에게서 전화가 왔고, 또 5·6일 뒤 김성수의 집에서 축하 모임을 다시 가진 다음날 새벽에 피체되었다. 안재홍도 같은 날 구금되어 경기도경찰부에서 함께 이송된─장소는 달랐지만─ 날은 체포된 날에서 '2일 후'였다. 이러한 내용은 (자료 J)에서 안정용이 기억한 안재홍의 피체일에 거의 접근한다.

이상을 종합하면, 최규동의 회갑 축하 모임은 일제가 "최후의 발악으로" "진주만을 폭격"한 며칠 뒤 1차로 중동학교에서 있었고, 다시 5·6일 또는 9일 정도 지나서 김성수의 집에서 가졌다. 만약 김성수의 집에서 축하연이 1942년 12월 18일 전후에 있었고 하루 뒤에 피체되었으며, 안재홍·이인이 하루이틀 유치장에 구금되었다가 함께 함경선을 탔다면, 안재홍이 12월 20일에 이미 '咸鏡線 車中'에 있었다는 안정용의 기록(자료 J)와 일치한다. 그렇다면 안재홍·이인은 12월 19일 이전에 피체되어 경찰서유치장에 구금되어 있었다.

안재홍이 불기소로 석방되었음은, 그의 옥중 동지와 아들 안정용이 공통으로 증언하였다. '100여 일'간 옥고를 치렀다는 안정용의 기억을 신뢰한다면, 안재홍은 1943년 3월 말경 洪原경찰서 유치장에서 출감하였으리라 추측할 뿐이다.[148]

7. 맺는말

안재홍의 첫 번째 옥고는 청년외교단 사건으로 피체되어 겪었다. 일제는 1919년 11월 초순부터 청년외교단과 애국부인회를 동시에 수사하기 시작하였고, 안재홍은 같은 달 11월 27일 체포되었다. 그는 1920년 6월 29일 열린 1심 공판에서 「大正8年 制令 第7號」 위반 혐의로 징역 3년을 받자 異議하여 공소하였으나, 1920년 12월 27일 열린 2심 공판에서 기각되었다. 이로써 未決拘留 100일이 算入된 징역 3년형이 최종 확정되었고, 대구형무소에 수감되어 1922년 6월 9일 가출옥하였다. 총 옥고 기간은 30개월 13여 일이었다.

두 번째 옥고는 조선일보 필화 사건에 연루되어 치렀다. 일제는 1928년 1월 21일자『조선일보』사설 「保釋遲延의 犧牲」(이관구 집필)을 문제 삼았다. 안재홍은 조선일보사의 발행인 겸 주필로서 책임자였으므로, 동년 1월 25일 「신문지법」 위반 혐의로 구금되었다가 2월 3일 보석으로 출감하였다. 이후 불구속으로 진행된 4월 28일 언도 공판에서 禁錮 4개월을 받고 이의하여 공소하였으나, 5월 25일 2심 공판에서 금고 8개월을 받았고 5월 28일자로 재수감되었다. 3차 옥고였다. 형량이 가중된 이유는 안재홍이 보석 도중에 집필한 사설 「濟南事變의 壁上觀」(1928. 5. 9)이 문제가 되어, 혐의도 「신문지법」 위반에서 「보안법」 위반으로 변경되었기 때문이다. 안재홍은 1심과 2심에 이의하여 상고하였으나, 1928년 7월 26일 기각되었고 1929년

---

148) 성주현은 조선어학회 사건을 안재홍의 제5차 옥고로 규정하면서, 날짜는 명시하지 않은 채 안재홍이 12월 검거되어 "홍원경찰서에서 취조를 받다가 기소유예로 대략 10개월 만인 1943년 9월 석방되었다."고 서술하였다. 성주현, 「앞의 논문」, 59쪽. 그러나 안재홍은 기소유예가 아니라 불기소되었으며, 정인승의 기록을 참고하더라도 늦어도 1943년 4월 중순에는 석방되었다.

1월 26일 출옥하였다. 2·3차 옥고를 합친 기간은 8개월 10여 일이었다.

안재홍의 4차 옥고는 3차 옥고가 끝난 그해 12월에 있었다. 1929년 11월 광주학생운동이 일어나자, 신간회 중앙본부는 민중대회를 계획했다. 안재홍은 적극 가담하지는 않았으나, 사전 협의 단계에 참여하였으므로 연루되어 12월 13일 실시된 대검거 때 피체되었다. 그는 12월 24일「보안법」위반 혐의로 불구속 송치되어 석방된 뒤 1930년 1월 6일 기소유예되었다. 민중대회 사건으로 인한 4차 옥고는 11일로 끝났다.

5차 옥고는 만주동포 구제 의연금 유용 사건이 사유가 되었다. 1931년 9월 만주전쟁이 일어나자, 안재홍은 만주동포문제협의회를 결성하여 동포들을 구제하는 데 앞장섰다. 이 과정에서 구제금의 일부가 경영난을 겪고 있던 조선일보사로 유입되었다. 일제는 이를 놓치지 않고 사장 안재홍과 영업국장 이승복을 1932년 3월 10일 '횡령' 혐의로 구속하였다가, 이틀 후인 3월 14일 석방하였으나 4월 말경(4월 23~27일 사이)에 재수감하였다. 안재홍은 7월 20일 보석으로 출감하였고, 1심과 2심에 이의하여 상고하였으나 1933년 5월 1일 고등법원이 상고를 기각함으로써 징역 8개월(미결구류 60일 通算)이 확정되면서 즉일 재입옥되었다. 안재홍은 동년 11월 2일 만기출옥하였으므로, 총 옥고 기간은 최소로 잡더라도 8개월 25일이 넘으며 9개월 전후였다.

안재홍의 6차 옥고는 세칭 남경군관학교 학생모집 사건으로 겪었다. 1936년 6월 2일 밤 안재홍은 급작스럽게 피체되어「치안유지법」위반 혐의로 조사를 받았고, 7월 16일 동일한 혐의로 검찰에 송치되었으며, 7월 27일 예심에 회부될 때는「보안법」위반 혐의가 추가되었다. 예심이 종결되는 1937년 5월 8일 병보석으로 출감하였으나, 이미 11개월이 넘게(11개월 5일) 옥고를 치른 상태였다.

1937년 10월 19일 불구속 상태에서 열린 1심의 결심 공판에서, 안재홍은 1935년 11월경 보성전문학교에서 행한 강연 내용 등 군관학교 사건 이외의 다른 혐의들이 추가 적용되어, 징역 2년(未決通算 150일)을 받았다. 안재홍은 1938년 5월 4일 개정한 복심의 언도 공판에서도 동일한 형을 받자 다시 상고하던 중, 흥업구락부 사건이 터졌고 검거의 선풍이 불어닥치자 재수감되었다. 그가 경기도경찰부에 피검된 날은 5월 20~22일 사이였다. 제7차 옥고였다.

이러한 와중에서 1938년 7월 4일 군관학교 사건의 상고심이 열렸으나 '上告取下'됨으로써 안재홍에게 징역 2년형(미결통산 150일)이 최종 확정되었다. 이로써 안재홍은 흥업구락부 사건으로 40여 일이 넘게 구속되었던 7차 옥고가 끝나고, 이때부터 군관학교 사건의 형이 집행되는 8차 옥고가 시작되었다. 그는 여전히 서대문형무소에 수감된 채 2년형이 끝났고, 1940년 2월 19일 서대문형무소에서 만기출옥하였다. 이렇게 6·7·8차 옥고 기간을 모두 합치면 총 32개월여 즉 2년 8개월에 걸친 긴 시간이었다.

안재홍은 조선어학회 사건으로 아홉 번째이자 생의 마지막인 9차 옥고를 겪었다. 안재홍의 아들 안정용이 옥고 기간을 '100여 일'로 기억한 바를 기준으로, 이인의 회고들을 정리하여 참작하면, 안재홍은 1942년 12월 19일 이전에 구속되어 1943년 3월 말경 출옥하였다. 이로써 생의 마지막인 9번째 옥고가 끝났다.

이상에서 살펴본 안재홍의 총 옥고 기간은 7년 15일여로 추산되었다. 이 기간에는 병보석으로 석방된 날과 출옥일은 제외하였고, 피체일이 분명하지 않을 경우에는 가장 늦은 날짜를 피체일로 계산하였으므로 30여 일 전후의 오차가 날 수 있다. 그래도 7년 3개월에는 미치지 못하는데, 여기서 안재홍이 옥고 기간을 '9차례 7년 3개월'로 회고한 의미를 재고해 보아야 한다.

'7년 3개월'의 기간 중 '9차례'에는 포함되지 않은 옥고를 가정할 수 있다. 이를테면 안재홍은 1917년 3월 5일 朝鮮產織獎勵契 사건에 연루되어 「보안법」 위반으로 검사국에 송치되었는데, 송치되기 이전 경찰서 유치장에 수일간 구금되었을 가능성이 크다. 또 지방 순회 강연 중 내용이 문제가 되어 수시로 구류되었을 예도 다수 있으리라 생각한다. 이러한 점들은 더 살펴보아야 할 과제로 남는다.

참고문헌

高麗大學校博物館 編, 『民世安在鴻選集-資料篇』 8, 지식산업사, 2004.
國史編纂委員會 編, 『韓民族獨立運動史資料集』 45, 國史編纂委員會, 2001.
金度演, 『商山 金度演回顧錄』, 日新文化社, 1965.
김인식 해제·주해 / 최순용·은희녕 번역, 『국가지정기록물 제2호-안재홍 민정장관 문서』, 선인, 2024.
金正明 編, 『朝鮮獨立運動-民族主義運動』 第Ⅰ卷 分冊, 原書房, 1967.
金正柱 編, 『朝鮮統治史料』 第五卷, 韓國史料硏究所, 1970.
民世 安在鴻, 『新民族主義와 新民主主義』, 民友社, 1945.
박정신 번역, 『(한국사료총서 번역서 10) 국역 윤치호 영문 일기』 10, 국사편찬위원회, 2016.
安在鴻, 『朝鮮上古史鑑』 上, 民友社, 1947.
安在鴻, 『韓民族의基本進路』, 朝洋社出版部, 1949.
安在鴻選集刊行委員會 編, 『民世安在鴻選集』 5, 知識産業社, 1999.
김인식, 『중도의 길을 걸은 신민족주의자·안재홍의 생각과 삶』, 역사공간, 2006.
金俊燁·金昌順 共著, 『韓國共産主義運動史』 2, 청계연구소, 1986.
이균영, 『신간회연구』, 역사비평사, 1993.
임경석, 『독립운동 열전』, 푸른역사, 2022.
조선일보100년사편찬실, 『朝鮮日報100年史-민족과 함께 한 세기』(上), 조선일보사, 2020.
朝鮮日報60年史 편찬위원회, 『朝鮮日報60年史』, 朝鮮日報社, 1980.
김인식, 「안재홍의 '己未運動'과 임정법통성의 역사의식」, 『韓國人物史硏究』 제18호, 한국인물사연구소, 2012.
김인식, 「안재홍의 1919년-대한민국청년외교단에 참여하는 과정과 활동상」, 『崇實史學』 第42輯, 崇實史學會, 2019.
성주현, 「민세 안재홍의 민족운동과 옥고 기록 분석」, 『3.1운동과 항일독립운동가의 삶』, 아라, 2014.
千寬宇, 「民世 安在鴻 年譜」, 『創作과批評』 통권 50호, 創作과 批評社, 1978.

미군정기 『한성일보』의 남한단정론에 대한 비판적 지지

오영섭 (독립기념관 이사)

미군정기 『한성일보』의 남한단정론에 대한 비판적 지지

오영섭 (독립기념관 이사)

"奮鬪建國의 新一年" "希望의 新年! 自主獨立 完成"
— 『한성일보』 신년사(1947.1.1) 제목과 신년 모토 —

1. 머리말

1946년 2월 26일 중도우익의 입장을 대변하는 『한성일보』가 서울에서 창간되었다. 이 일간 신문은 사장에 안재홍, 편집 겸 발행인에 양재하, 주필에 이선근, 편집부장에 송지영 등이 운영진을 이루었고, "좌우·남북 渾和의 자주적 통일정부 출현을 대망하는 중도우익의 논조를 유지하며" "민족통일과 민주주의국가로서의 자주독립"을 달성하는 것을 발간목적으로 삼았다. 창간호에는 '건국구민(建國救民)의 대사명'을 선언한 창간사 이외에, 이승만을 비롯하여 주한미군사령관 하지(John R. Hodge) 중장, 군정장관 러치(Archer Lerche) 소장 등의 축사가 실렸다.[1]

『한성일보』는 『동아일보』·『조선일보』·『대동신문』과 함께 미군정기 신문 중 대표적인 우익신문으로 손꼽히고 있다. 이 신문은 시기에 따라 논조의 변화를 보이기는 했으나, 대체로 중립적인 입장에서 시시비비를 가리는 비판적 보도를 서슴지 않았던 신문으로 알려져 있다. 이를테면 『한성일보』는 이승만이 주장한 남한만의 단독선거와 정부수립을 지지하기는 했으나, 이승만 정부에 의한 국가보안법 제정 움직임이나 광무신문지법 유지 등에 대해서는 비판을 가하기도 하였다.[2] 그러나 넓은 의미에서 『한성일보』는 다른 우익신문들처럼 정치이념적으로는 우파적이며 반공지향적이며 체제동조적인 성격을 띠고 있었다.[3]

『한성일보』의 실질적 후견인 역할을 맡았던 사장 안재홍은 신민족주의를 주장하여 근대적인 민족국가의 건설과 자유민주주 정치체제의 수립을 부르짖은 중도우파 정치가이자 언론인이었다. 미군정기에 그는 미소대립과 남북분단의 상황에서 통일독립국가의 수립을 위해 누구보다도 언론이 감당할 사명을 강조한 인물이었다. 당시 안재홍은 『한성일보』에 이따금 글을 실어 자신의 정치활동과 신국가 건설론을 효과적으로 홍보하는 성과를 거두고 있었다. 이 점에서 미군정기에 『한성일보』는 안재홍은 정치노선을 반영하고 홍보

---

[1] 『한성일보』의 발간과 논조를 다룬 연구에 대해서는, 조맹기, 「해방 후 한성일보의 중도주의」, 『안재홍 언론사상 심층연구』, 도서출판선인, 2013; 정진석, 「안재홍, 언론 구국의 국사」, 『한국사 시민강좌』 43, 2008 참조. 『한성일보』의 수록된 특정 주제 관련 기사를 추출하여 소개한 자료집로는 홍성근 편, 『광복 후 독도와 언론보도 Ⅱ-1945-1954년의 독도』, 동북아역사재단, 2021; 순천대 지리산권문화연구원 여순연구센터 편, 『여순사건 자료집 1·2-중앙일간지편』, 선인, 2015 참조.

[2] 『한성일보』, 1948년 11월 11일, 12월 1일.

[3] 1947년 9월 미군정청 『조사월보』 제24호와 워싱턴D.C. 소재 Korean Affairs Institute 의 The Voice of Korea에는 『한성일보』가 『동아일보』·『대동신문』과 함께 '우익신문'으로 분류되었다. 이때 『한성일보』는 발행부수가 2.3-2.4만 정도였고, 『조선일보』는 중립지 혹은 우익지로 분류되었다.

하는 역할을 수행했다고 평할 수 있을 것이다.

　이 연구는 1946년 3월부터 1947년 2월까지 만 1년간 이따금 언론지상을 장식하며 좌우익간에 혹은 우익간에 거센 찬반논쟁을 불러일으켰던 이승만·김규식 등의 남한만의 단독정부수립론에 대해 『한성일보』가 어떠한 입장을 보였는가를 살펴보려는 것이다. 나아가 이 연구는 구한말부터 일제시기까지 이승만과 안재홍이 긴밀한 협력관계를 유지했음을 새롭게 밝힌 기왕 연구[4])의 후속논문으로서, 이승만의 남한단독정부 수립운동에 대해 안재홍의 기관지 역할을 담당한 『한성일보』가 어떠한 태도를 보였는가를 중요 사설 내용을 소개하는 방식으로 살펴보려는 것이다. 이로써 미군정기 이승만과 안재홍의 관계를 심도 있게 분석 파악하는데 일조함과 동시에, 유수한 중간파 정치인이자 언론인으로 알려진 안재홍의 남한단정론에 대핲 입장을 알아보려 한다.

2. 미군정의 남한단독정부 수립설

　미소공동위원회(미소공위) 개막을 앞두고 남북통일정부에 대한 기대가 높아가던 1946년 3월 13일 『한성일보』는 「민족단결을 강조」라는 사설을 실었다. 이는 미소공위 서울회담에서 과도정부 수립과 38선을 둘러싼 행정적, 경제적인 여러 문제가 구체적으로 토의 결정될 것으로 기대되어 일반의 기대와 주목을 끌고 있다고 진단하고, 한국민이 원하는 완전한 자주독립을 이루기 위해서는 무엇보다도 지난 30년간 민족해방운동의 구호였던 민족적

---

4) 오영섭, 「이승만과 안재홍—독립과 건국을 위한 협력관계」, 『안재홍의 민족운동 연구 2』, 선인, 2022.

대동단결이 우선되어야 한다는 것을 강조한 제안사였다.5) 또한 『한성일보』는 이틀 후인 3월 15일에 민족을 구하고 나라를 광복하는 방도는 자력 이외에는 기대할 것이 없다고 단언하며 주체적인 민족역량 확충의 중요성을 강조했다.6)

『한성일보』가 미소공위에 대한 기대를 표명하며 민족대단결을 강조하고 나오는 상황에서 3월 14일 이승만은 방송연설을 통해 일단 미소공위의 진행상황을 지켜보자는 유보적 입장을 드러냈다. 그는 자신이 의장을 맡은 민주의원이 독립회복을 위해 하지를 돕고 있고, 조만간 민국의 헌장을 기초·공포하여 모범적인 민주자치정부임을 표명할 것이라며 민주의원의 역할을 강조하였다. 그런 다음에 고명한 지사 몇 명을 선발하여 미소공위의 모든 의안 결정에 고문으로 협조하게 하려 한다고 하였다. 나아가 38도선을 먼저 철폐하여 정치상 토의에 남북간 간격이 없게 되기를 바라고, 남북동포들이 자유로이 모여 통창(通暢)히 토론함으로써 원만한 대표정부가 성립되기를 바라며, 북도의 유력인사 중 조만식과 기타 인사들과 함께 모여 이 중대한 문제를 토의하기를 원한다고 하였다. 말미에서 미소공위의 진행상황이 공포될 것이니 무모한 선동이 있더라도 믿지 말고 정식 공보를 기다리라고 당부했다.7)

3월 중순 시점에 이승만은 미군정 수뇌부와 마찬가지로 미소공위의 성사 가능성에 회의적이었다. 그럼에도 이승만은 이전에 자신이 총재를 맡은 독립촉성중앙협의회를 확대 개편하여 통일정부 수립의 주도기관으로 활용하려 했던 것처럼, 자신이 의장을 맡은 민주의원을 미소공위의 합의 결과 탄생할 과도정부로 발전시키려는 구상을 품고 있었다. 따라서 이 시점에서 이승만은

---

5) 『한성일보』, 「사설:민족단결의 강조」, 1946년 3월 13일.
6) 『한성일보』, 「사설:自力 이외에 別無待」, 1946년 3월 15일.
7) 『조선일보』, 1946년 3월 14일.

남한단독정부수립론을 지론으로 갖고 있었지만 아직은 이를 공개적으로 표출하지 못하고 상황변화를 지켜보며 유동적인 입장을 취하고 있었다.

3월 20일 오후 2시 서울 덕수궁 석조전에서 한국민의 전폭적인 지지와 기대를 안고 미소공위가 출범하였다. 당시 거의 모든 한국인들과 정당 및 언론들은 미소공위가 38선을 철폐하고 남북한의 통일임시정부를 수립하는 데 기여할 것이라는 기대와 환상을 품고 있었다. 그러나 이러한 분위기와 상반되게 개막식 연설에서 소련의 대표단장 슈티코프(Terenti F. Stykov)는 통일임시정부 구성에 모스크바협정을 지지하는 정당과 사회단체만 참여할 수 있으며, 통일된 한반도에 반소정부가 등장하는 것을 결코 용납할 수 없으며, 그리고 신탁통치는 한국민을 위해 필요한 것이라고 주장하고 나섰다.[8] 이로 인해 미소공위는 소련이 한국의 소비에트화와 식민지화 정책을 포기하지 않는 한 실패할 운명을 안고 있었다.

1946년 4월 6일 미소공위가 모스크바협정을 지지하는 정당과 사회단체의 참여 여부를 둘러싸고 갈등을 빚다가 교착상태에 빠졌다. 그런데 이날 미국 샌프란시스코에서 AP통신발 합동으로 "미군정 당국이 남한단독정부 수립을 구상하고 있다"는 기사가 날아왔다. 이는 미소공위의 성공을 고대하던 한국사회에 큰 파장을 일으켰다. 이 기사는 한국에서 미국으로 보내진 기사를 샌프란시스코에서 연합통신로 한국으로 날아온 것이다. 기사 발송지인 샌프란시스코가 미군정기에 반이승만파 내지 중간파의 본거지였음을 감안하면, 이 기사는 서울의 중간파 인사들이 미군정내 남한단독정부 수립 움직임을 선제적으로 간파하고 샌프란시스코 소재 연합통신지사를 매개로 하여 이를 기사화한 것이 아닌가 여겨진다.

---

[8] Hodge to Byrnes, Mar. 22, *FRUS 1946*, vol. Ⅷ, pp.652-653.

AP통신발 기사는 미군정기의 단독정부 수립사에서 매우 중요한 기사였다. 이 기사는 두 달 후 나온 이승만의 정읍선언의 직접적 배경을 이루고 있으며, 단독정부수립설이 언론에 본격 보도된 최초의 사례이며, 정읍선언 때와 마찬가지로 미군정은 이를 부인하거나 반대했으며, 좌익을 비롯한 모든 정치세력과 언론이 들고일어나 한결같이 강하게 반대했다는 점에서 단독정부수립설 비판사에서 매우 중요한 문건이었다. 당시 주요 일간지에 실린 기사는 거의 동일했는데, 『한성일보』에 보도된 기사는 다음과 같다.

> [桑港 6日 AP발 합동] 당지 정보에 의하면 현재 조선 서울에서 개최중인 미소공동위원에서 남북통일의 조선자치정부 수립이 졸연히 해결되지 아니하며 미 점령군 당국은 남조선안에 한하여 조선정부 수립에 착수했다고 한다.
> 미국무성 당국은 이 정보에 대하여 의외의 감을 표시하고 위 안은 미소공동위원회 미대표위원이 제의한 바가 아니오 미군정 당국이 제의한 것이라고 추측하고 미대표위원의 독단적 행동을 원치 아니한다 하며, 조선의 미군정 당국은 남조선정부 수립계획에 있어서 미국인은 자문격으로 참여하여 전면적으로 지도하고 조선문제는 조선인에게 일임되리라 한다.
> 또 일부 정보에 의하면 민주의원 의장을 사임한 이승만 박사는 재차 출마하여 남조선정부의 주석이 되리라 하며 남조선정부 수립안을 미측이 제의한 중요 원인은 다음과 같다.
> 1) 소련측이 정치적 이유로 미소공동위원을 천연시키려고 하는 것,
> 2) 미군의 복원(復員)계획에 의하여 조선 미군정 당국의 미군 장교급이 차례로 귀국하여 그 수가 희소해지는 것.[9]

AP통신발 기사는 1) 미소공위에서 통일정부 수립이 어려워지자 미군정이

---

[9] 『한성일보』, 1946년 4월 7일.

남조선에 국한하여 정부 수립에 착수했으며, 2) 미국무성은 단독정부 수립 착수문제는 국무성이나 미소공위 미대표단과는 무관한 문제로서 미군정의 제의일 것이라고 추정하고 있으며, 3) 미국무성은 미소공위 미국대표들의 독단적 행동을 원치 않고 있으며, 4) 미군정은 남조선정부 수립계획에서 자문격으로 참여하고 한국문제는 한국인에게 일임하며, 5) (정부 수립시) 이승만이 출마하여 남조선 정부 주석이 되리라 하며, 6) 남조선정부 수립안을 미군정이 제의한 것은 소련이 고의로 미소공위의 통일정부 수립노력을 지연시키고 있기 때문이자 미군정 장교들의 원대복귀계획으로 인해 한반도의 미군이 철수할 것이기 때문이라는 것이었다.

그런데 위 AP통신 기사를 깊이 음미해 보면 매우 중요한 몇 가지 사실들이 드러난다. 즉, 1) 소련의 비협조로 미소공위의 성사가능성이 낮아지자 미군정이 남한만의 단독정부 수립에 착수하였고, 2) 미국무성은 남한단독정부 수립문제에서 국무성과 미소공위 미국대표단의 관련성을 부인하고 미군정에 책임을 떠넘기면서도 정부수립문제에서 미군정의 역할을 인정하고 있으며, 3) 남한단독정부 수립을 위한 선거가 치러질 경우 이승만이 출마하여 대통령에 해당하는 '주석'이 될 것이며, 4) 소련이 미소공위를 지연시키기 때문에 미국측이 남조선정부 수립안을 제시했다고 하여 남한단독정부 수립문제에서 미국측이 주도적 역할을 했음은 인정했다.

이상의 사실들로 미루어 미소공위가 표류하는 상황에서 미군정이 추진한 남한단독정부 수립문제는 미군정과 미국무성이 공감대를 이루어 추진한 것이며, 이때 미군정은 이승만·김규식이 주도하는 민주의원의 수뇌부와 합의를 이룬 상태에서 남한단독정부 수립안을 입안하여 미국무성에 제출했고, 민주의원 의장인 이승만을 잠정적으로 단독정부의 지도자로 정했음을 알 수 있다. 이중 이승만이 단독정부의 지도자로 선출될 것이라는 대목은 단독정부 수립문제를 반대하는 모든 세력의 비판과 비난의 화살이 이승만에게 집중될 것임을 시사해 주고 있다.

　미군정의 남한단독정부 수립설 관련 외신보도는 큰 파장을 일으켰다. 단독정부 수립안의 입안자로 지목된 미군정 당국을 대표하여 군정장관 러치(Archer L. Lerch) 소장은 기사가 보도된 4월 6일 당일에 즉각 성명서를 발표하였다. 그는 "이 보도는 사실무근이며, 미군정의 목적은 통일조선을 수립하는 것이며, 미소공위에 의해 자주독립 통일조선이 성립될 것을 확신한다"며 연합통신 기사와 미군정은 무관하다는 사실을 강조하였다.10)

　4월 7일 미국무성은 "국무성은 미군정이 조선인에게 조선문제를 일임하려 한다는 계획에 대해 어떤 정보도 접수한 바가 없다"며 국무성과 미군정과의 관련성을 공식 부인했다. 이어 "미군은 진주 이래 자유통일의 독립조선 건설을 목표로 삼아왔고, 이를 위해 조선인에게 행정책임을 인계하도록 준비를 해왔으며, 모스크바협정에 따라 통일민주주의임시정부를 수립하는데 찬동하고 미소공위를 통해 노력하고 있다"는 성명서를 발표했다.11) 아울러 민주의원 부의장 김규식은 "남조선단독정부설은 낭설에 불과하다. 미군정장관과 미국무성이 부인한 만큼 민주의원도 그것을 부인한다"고 하였다.12)

　미군정과 미국무부의 입장표명에도 불구하고 한국의 정당과 언론은 좌우를 불문하고 남한단독정부 수립 관련 기사를 강하게 비판했다. 이때 국민당 당수 안재홍은 "남북통일의 통일정권 수립이 민족의 행복이다. 근거 있는 정보인지 의문이다. 근거 있는 설이라면 민족분열을 조장하는 것뿐이다"고 하였다. 또한 4월 8일 『한성일보』는 사설을 통해 소련측이 정치적 이유로

---

10) 『서울신문』·『조선인민보』, 1946년 4월 7일; 『한성일보』, 1946년 4월 8일.
11) 『한성일보』, 1946년 4월 8일.
12) 『조선일보』, 1946년 4월 14일.

미소공위를 천연시켜 남북정부 수립이 해결되지 않는다는 이유로 미군정 당국의 제의로 38선이남 조선에 단독정부를 수립하려는 안이 진행 중이라고 전하나 이는 상식을 초월한 낭설에 불과하다고 하였다. 이를테면 이 단계에서 안재홍과 『한성일보』는 미소공위의 성공을 기원하며 전민족적 통일정부를 수립하는 것이 모든 한국인의 대망임을 강조하고 있었다.13)

좌우를 막론하고 해방공간의 모든 정치인과 언론들이 미군정의 남한단독정부 수립설에 우려를 표명하거나 강하게 비판했다. 이때 『한성일보』의 기본 방침은 "모스크바협정에 따라 미소공위가 남북한 통일민주정부를 수립하고자 회의 중인 중대한 시기에 남북통일을 저해하고 민족분열을 초래할지도 모르는 단독정부 수립을 추진하는 것은 부당하다. 따라서 한국민은 미소공위가 민족통일의 민주주의정부를 구성할 수 있도록 최선을 다해 도와야 한다"는 것이었다.

미군정의 남한단독정부 수립설에 대해서 비판론이 비등하는 가운데 이승만은 4월 8일 돈암장의 정례기자단 회견석상에서 다음과 같은 견해를 표명했다. 그는 "모스크바 결의를 반대도 아니요 찬성도 아니다. 다만 그 결과로 경성에서 개최된 공동위원회의 토의할 기간에 침묵을 지키는 것뿐이다. 동시에 38선을 철폐하여 남북조선이 다시 통일을 회복하기로 이 회의에서 결정되기를 바란다. 제2차대전이 시작된 이후로 연맹국이 연속 선언한 바와 같이 해방된 나라에서 정부수립과 인선에 대하여 그 나라 민중의 공원(公願)을 따라서 행한다고 한 주의를 우리는 고집하려는 결심이니, 남북의 통일로 민의를 따라 하루라도 속히 결정되기를 기다리는 것뿐이다. 남조선에 따로 정부를 세워서 독립정권을 행케 한다는 보도는 신문지상에서 보아 알았으나

---

13) 『한성일보』, 「사설: 전민족적 통일정부의 대망」, 1946년 4월 8일.

이상에 말한바 소망을 가질 동안에는 이것이 사실이 아니기를 바라는 고로 이에 대하여 아직 나의 의견을 발표코져 아니한다"고 하였다.14)

이승만이 단독정부 수립설에 대한 입장을 밝힌 다음날, 조선공산당은 "단독정부 수립음모에 전조선인은 개탄한다며 모두가 민주주의 좌우통일로 매진해야 한다"는 성명을 발표했다.15) 이어 4월 13일 민주의원 부의장 김규식은 기자회견에서 "남부정부 수립설은 낭설에 불과하다. 미국무성과 미군정장관도 이미 그 설에 대해 부인한 만큼 민주의원도 그 설을 부인한다. 민주독립국가만을 요망한다"고 답했다.16)

미군정과 단독정부 수립문제에 관해 사전협의한 것으로 알려진 김규식이 부인하고 나서자 단독정부 수립문제는 다시 수면 아래로 가라앉았다. 그러나 "미소공위가 좀더 천연된다면 (단독정부 수립을 추진할지도 모르겠다)"고 말한 한민당 선전부장 함상훈의 주장처럼, 미소공위의 파열이 임박한 상황에서 단독정부수립설의 전면 부상은 필연적인 추세였다. 이제 누가 용기 있게 단독정부 수립설을 공개적으로 주창할 것인가 하는 문제만이 남았을 뿐이었다.

3. 독립전취국민대회 석상에서 김규식의 남한단독정부 수립설

1946년 4월 초부터 미소공위는 한반도에 '민주주의 임시정부' 수립을 위한 협의체에 참여할 정당 및 사회단체의 자격문제를 둘러싸고 대립했다. 미국대표단은 반탁활동을 벌인 정당과 사회단체도 협의대상이 되어야 한다고

---

14) 『한성일보』, 「통일정부 희망: 이승만박사談」, 1946년 4월 9일.
15) 『조선인민보』, 1946년 4월 10일.
16) 『조선일보』, 1946년 4월 14일; 『한성일보』, 1946년 4월 15일.

주장한 반면, 소련대표단은 모스크바협정의 결정에 따라 신탁을 찬동한 정당과 사회단체만을 협의대상으로 삼아야 한다고 강조했다.17) 결국 4월 18일 모스크바협정을 반대해온 정당과 사회단체라도 향후 모스크바외상회의 결정을 지지하면 협의대상이 될 수 있다는 미소공위 제5호 성명이 나왔다. 그러나 하지가 제5호 성명서에 찬동 서명하고도 신탁통치를 반대할 수 있다는 특별성명을 발표하자 소련측이 이에 강하게 반발하였다. 이에 따라 5월 6일 미소공위는 무기 휴회상태에 들어갔다.

미소공위가 대립을 거듭하는 동안 『한성일보』는 미소공위 성공에 대한 각별한 기대를 표명하였다. "조선인들이 합동하여 속히 민주통일국가를 전취하기 바란다"는 중화민국 여론을 소개하고, "조선의 독립준비는 완성되었으니 자주실현만을 염원한다"는 러치 군정장관의 소신 피력을 1면 톱으로 잡아주고, 동경-평양간에 빈번한 연락을 통해 미소회담이 원만히 이뤄지고 있다고 미소공위의 순항을 보도하고, 미소공위 제5차 공동성명 발표로 각 정당 사회단체가 협의하여 임시정부 수립에 착수했다고 보도하고, 미소대표 전원이 월내 평양을 방문하여 임시정부 수립의 실천단계에 돌입하게 되며 미소공동 위원의 노력에 협력해 독립된 신조선을 건설하라는 하지 중장의 특별성명을 보도하고, 대망의 임시정부가 3개월 이내에 성립될 것이니 독립조선의 전도가 명랑하며, 조선임시정부 수립을 앞두고 미소회담이 순조롭게 추진되고 있다는 기사를 보도하였다.18)

그러나 『한성일보』의 바람과 달리 미소공위가 결렬되자 남한사회에 미소의 합의에 의한 남북통일정부 수립이 불가능해졌다는 우려감이 퍼져갔다.

---

17) Hodge to Byrnes, [undated], *FRUS 1946*, vol. Ⅷ, pp.665-667.
18) 『한성일보』, 1946년 4월 15일, 17-19일, 21일, 23-24일, 29일.

이미 북한에 임시인위원회라는 단독정부가 수립된 상황에서 남한에서만 민족의 정부 없이 무작정 시간을 허비하는 것은 사리에 어긋나기 때문에 이런 상황변화는 당연한 것이었다. 당시 이런 현실인식의 대두에 불을 지핀 것은 이승만이었다. 지방 시찰 도중 미소공위 무기휴회 소식을 듣고 5월 10일 급거 상경한 이승만은 굿펠로우 대령과의 회견을 마치고 하지 사령관과 미소공위 무기휴회 등을 주제로 2시간가량 요담을 나누었다.19) 이어 다음날 5월 11일 민주의원에서 기자단과 회견하고 미소공회 무기휴회와 지방순회에 대한 소감을 피력한 후 남한자율정부 수립론을 은근히 강조했다.

미소공위 결렬 후 이승만이 최초로 제기한 남한자율정부 수립론은 그 다음날 5월 12일 서울운동장에서 열린 독립전취국민대회 석상에서 김규식에 의해 좀 더 구체적인 형태로 되풀이되었다. 이승만과 김구가 총재와 부총재를 맡고 있던 대한독립촉성국민회 주최로 열린 독립전취국민대회는 우파의 60여개 단체 5-6만명이 참여하여 독촉국민회 세력을 전국으로 확대하는 직접적 계기를 마련한 의미 있는 행사였다. 이 행사는 해방 이후 우익진영의 가장 성공적인 집회였다는 상징적 의미를 지니고 있다. 이에 반해 좌익계 신문은 국민대회가 미군정의 비호하에 개최되었고, 남조선단독정부 수립을 요구했으며, 대회 참여인사들이 반동적 테러단과 함께 '민주주의 정당·사회 단체'의 사무소와 신문사들을 습격하여 파괴하고 공산당 기관지 『해방일보』를 정간시켰다고 주장하며 국민대회의 성과와 의미를 격하하였다.20)

서울운동장에서 열린 독립전취국민대회 석상에서 민주의원 부의장인 김규식은 1) 38선 철폐는 북방인의 남하를 초래할 위험이 있으니 신중히 생각

---

19) 『동아일보』, 1946년 5월 12일.
20) 『조선인민보』, 1946년 5월 12·15일.

할 필요가 있으며, 2) 미소공위가 재개되어 통일정부를 세우지 못하면 우리 손으로 자율적인 정부수립에 매진해야 하며, 3) 임시정부를 하루속히 수립하여 각국의 승인을 얻은 후 미소 양군의 철퇴를 협의하고 기타 문제들을 제기해야 하며, 4) 장차 수립될 정부의 소재지는 대구든 경주든 제주든 우리 정부이자 통일정부이며, 5) 최대 2-3주일만 기다려 보고 미소공위가 완전 결렬되면 어떤 방법으로든지 자율적 통일정부를 수립해야 한다고 역설했다.[21] 대중의 반발을 우려하여 완곡한 어법을 동원하기는 했지만, 김규식의 주장은 미군정기에 유력한 한국 정치인이 대중을 상대로 공식 제기한 최초의 남한단정론이었다.

김규식의 남한단정론에 대해 4월 6일 미군정의 단독정부 수립추진 기사 논란 때와 마찬가지로 심한 반발이 일어났다. 『조선일보』는 "미소공위에서 소련의 단독행위는 유감이나 미국무성과 미군정은 소련의 독단행위에 별반 대책이 없으므로 전세계 여론과 미국 공론의 동향을 봐서 어느 시기까지 기다리는 수밖에 없다"며 통일보조로 나가자고 역설했다.[22] 이는 미소공위 재개의 가능성이 살아있는 한 남한단정론을 제기해서는 안된다는 주장이었다. 이에 반해 좌익의 반발은 극렬한 형태를 띠고 있었다. 그러나 이때 『한성일보』는 위조지폐사건을 연이어 보도하면서 김규식의 남한단정론 주창에 대해 침묵을 지키는 한편, 조선에서 벌어진 모든 혼란의 원인은 미소 양국에 책임이 있다는 양비론적 입장을 드러냈다.[23]

남조선단독정부 수립론을 고취했다 하여 좌익으로부터 거센 비판을 받자 김규식은 5월 16일 민주의원 공보보장 함상훈을 통해 반박담화를 발표했다.

---

21) 『한성일보』, 1946년 5월 14일; 『현대일보』, 1946년 5월 15일.
22) 『조선일보』, 1946년 5월 12일.
23) 『한성일보』, 1946년 5월 15-17일.

거기서 그는 "남한단독정부를 설치하겠다고 말한 것처럼 보도하고 선전하는 사람이 있으나 이는 사실무근이다" "남조선에 있거나 어디 있거나 무슨 정부를 세우거나 통일정부를 말한 적이 없다"며 이전 자기의 공개석상에서의 남한단정론 지지발언을 전면 부인했다.24) 이미 4월 7일 AP통신발 미군정의 남한단독정부 추진설 기사거리를 제공한 당사자로 추정되는 김규식은 각계의 거센 반발에 밀려 자신의 발언을 철회하기에 이르렀다.

김규식이 자신의 남한단정론 주장을 부인 내지 철회하는 담화를 발표한 다음, 『동아일보』는 "미소공위 휴회 후…좌익은 우익이 남조선단독정부 수립을 기도한다고 날조하여 우익에 대한 민심의 이탈을 책동하고 자파의 세력을 연장하려 했다"며 김규식을 두둔하고 나섰다.25) 이를 보면 『동아일보』는 김규식이 남한단정론을 언급한 명박한 사살에 눈을 감고 있었다. 이어 5월 21일 러치 군정장관이 단독정부설의 허구성을 지적하고 단독정부설을 공식적으로 부정함에 따라 남한단정론은 다시금 잠복상태로 들어갔다.26)

김규식의 남한단정 연설이 나온 지 4일 후인 5월 16일 밤 방송연설에서 이승만은 "미소공회 휴회를 결렬 혹은 해산이라고 표현하며 이를 미리 예상하고 있었다"고 말했으며, 소련을 무서운 침략자라고 부르고 "소련이 한국땅을 마음대로 점령하고 남의 땅에서 마음대로 하는 것은 도저히 참을 수 없는 행위이다"라며 강렬한 반소반공의식을 드러냈다. 나아가 그는 "미소공위 휴회의 책임은 오로지 소련에게 있다"고 말하고 "미소공위가 성공치 못하면 그때 우리는 다른 정책이 있을 것이다"고 하였다. 이는 이승만이 애초부터 미소공위에 대한 기대가 없었으며, 미소공위가 결렬되는 순간 별도 대책을

---

24) 『동아일보』, 1946년 5월 17일.
25) 『동아일보』, 1946년 5월 17일.
26) 『조선인민보』, 1946년 5월 22일.

강구할 것임을 시사하는 발언이었다. 당시 이승만의 방송연설에 대해 조선공산당과 좌익신문은 "남조선단독정부 수립을 말하는 것이 아닌가. 명백한 대답이 있어야 한다"라고 지적하며 이승만을 비판하였다.27)

좌익세력이 반발하자 5월 20일 돈암장 기자회견에서 이승만은 "미소공위 휴회기간은 대략 2주일간이라고 듣고 있는데, 이는 불원간 재개될 것이라고 믿는다. 조선의 통일정부 수립문제는 미·소 양국의 통일에 의해서만 바랄 수 있다. 그러니 그때까지 참고 기다릴 수밖에 없다. 그런데 근래 항간에 유포되고 있는 남조선단독정부설은 낭설에 그칠 것으로 믿는다"고 하였다. 이는 자신의 본심과 달리 겉으로 미소공위에 대한 기대를 표명하며 남한단정론이 낭설에 그칠 것이라고 말한 셈이다.28)

5월 24일 미군정사령관 하지의 정치고문이자 이승만의 각별한 친구인 굿펠로우(Millard P. Goodfellow)가 귀국에 앞서 가진 기자회견에서 남한단정론을 공개적으로 주장했다, 이때 그는 "시급한 문제는 한국에 통일임시정부를 수립하는 것이다. 만일 소련이 무산된 미소공위를 조속히 재개시키지 않는다면 미국은 남한 단독정부 구성을 추진해야 한다"고 하였다.29) 그는 하지 미군정 사령과의 자문관이자 이승만의 고문 역할을 수행하며 미국과 미군정의 대한정책을 이승만에게 전달하고 한국통일정부 수립문제를 이승만과 긴밀히 협의해온 인물이었다. 이러한 굿펠로우가 환국전 이승만을 여러 차례 만난 적이 있으며, 한국 총선거 문제를 두고 이승만과 굿펠로우의 의견이 상통했다는 신문 보도로 미루어 굿펠로우의 남한단정론 찬동발언은 이승만과 합의한 후에 나온 것으로 해석하는 것이 타당할 것이라 판단된다.30)

---

27) 『조선인민보』·『해방일보』, 1946년 5월 18일.
28) 『독립신보』, 1946년 5월 21일.
29) 『한성일보』, 1946년 5월 25일.

5월 24일 굿펠로우 도미일에 조선인민당 당수 여운형이 러치 군정장관 초청으로 군정청을 방문하였다. 이로써 미군정과 중간파의 좌우합작 추진운동이 최초로 언론에 포착되었다. 이때 두 사람은 미소공위의 휴회로 인한 조선임시정부 수립 지연문제에 관해 격의 없이 의견을 교환함과 동시에 한반도 자율정부 수립에 노력하기로 약속했다고 한다. 이때 러치는 다시 한번 남한단정론을 강하게 부인했고, 여운형은 자율적 임시정부 수립에 관해 좌우가 통합하지 않으면 조선통일은 불가능하며, 모스크바협정을 위반하는 것은 항상 우익이니, 우익을 교육시켜 달라고 특별히 부탁하였다.31)

　5월 하순부터 좌우익간 합작이 태동되어 인민들의 이목을 집중시켰다. 5월 20일경 1주일 사이에 여운형-김규식 간에 수차 회담이 벌어졌고, 러치-여운형-허헌 간의 3자회담이 열렸으며, 아울러 김규식-원세훈 간에, 여운형-황진남 간에 수차 회견이 이뤄졌다. 또한 5월 25일 김규식·여운형·원세훈·황진남·버치(Leonard Berhsch:하지 고문) 중위·아펜젤러(Henry D. Appenzeller) 등 6인이 회동했다. 회동 당시 신탁문제를 논하면서 38선 이북 상황이 악영향을 끼쳤다는 김규식의 주장에 대해 여운형이 반발하여 회담 도중 자리를 뜨고 말았지만, 그럼에도 이때 완전독립 합작설 문제를 논의하는 성과를 거두었다. 5월 28일 원세훈은 러치-여운형-허헌의 회담에 대해 러치가 회담을 주선하여 이뤄졌는데, 이는 러치-여운형-허헌의 이해가 맞아떨어진 때문이라고 하였다.32)

---

30) 『독립신보』, 1946년 5월 27일.
31) 『독립신보』, 1946년 5월 26일.
32) 『독립신보』, 1946년 5월 29일. 미소공위 재개를 앞두고 우익 요인들간에 회견이 빈번히 이루어졌다. 5월 29일 이승만은 김구·백상규와 연이어 회담했는데, 이에 대해 좌익 언론은 좌우합작 실패의 정치공작문제를 논의한 것이라고 비난했다. 『독립신보』, 1946년 5월 31일.

5월 하순 하지 장군의 좌우합작설 강조, 중간파 인사들의 좌우합작운동 추진, 우파 요인들의 좌우합작 대처방안 모색회견 등이 복잡하게 얽혀진 가운데 남한단정론을 원하는 이승만은 정치적으로 일시 곤경에 처했다. 이에 이승만에게 남은 과제는 중간파의 좌우합작운동에 대항하여 언제 어디서 어떻게 자신의 지론인 남한단정론을 주창할 것인가 하는 것이었다.

4. 이승만의 정읍선언과 단계적 통일정부수립론

1946년 6월 3일 오전 이승만은 우파의 정치연합체인 독촉국민회 정읍지부가 주최한 '이박사환영강연회'에 참석하였다. 이때 그는 정읍 동국민학교 교정에서 정읍과 인접 군에서 몰려든 3만(혹은 6만) 주민을 상대로 연설하였다. 여기서 이승만은 자신이 반탁운동 이래 간직하고 있으면서 공포할 기회만 노리고 있던 남한단정노선을 처음으로 공개적으로 밝혔다.[33] 당시 이승만의 정읍강연 요지를 축약된 형태로 가장 신속히 보도한 신문이 『서울신문』이었다.

『서울신문』에 실린 이승만의 역사적인 정읍강연 요지 축약본은 오늘날 널리 알려진 "미소공위 재개 가능성이 없고 통일정부도 기대난망이니 남한만이라도 임시정부나 위원회같은 것을 조직하고 민족주의 통일기관을 설치해야 한다"는 것이었다. 그 원문은 아래와 같다.

---

[33] 이승만의 정읍선언에 대해서는, 이정식, 「이승만의 단독정부론 제기와 그 전개」, 『한국사 시민강좌』 38, 일조각, 2006; 이철순, 「이승만의 단독정부론에 대한 일고찰」, 『사회과학연구』, 제23집 2호, 2007; 이은선, 「이승만의 남선순행과 정읍발언 의미분석」, 『한국정치외교사논총』 39-2, 2018 참조.

이제 우리는 무기휴회된 공위(共委)가 재개될 기색도 보이지 않으며 통일정부를 고대하나 여의케 되지 않으니 남방만이라도 임시정부 혹은 위원회같은 것을 조직하여 38 이북에서 소련이 철퇴하도록 세계공론에 호소하여야 될 것이니 여러분도 결심하여야 될 것이다. 그리고 민족통일기관 설치에 대하여 지금까지 노력하여 왔으나 이번에는 우리 민족의 대표적 통일기관을 귀경한 후 즉시 설치하게 되었으니 각 지방에 있어서도 중앙의 지시에 순응하여 조직적으로 활동하여 주기 바란다.[34]

　이를테면 미소공위 정국에서 미국이 전략적인 차원에서 한국에 친미적인 우익정권이 설립되기를 바랐다면, 정읍선언에서 이승만은 미국식 자유민주주의국가를 한국에 건설하기 위해 반탁운동 때부터 선(先)임시정부 수립, 후(後)민족통일 달성이라는 단계적인 통일정부 수립방안을 주창한 셈이다. 이승만은 한국을 소련의 일개 연방국으로 만들려는 공산당을 배제하고 민족진영이 정권을 잡아야 한다는 확고한 신념을 갖고 있었다. 그가 남선시찰에서 그토록 강조한 반소반공논리는 바로 이러한 배경에서 나온 것이었다.

　위 정읍선언에 나타난 통일정부 수립방안을 감안하면, 미소공위가 기능을 상실한 상태에서 빠른 시일내에 남한만이라도 통치기구를 설립하고 북한에서 소련이 철퇴되도록 세계 공론에 호소해야 한다는 이승만의 주장은 자신의 지론을 다시금 반복한 것이다. 이런 점에서 정읍선언은 모든 좌익세력이나 우익의 한독당 등이 주장한 것처럼 민족분열과 국토분단을 초래한 반민족적 음모나 정권욕에서 나온 책략이 아니라 선남한통일 후남북통일이라고 하는 단계적인 민족통일론을 설파한 것이라고 평할 수 있을 것이다.

　이승만은 정읍을 떠나 전주와 이리에서의 연설에서 남한단정론을 다시금

---

[34] 『서울신문』, 1946년 6월 4일.

천명하였다. 이어 9월 6일 군산에서 자신의 남선순행을 마무리짓는 상세한 연설을 하였다.35) 1) 미군이 진주한 남한에는 미국과 같은 자유가 허여되고 있으며, 2) 미국은 한국의 자주독립 문제에 호의적인 반면 소련은 비우호적이며, 3) 소련의 조선 통치양상이 이어지면 세계평화가 파괴되리라는 것이 세계 공론이며, 4) 미소공위의 무산가능성으로 인해 남조선단도정부수립설이 제기되고 있으며, 5) 미소공위가 무산되면 전국을 통합할 강력한 민주정부를 세울 준비가 되어 있으니 기대해도 좋을 것이며, 6) 조상의 토지를 공산세력에 빼앗기지 않도록 분투할 것이며, 7) 남선순회는 인기수합이나 매표행위가 아니라 일개 시민 자격으로 순회하는 것이며, 8) 공산주의자들에게 기만당하지 말고 그들을 계몽하고 그들의 야심을 좌절시킬 조직적 활동을 해야 하며, 9) 한국인들과 미군정이 공산당을 퇴치·배격하는 중이니 공산당이 따르지 않을 때는 그들의 조국으로 돌려보낼 것이며, 10) 중국 사례에서 보듯이 독립을 방해하고 민족을 파멸시키는 공산극렬분자의 암약을 근절해야 하며, 11) 한국독립문제는 근간 중앙에서 적절한 대책을 강구할 것이니 지방에서도 따르기 바란다는 등이었다.36) 이때 『한성일보』는 상세 요지 서두에 이승만이 "빨리 통일하여 자율적 독립을 전취하자고 맹서하였다"는 문구를 박아넣었다.

정읍을 비롯하여 전북의 도회지인 전주·이리·군산에서 되풀이된 이승만의 남한단독정부 수립설은 한국사회에 큰 파장을 낳았다. 이승만은 해방 후 공산주의자들에 의해 조선인민공화국 주석으로 추대되었을 정도로 좌우를

---

35) 『한성일보』는 1946년 6월 9일자 신문에서 6월 3일 정읍연설 요지라며 이승만의 강연 내용을 비교적 상세히 소개했는데, 여러 정황상 정읍연설의 요지가 아니라 6월 6일 군산연설의 요지로 판단된다.
36) 『한성일보』, 1946년 6월 9일.

막론하고 높은 지명도를 누린 지도자였다. 또한 그는 미소공위 파열 후 미군정의 주도로 민주의원이 임시정부의 기초조직으로 발전할 경우 투표를 통해 주석(대통령)을 맡을 것으로 예상되는 인물이었다. 그렇기 때문에 이승만의 남한단독정부 수립론 천명은 한 달 전 나온 김규식의 그것과 비교할 수 없는 파급력을 갖고 있었다.

정읍선언 발표 후 한국의 좌우익 정당과 단체 및 언론은 남한단독정부 수립론에 대해 찬반의 담화와 사설을 발표했다. 신문의 경우『조선인민보』·『청년해방일보』·『경성인민보』·『독립신보』·『현대일보』 등 좌익계 신문들은 예외 없이 단독정부 절대반대였다. 우파 신문 중 영향력 있는『동아일보』는 침묵을 지켰고,『조선일보』는 반대를 표명했다.『서울신문』 등 중간성향의 신문들은 비판적 입장이었다. 이에 반해 일제강점기 이래의 개인적 인연을 바탕으로 해방 후 이승만에 대해 일관되게 비판적 지지를 보냈던 중도우파 안재홍이 사장을 맡은『한성일보』만이 남한단정 절대반대 기사를 싣지 않았을 뿐 아니라 오히려 일반의 예측과 달리 단정노선을 찬동하는 장문의 논설과 기사를 실었다.

좌익계 및 중도계 신문이 일치단결하여 단독정부설 반대운동을 전개하는 상황에서 6월 6일『한성일보』가 사설에서 "미소공위가 무기휴회되어 민중이 실망이 커지자 일부에서 무작정 기다릴 수 없으니 자율적 통일정부를 수립하자는 문제가 대두하게 되었다. 그러나 일부에서 조만간 소련측의 양보로 미소공위가 재개될 것이니 기다려 보라고 했으나 지금까지 미소공위의 재개는 이뤄지지 못했다. 소련의 외교는 무궤도의 실리본위이니, 자국의 이익을 훼손하면서까지 미소공위에서 양보할 리는 없을 것이다. 그렇다면 일대 국민운동과 함께 민족의 진정한 총의를 국제적으로 반영시켜 미소공위를 급속히 재개토록 하거나, 그렇지 못하고 미소공위 재개가 무망하다면 비상편법이라도 고려해야 한다"며 미소공위 재개가 불가능할 경우 비상편법으로라도 단독정부 수립을 고려해야 한다고 주장했다.37) 이러한 기사는 좌익의 단독정부설 비판운동을 처음으로 정면 반박한 것이라는 점에서 매우 주목할 만한 것이었다.

『한성일보』의 단독정부설 지지사설이 보도된 다음날 한민당이 단독정부설을 적극 옹호하는 담화를 발표했다. 한민당의 반박은 1) 민족분열은 단독정부론 때문이 아니라 미·소 양군의 분할점령 때문이며, 2) 38선 획정으로 인한 국토양단은 미·소 양군 때문이며, 3) 좌우분열은 공산당이 독촉중협과 반탁운동에서 탈퇴한 때문이며, 4) 한국인이라면 누구나 자주정권을 희망하기에 단독정부론 제창을 정권욕이라 비난하는 것은 온당치 못하며, 5) 공산당이 미리부터 통일기관에 참여할 준비를 하지 않는 것은 잘못된 조치라고 지적했다. 이러한 반박 중 단독정부론이 민족분열과 국토분단을 초래한 근본원인이 아니며 정권욕에서 나온 것도 아니라는 주장은 단독정부론 반대투쟁의 맹점을 정확히 지적한 것이다.

정읍선언 반대운동이 여전히 거세게 벌어지는 가운데, 6월 9일 『한성일보』는 "수도 서울에서 수립될 정부, 통일정부의 기초, 우리 손으로 행정운영이 긴요"라는 사설을 통해 다시 이승만의 정읍선언을 적극 옹호하고 나섰다.

> 최근 이박사의 정읍에서의 강연을 계기로 하여 남조선단독정부설을 유포하는 보도가 많은데 이는 본보 정읍지국의 특신으로도 명확히 나타난 바와 같이 남조선에 단독정부수립이 안이오, 미소공동위원회의 무기휴회가 너무도 지루하게 고대하여도 재개될 희망이 적으니만치 남조선에 민주적 정부를 세우자는 것이다. 결국 북조선에서는 북조선인민위원회가 이미 북조선정부 행세를 하고 있

---

37) 『한성일보』, 1946년 6월 6일.

으니 이남에 정부를 세우는 것이 남조선단독정부가 아니오. 수립될 이 정부로서 장차 통일정부를 만들 기초를 세울 수 있는 것이라 할 수 있다.

　남조선의 민중은 남북합일 정부가 즉시 수립이 되지 못하면 남조선에 자주적인 정부를 세워 미군정으로부터 행정권 접수를 시급히 하여 조선인의 의사로서 정책을 세워 일반행정을 할 수 있도록 해달라는 요망이 날로 높아가고 있는 형편이니만치 또한 남조선 정부가 수립된다고 이것이 공산계열에서 선전하는 것과 같이 모략도 아무것도 아니오. 남조선 민중의 산업·경제·운수·기타 일반행정을 전반적으로 조선인의 손으로 운행하도록 해야 할 것이니만치 이는 당연한 정로(正路)라 할 것이다. 더구나 이는 미군정으로서도 올바른 처사로 생각하고 지금 적당한 시기에 정권을 조선인에게 전반적으로 이관하려고 준비 중에 있다는 설이 있으니만큼 불원한 장래에 남조선에 조선인의 손으로 할 수 있는 행정기관이 생길 것이오, 이것이 자주적 민주정부 수립의 모태가 될 것으로 보여진다.[38]

　위 사설은 1) 북조선에서 북조선인민위원회가 이미 정부행세를 하고 있으니 남조선에 정부를 세우는 것은 단독정부가 아니라 통일정부 수립을 위한 기초이며, 2) 남조선에 단독정부를 세우는 것이 아니라 민주적 정부를 세우는 것이며, 3) 남조선에서의 정부 수립은 공산계열 주장처럼 모략이 아니라 자주정부를 세워 미군정으로부터 행정권을 시급히 접수하고 조선인의 의사로 행정을 해달라는 민중의 요망에 의한 것이며, 4) 미군정도 한국인에게 행정권을 이양할 준비를 하고 있으니 조만간 조선인의 행정기관이 생겨 자주정부의 모태가 될 것이라는 내용이었다. 이상의 주장에서 앞의 세 가지는 이승만의 주장을 그대로 따른 것이라는 점에서 『한성일보』는 이승만의 단독정부수립론을 적극적으로 옹호했음을 알 수 있다.

---

[38] 『한성일보』, 1946년 6월 9일.

좌우·중도를 막론하고 거의 모든 정당·단체·언론이 정읍선언에 대한 반대성명을 발표하자 6월 10일 하지 사령관이 성명서를 발표했다. 그는 미소공위 재개에 관해 오해와 의심이 많다며 "일반은 어떠한 개인이 군정 당국에서 나온 보도와 같이 확신을 가지고 발표하는 성명을 신용하지 않도록 경계하기 바란다"고 했다.39) 이는 이승만의 정읍발언을 비롯한 일련의 단독정부 수립설을 지적한 것이다. 이와 관련해 6월 23일 굿펠로우에게 보낸 편지에서 하지는 이승만의 정읍선언을 "늙은이 잘못된 성명들"이라며 강하게 비판했다.40)

하지의 성명서가 나온 바로 다음날 "이박사가 미소공위가 무기휴회된 후 재개될 기색이 보이지 않으므로 남방만이라도 임시정부 혹은 위원회같은 것을 조직할 것을 언명했는데, 민주의원과 군정 당국에서 남조선단독정부 수립에 관한 계획이 있다고 전하는 이때 민주의원 의장으로서 이박사의 강연은 그 계획 실현의 어느 단계를 표시하는 것으로 생각되는데 어떠하냐"는 기자들의 질문에 대해, 러치 군정장관이 "이박사가 남조선에 따로 정부를 세워야 된다고 했다면 그것은 그의 입장에서 한 말이고, 군정청을 위해서 한 말은 아니다.…나는 군정장관으로서 남조선단독정부 수립에 대해서 전연 반대한다. 내가 아는 한 이 문제에 대해서 아무 계획도 없다는 것 이외에는 아무것도 근거 없는 말이다"고 하였다.41)

미군정의 수뇌부가 연이틀 단독정부설을 공식 부인하고 불찬성을 표하자 제사회세력의 정읍선언 반대운동은 기세가 크게 꺾여 다시 수면 아래로 가

---

39) 『한성일보』, 1946년 6월 11일.
40) Bruce Cumings, *The Origin of the Korean War*, Vol.1, Princeton,N.J.: Princeton University Press, 1982, p.250.
41) 『서울신문』, 1946년 6월 11일.

라앉았다. 곧이어 좌익이 6월 10일 서울운동장에서 15만의 군중이 동원된 6·10만세운동기념식을 대대적으로 치르고, 우익이 6월 10-11일 전국 대표 1,163명을 정동예배당에 모아놓고 독촉국민전국대표대회를 치른 후 각기 그 후속조치에 매달리느라 분주하였기 때문에 정읍선언 반대운동은 다시 잠잠해졌다.

6월 16일 독촉국민회 선전부가 이승만 모략선전에 대한 반박성명을 발표했다. "본회 총재 이승만 박사의 정읍강연과 11일 정동예배당 전국대표대회 훈화를 모략적으로 와전 과장하여 무슨 중대사건이나 발생한 듯이 남조선단독정부니 반소반공의 도전언동이니 얼토당토않은 허위선전을 하고 있는데…총재의 성명하신 바와 같이 단독정부는 전연 무근지설로 박사께서는 현 정국을 고려하시어 경계하신 말씀을 반역배들이 날조중상하는 것이며 반소도전 운운은 더욱 천부당만부당한 말이다"고 하였다.42) 이를테면 이승만은 미군정과 언론과 단체의 반대에 밀려 본심과 달리 자기 주장을 일시 철회하고 다음을 기약해야만 했다.

6월 19일 『한성일보』는 "우국애족의 순정(純情)으로 자율적 정부의 수립"을 촉구했다. 이때 『한성일보』는 "정부란 단시일내 수립될 수 없는 것이며, 국가권력의 집약체이자 국민생활 일체를 영도할 수 있는 집약체가 정부이기 때문에 정부를 만드는 것은 건국의 실천공작이다"고 전제하고, "우리 민족의 흥망은 우리 민족만이 가장 근심하는 것이니, 민족주의진영에서는 금도를 보이고 공산계열에서는 번연 대오하여 우국애족의 순정으로 회귀하여 다함께 자율적 정부수립에 합작해야 한다. 자율적 정부수립이란 미소공위를 재개하도록 민족적 주도공작을 하는 것이다. 미소공위가 무성의로 일관되면 민족

---

42) 『동아일보』, 1946년 6월 17일.

적 동란이 발생할지도 모른다고"고 하였다.43)

위의 『한성일보』의 자율적 정부수립론은 단순히 남한만의 단독정부 수립에서 그치는 것이 아니었다. 그것은 남한만의 자율적 정부수립을 기본바탕으로 삼고, 동시에 국제적 협상과 타협을 통해 미소공위의 성공적 결말을 거두기 위해 노력하여 종말에 가서 자주적 통일민족국가를 수립해야 한다는 것이었다. 이런 점에서 이승만의 자율정부 수립론이 미소공위의 무산을 상정한 위에서 제기된 것이라면, 『한성일보』의 자율정부 수립론은 이승만의 소론을 받아들이되 그것이 미소공위 성공의 밑거름으로 삼아야 한다는 의미를 담고 있었다. 다시 말해 『한성일보』는 우파의 염원을 반영하면서도 당시 좌파의 입장까지를 고려하는 중도파적인 신국가 건설론을 피력하고 있었던 셈이다.

5. 이승만의 방미활동에 대한 비판적 지지

1946년 6월 21일 『한성일보』는 좌우합작운동 태동 움직임에 대해 논평을 내놓았다. 『한성일보』는 일부 지도층이 개인자격으로 요담을 추진하고 있는 것은 자주통일이 요청되는 현하의 급박한 정세에 비추어 큰 관심사항이라고 전제하고, 6월 18일 원세훈의 담화발표에 김규식·원세훈·여운형·허헌 4인에 의해 합작의 기본원칙이 논의되고 정치적 건설의 방법론적인 문제가 논의된 것을 자주통일을 위한 서막을 연 것으로 평가했다. 나아가 이러한 노력이 정치한 결론을 얻어 미소공위만 바라보는 무능력한 타방의존적 사대주의 병폐를 벗어나는 방향으로 급속히 나가길 바란다고 기원했다.44) 이처

---

43) 『한성일보』, 「자율적 정부를 수립」, 1946년 6월 19일.

럼 『한성일보』는 남한단독정부 수립론 반대열풍이 가라앉고 좌우합작운동이 벌어지자 이에 대한 각별한 기대를 표하고 있었다.

6월 26일 『한성일보』는 조선의 광복대업을 위해 많은 열사들이 일본제국주의에 투쟁해왔음을 강조하고, "1945년 8월 15일 일본이 항복할 때 전승 연합국이 한국을 자주독립국가로 만들어 주겠다고 약속했으나 10개월이 지나도록 독립 약속이 실현되지 못했을 뿐 아니라 이 약속이 조선인의 정치적 혼란으로 지연되고 있음을 애석해하였다. 이어 미소공위 결렬을 미소간 대립의 결과로만 여기지 말고 민족주의·공산주의·사회주의 등 모든 혁명세력이 자주독립의 민족대권을 실현하기 위해 함께 노력해야만 임시정부 수립 지연과 독립 미완성의 혼돈상태를 벗어날 수 있을 것이다"고 하였다.[45] 이는 미소공위와 좌우합작의 성공을 위해 모든 한국민이 대동단결을 이루어야 한다는 점을 강조한 것이었다.

1946년 7월 1일 러치 군정장관이 하지 중장에게 남조선입법기관의 설치를 건의하였다. 이는 한국민의 자치능력 향상을 위한 작은 진전을 의미하는 것이었다. 이에 7월 10일 중도파 인사들을 발탁하여 지원하라는 미국무부 지시에 따라 하지 사령관의 주도로 좌우합작위원회가 공식 출범하였다. 이는 이미 전달부터 모의 중이던 김규식·여운형 중심의 좌우합작운동이 본격 가동을 개시한 것이었다. 이때 이승만은 겉으로는 좌우합작운동에 대해 지지의사를 표명했으나 속으로는 좌우합작운동의 실패를 예견하고 있었.

7월 13일 좌우합작 제1차 회담이 벌어지자 이승만은 일시 정계의 핵심에서 밀려나 자신이 정읍선언에서 천명한 남한 단독정부 수립구상을 실현할

---

44) 『한성일보』, 「사설: 좌우합작의 기본원칙」, 1946년 6월 21일.
45) 『한성일보』, 「사설: 통일의방향, 좌합작을 위하여」, 1946년 6월 26일.

방도를 깊이 모색했다. 그것은 자신이 직접 미국으로 건너가 뉴욕 레이크 쎅스스에서 열리는 제2차 유엔총회(1946. 10. 23.-12. 14)에서 한국 독립문제를 유엔총회에 상정하도록 노력하고, 또 미국 정부의 요인들을 만나 한국 문제를 상의해 보는 방안이었다. 당시 이승만은 소련이 한반도 전체의 민주정부 수립에 동의하지 않는 상황에서 조속히 남한만이라도 단독정부를 수립하는 것은 불가피한 문제라고 판단하고 있었다.

9월 1일 『한성일보』는 소련이 남조선에서 미군정의 정책을 제국주의적이라고 비판하고 있으나 미군정청은 "조선의 통일 독립된 민주정부 수립을 원조하는 것이 미주둔군의 목표이자 미국무성 당국의 견해"임을 보도했다. 이어 9월 8일 합작은 독립의 관건이라는 김규식의 성명에 하지가 적극 동의했음을 보도했고, 10월 1일 조선통일정부 수립에 미·소 양국의 적극 협력을 촉구하는 기사를 실었고, 10월 6일 김규식과 여운형이 회합하여 좌우합작을 협의한 사실을 1면 톱으로 보도하고, 10월 8일 전날 합의 제정되어 좌우 대표들에 의해 발표된 좌우합작7원칙 상세히 보도했다.46) 이처럼 『한성일보』는 좌우합작에 큰 기대를 걸고 관련 소식을 연이어 신속히 보도했다.

좌우합작운동이 한창 진행 중이던 9월 1일 이승만은 심복 임영신을 '민주의원의 집행위원' 자격으로 미국에 보내 한국위원부의 임병직과 함께 유엔총회에 한국문제를 상정할 준비작업을 펼치도록 하였다.47) 10월 7일 이승만은 기자단 회견에서 좌우합작이 미소공위를 속개시켜 38선이 철폐되고 남북통일정부가 수립된다면 적극 지지하겠다는 의사를 표명했다. 이는 이승

---

46) 『한성일보』, 1946년 9월 1일, 8일, 10월 1일, 6일. 8일.
47) Louise Yim, *My Forty Year for Korea*, New York: A.A. Wyn Inc., 1951, pp.257-264; 임영신, 「나의 이력서」, 『승당임영신박사문집』, 승당임영신박사문집편찬위원회, 1986.

만의 본심과 달리 미군정을 의식한 언론용 멘트였다.

좌우합작정국 속에서 『한성일보』는 11월 9일 「좌우합작과 미소관계」, 11월 10일 「합작과 미소관계 재개」라는 사설을 게재하여 좌우합작에 대한 관심을 다시 나타냈다. 11월 12일 임정 수립 이전이라도 정권을 이양할 의도가 있고, 철퇴할 때 미군 시설은 조선에 존치시킬 것이며, 파괴주의자의 준동을 척결하겠다는 하지 사령관의 연설을 보도했으며, 11월 22일 미소공위 재개를 둘러싸고 제기되는 소련 외상의 주장은 전후에 모순된다는 점을 보도했다.

11월 22일 이승만은 한국의 억울한 실정을 만국에 호소하고, 한국 독립문제를 여론화하기 위해 미국행을 결정했다는 담화를 발표했다. 그는 "연합국이 결정하기 전에는 한국 주둔 미·소 사령부가 한국문제를 해결할 수 없다. 유엔총회가 열리는 기회에 사실을 밝게 설명할 필요가 있기 때문에 즉시 도미할 준비를 차리는 중이다"며, "모든 동포들은 파괴분자의 모략이나 선동에 흔들리지 말고 민족진영이 싸우며 지켜온 주의와 정신을 유비하며 통일적으로 행동해야 한다"고 당부했다.[48] 이는 좌우합작 정국에서 곤경에 처한 입장을 일거에 만회하려는 정치적 결단임과 동시에 자신이 오랫동안 품고 있던 남한단독정부수립문제를 미국 조야에 홍보설득하기 위해서였다.

11월 23일 『동아일보』 기자와 가진 면담에서 이승만은 "우리 손으로 우리 문제를 해결하지 않는다면 언제 동란이 일어날지 모른다. 지금 조선은 누란의 위기에 처해 있다. 금번 유엔의 찬스를 놓친다면 조선은 장구한 고난을 겪을지 모른다. 따라서 조만간 도미하여 미·소 양군의 즉시 철퇴를 주장하고 유엔 참가국 중 필리핀같은 동지국과 규합하여 조선문제를 크게 제기하겠다"는 입장을 드러냈다.[49]

---

48) 『한성일보』, 「이승만 담화」, 1946년 11월 23일.

이승만이 도미를 결정하자 각계각층에서 이승만 도미 후원활동이 펼쳐졌다. 11월 25일 조소앙·신익희 외 70여 애국단체 대표 80여 명이 모여 한국민족대표외교후원회를 조직하고 후원방법을 모색했고, 11월 26일 민통 주도로 70여 애국단체 대표들이 이승만 여비 지원 문제를 논의했고, 경상도 각지에서 이승만도미후원회가 결성되어 수십 만원의 성금이 모였으며, 언론인·문필가들이 민족대표외교사절후원회를 조직하여 후원을 다짐했고, 한국민족대표외교후원회가 이승만의 도미를 성원하고 조선해방을 촉진하기 위해 국민대회 개최를 결의했다. 11월 27일 민주의원은 '민주의원 의장 및 대한국민 대표 이승만'이 도미할 것을 결의하고 도미 체재비로 50만원(미화 약 1만달러)의 지출을 결의했고, 11월 29일 한민당은 이승만의 조미를 거족적으로 찬성한다는 성명서를 발표했으며, 11월 30일 민주의원은 "한국독립의 대임을 달성하기 위해 이승만 박사를 해외에 파견하여 관계 열강과 교섭하도록 한다"는 성명을 내놓았다. 이외에도 개인들이 도미자금을 희사하기도 하였다.

이승만의 도미에 대한 사회 각계각층의 지원운동이 활발히 벌어지는 가운데 『한성일보』는 11월 27일 이승만의 도미를 논하는 사설을 실었다. 『한성일보』는 "이박사는 최고지도자이시고 국제적으로 널리 알려진 거인이라. 그의 挺身奮鬪가 국제적으로 심각한 반향이 있을 것임은 확실하다"며 이승만의 도미를 찬양하고 건투를 기원한 다음, 이박사의 사명이 중차대한 반면 이번 도미하여 다단한 국제활동을 수행하기 위해서는 30-50만불(한화 3-5천만원)이 필요하다고 하니 유력독지가들의 비상한 결심이 모아지기를 기원한다"며 이승만 도미행의 특별 기부를 당부했다.50) 이에 11월 29일 『한성일

---

49) 『동아일보』, 「이박사 유엔총회에 출석」, 1946년 11월 23일.

보』는 이승만의 도미행과 좌우합작의 관계를 논한 사설을 게재하였다.

吾人은 이승만 박사의 도미계획에 관하여 본란에서 그 지지 찬양의 의도를 표명하였다. 그것은 다단한 국제정국에서 종합적인 민족적 대책이 籌動的인 策應이 있음에서 일진일퇴로써 최후적인 염원의 성취를 기할 수 있는 것인 까닭이다. 객관계의 복잡다양함이 그 접촉면의 다각적인 점에서 결코 외골수의 저돌만을 許치 않음일 새 이를테면 水陸竝進 좌우쌍전함으로써 비로소 전면적인 제□을 기할 수 있음으로 써이다. UN총회를 목표로 이승만 박사의 도미활약의 정치적 필요성은 이에서 규정되고 또 중요하게 평가되는 것이오. 한국민족대표외교후원회의 열성 및 그 노력도 이에서 의의 기대한 것이다. 그의 심후한 노력을 빈다.

그러나 이것은 결코 좌우합작의 정치적 의의 혹은 그의 가치성과 대립됨이 아니오. 또는 미소공위의 타당한 공작을 부인하는 의미로는 되지 않는다. UN에서 조선문제를 결정함에 있어서도 미소 양국은 의연 주도적 국가의 양익으로 되어 있다는 사실은 간과할 자 없는 것이고 미소공위가 서울서 온당한 진취를 缺하였더라도 결국은 미소 양국의 정부간의 절충 타협이 아니고서는 적당한 결말을 가져올 수 없는 것이니 양국의 국책 집행의 전초부로서의 미소공위의 기능은 변하는 바 아니다. 이유는 미소공위 그것이 어떻게 조선이 국제적으로 향휴할 타당한 권리와 또는 3천만의 진정한 총의를 여실히 인식함에 의하여 카이로선언 이래의 숭고한 사명을 세계의 엄정한 공한의 밑에 철저 완수할 것인가에 있는 것이다.

그런 고로 오인은 지도자와 및 대중에 바란다. UN총회에의 기대와 이박사의 도미와 한국민족대표외교후원회의 사업에 최선한 방법을 다하라. 그러나 그는 여상한 전면적인 국제정세의 파악의 우에서 할 바인 것은 추후도 망각하여서는 아니되는 것이고 좌우합작의 소지하는 中正妥當한 建國路線에 대하여서나 그의 步步 전진하는 민족적 대업에 향하여서나 단연 비난 혹은 반발함이 아니오 미소

---

50) 『한성일보』, 「사설: 이승만박사의 도미계획」, 1946년 11월 27일.

공위 그것의 존재 및 공작을 말살함이 아닌 것이다. 아니 도리어 그것들이 오인의 의도에 부합하여 오도록 하는 데 있다는 것을 牢記하여야 한다, 비상시기에 닥쳐있는 민족대중은 열의에서 분투하는 중에서라도 반드시 일관 냉철한 이지적 판단을 잃어서는 아니된다.51)

위의 논설에는 이승만의 도미행에 대한 『한성일보』의 입장이 잘 나타나 있다. 여기서 『한성일보』는 이승만의 도미활동과 후원활동은 좌우합작운동이나 미소공위활동과 배치되는 것이 아니라 상호 깊은 연관하에 추진되어야 함을 강조한 것이다. 이를테면 『한성일보』는 이승만의 도미외교활동이 국제적인 성과를 거두어 한국의 자주독립 달성에 기여하는 동시에, 좌우합작의 정치적 의의를 달성하고 미소공위를 통한 국제적 독립인정 문제가 해결되어 절묘한 이중주가 울려 퍼지기를 기대했다. 이런 점에서 『한성일보』는 안재홍이 이승만의 정책과 사상에 대해 일관되게 견지하고 있던 '비판적 지지'라는 입장을 잘 보여준다고 하겠다.

12월 1-2일 『한성일보』는 이승만의 도미행차와 인천시민환송대회를 자세히 보도하고, 12월 5일 이승만 박사 도미격려 국민대회가 7일 열린다는 사실을 공지하고, 12월 7일 이승만이 워싱턴에 도착했다는 소식과 한국민족대표외교사절단이 국민대회에서 "이박사에게 발언권을 주라"는 신임장을 발송한 사실을 보도하였다.52)

미국에서 이승만은 12월 10일 조선독립문제에 관해 "조선인의 독립요망은 즉시 청취되어야 하며 그렇지 않으면 전쟁이 일어날 것이다. 자유롭고 민주주의적인 조선의 탄생이야말로 극동의 평화를 의미하는 것이며 그렇지

---

51) 『한성일보』, 「사설: UN과 미소공휘」, 1946년 11월 29일.
52) 『한성일보』, 12월 1-2일, 5일, 10일

않을 경우에는 전세계가 회피하려는 새로운 전쟁이 야기될 것이다. 조선의 즉각적 자주독립이야말로 미·소 양군의 철퇴에 관한 교섭을 가능케 한다는 점을 지적하는 바이다"라는 담화를 발표했다.53) 또한 이때 임영신은 "유엔이 한국문제에 호의적인 조치를 취하지 않는다면 이번 겨울에 한국에서 내란이 발생할 것이다"며, 한국의 요망으로서 미·소 양군의 철퇴, 독립통일정부 수립, 유엔 참가 등 세 가지를 들었다.54)

워싱턴에서 이승만은 임영신·임병직 등 측근들과 오래전부터 자기의 독립운동을 적극 도와준 워싱턴의 미국인 친구들을 모아 전략참모회의(strategy council)를 구성했다. 이들은 여러 차례의 모임을 통해 한국 독립문제에 대한 해결방안을 모색하고, 「한국문제 해결방안」(A Solution to the Korean Problem)이란 제목의 정책건의서 작성작업을 추진했다. 이들은 난상토론을 거친 결과 1946년 말경 「한국문제 해결방안」이라는 이승만 명의의 정책건의서를 완성하였다.

전 6개항의 「한국문제 해결방안」의 제1항은 "분단된 한국이 통일되고 그 후 즉시 총선거가 실시될 때까지 남한을 다스릴 과도정부(임시정부, interim government)를 선거를 통해 수립해야 한다"라고 하여 남한단독정부 수립을 언급했다. 제2항은 "이 과도정부는 한국문제에 관한 미·소 양국간의 직접적인 협상에 구애됨이 없이 유엔가입이 승인되어야 하며, 한국 점령 및 기타 현안들에 대해 미·소 양국과 직접 교섭에 나서도록 해야 한다'라고 하여 과도정부의 유엔 가입과 기타 한국문제에 관한 미·소 양국과의 교섭을 언급했다.55)

---

53) 『한성일보』, 1946년 12월 12일.
54) 『한성일보』, 1946년 12월 12일.
55) FRUS, 1947, Ⅳ, pp. 604-605. 로버트 올리버 지음, 황정일 옮김, 『신화에 가린 인물

1947년 1월 17일 이승만은 워싱턴에서 임시정부 수립을 요망하는 담화를 발표했다. 그는 "한국인은 미소공위를 통해 한국의 독립을 희망해 왔으나 더 이상 인내할 수 없는 실정이니, 미국정부가 조선을 분단케 한 얄타비밀협정과 모스크바삼상회의 결정 가운데 탁치조항을 파기하여 조속히 한국임시정부를 수립해 주기 바란다"고 하였다. 다만 그는 한국인이 미소공위와 협력할 것이라는 양해하에 한국임시정부를 수립하기 위한 총선거 실시를 요구했다.56) 이처럼 미국정부 주도하에 임시정부를 수립해 달라는 이승만의 주장은 국내 여러 신문에 보도되었다. 이승만의 남한만의 단독정부 수립론은 국내 상황과 맞물려 상당한 파장을 낳았다. 이미 1월 13일 죽첨장에서 김구·조소앙 등 각 정당 대표 20여 명이 모여 모스크바삼상협정 중 탁치반대와 거족적 독립운동 전개와 미·소 양국에 즉시 독립요구 등을 논의했다. 이는 이승만의 전보에 따라 얄타협정과 삼상결정의 탁치조항 취소 국민운동 전개방침과 우연히 부합하는 측면이 있었다.57) 이에 하지 중장은 죽첨장의 모임이 "남조선에 단독정부가 수립되면 조선의 통일을 가능케 하고 모든 국제문제도 외국의 원조 없이 해결할 수 있다는 악선전에 영향받은 것"이라며 "연합국은 조선의 독립을 보장할 것이니 언동을 신중히 하라"는 성명을 발표했다.58) 하여간 국내세력의 움직임은 이승만이 미국에서 제시한 남한단독정부 수립설과 연동되어 큰 파장을 낳게 되었다.

『이승만』, 건국대 출판부, 2002, 250-251쪽.
56) 『한성일보』, 「임정 수립을 요망」, 1947년 1월 18일.
57) 『한성일보』, 1947년 1월 15일.
58) 『한성일보』, 「시위설과 하지 중장의 성명」, 1947년 1월 17일.

6. 맺음말

일제시기에 이상재와 YMCA와 『태평양잡지』를 매개로 인연을 맺은 이승만과 안재홍은 독립과 건국의 대의를 실현하고자 협력관계를 유지했다. 양인의 협력관계는 일제시기 말기에 단절되었으나 해방된 조국에서 재개되었다. 이때 양인은 자주적 통일민족국가의 건설이라고 하는 광복대업의 최종목표를 달성하고자 분투하는 과정에서 안재홍이 사장을 맡은 『한성일보』를 통해 협력관계를 이어갔다. 다만 이때의 협력양상은 많은 논쟁과 논란을 낳은 이승만의 신국가 건설방안인 남조선단독국가건설론(남한단정론)에 대해 안재홍의 『한성일보』가 거의 대부분의 언론 매체들과 달리 비판적 지지를 보내는 방식으로 이루어졌다.

1946년 4월 상순 미소공동위원회가 모스크바협정을 지지하는 정당과 사회단체의 참여 여부를 둘러싸고 대립을 거듭했다. 이즈음 미국 샌프란시스코 연합통신발로 미군정이 남한단독정부 수립을 구상하고 있다는 소식이 국내에 들어오자 한국의 정당·언론·사회단체가 하나같이 반대하고 나섰다. 이미 1946년 1월 중순 남조선단독정부수립론을 공언했던 이승만은 미소공위가 결렬될 것이라고 예측하고 남한단정론에 대해 지지의사를 품고 있었으나 성언하지는 못한 상태였다. 이때 『한성일보』는 미소공위의 성공을 기원하며 전민족적 통일정부를 수립하는 것이 한국인의 대망임을 강조하며 미군정의 남한단독정부 수립보도는 상식을 초월한 낭설이라고 비판했다.

미소공위가 열리는 동안 『한성일보』는 남한의 모든 언론과 정치가들처럼 미소공위 성공에 대한 각별한 기대를 표명했다. 남한단독정부수립론에 대한 『한성일보』의 기본방침은 간명한 편이었다. 말하자면 모스크바협정에 따라 미소공위가 통일민주정부를 수립하고자 회의 중인 중차대한 시기에 남북통일을 저해하고 민족분열을 초래할지도 모르는 남한단독정부수립론을 주장해서는 안되며, 한국민은 미소공위가 민족통일의 민주주의정부를 구성할 수 있도록 최선을 다해 도와야 한다는 것이었다.

그러나 1946년 5월 미소공위가 교착상태에 빠지고 좌우대립이 심해지자 『한성일보』의 기본방침은 변해갔다. 좌우 대립이 심화되어가자 『한성일보』는 현실론을 앞세워 단독정부 수립을 지지하는 방향으로 돌아섰다. 『한성일보』는 "본의는 아니나마 차선의 방법을 구할 수밖에 없는 것"이라고 전제하고, 우선 남한만이라도 단독정부를 수립한 뒤 "안으로 도탄에 빠진 민생을 구해가며 밖으로 UN을 위시한 국제여론에 호소하여 소련의 반성을 기다려 보자"고 주장했다. 이때부터 『한성일보』는 이승만의 남한단독정부수립론을 지지하는 입장을 보였다.

1946년 6월 3일 이승만의 정읍선언은 민족분열과 남북분단을 초래한 반민족적 정치욕이 아니라 선임시정부 수립, 후민족통일 달성이라는 단계적인 통일정부 수립방안이었다. 이에 대해 좌익·중도 신문이 일치단결하여 정읍선언 반대운동을 전개하는 상황에서 6월 6일 『한성일보』가 "민족의 진정한 총의를 국제적으로 반영시켜 미소공위를 급속히 재개토록 하거나, 미소공위 재개가 무망하다면 비상편법이라도 고려해야 한다"며 정읍선언을 지지하는 사설을 실었다. 이는 정읍선언 반대운동이 들불처럼 일어나기 직전에 정읍선언을 정면으로 지지한 것이다. 또한 『한성일보』는 한국 신문 중 유일하게 이승만의 정읍선언과 같은 취지를 담은 군산강연의 요지를 비교적 상세히 소개했다.

그러나 『한성일보』의 이승만 단정노선 지지는 단순한 맹목적인 수준에 그친 것은 아니었다. 『한성일보』는 "민족·공산 양진영이 대오각성하여 우국애족의 순정으로 회귀하여 다함께 자율적 정부수립에 합작해야 한다"고 주장하였다. 이는 『한성일보』의 자율정부 수립론이 남한만의 단독정부 수립을 초월하여 남한만의 자율정부 수립을 기본토대로 삼고, 여기에 미소공위의 성공적 결말을 위한 국제적 협상과 타협을 추가하여 자주적 통일민족국가를 수립한다는 것이었다. 이런 점에서 이승만의 자율정부 수립론이 미소공위의 무산을 상정한 위에서 제기된 것이라면, 『한성일보』의 자율정부 수립론은 이승만의 소론을 받아들이되 그것을 미소공위 성공의 밑거름으로 삼아야 한다는 의미를 담고 있었다.

이승만의 도미행에 대한 『한성일보』의 적극적인 지지활동도 정읍선언에 대한 지지태도와 동일한 맥락에서 이루어진 것이다. 『한성일보』는 이승만의 도미활동과 후원활동은 좌우합작운동이나 미소공위활동과 배치되는 것이 아니라 상호 깊은 연관하에 추진되어야 한다는 것을 강조했다. 『한성일보』는 이승만의 도미외교활동이 국제적인 성과를 거두어 한국의 자주독립 달성에 기여하는 한편, 좌우합작의 정치적 의의나 미소공위를 통한 국제적 독립인정 문제가 동시에 달성되기를 기대하였다. 이런 점에서 『한성일보』의 이승만 도미 보도양태는 안재홍이 이승만의 정책과 사상에 대해 일관되게 견지하고 있던 '비판적 지지'라는 입장을 잘 보여준다고 하겠다.

참고문헌

『독립신보』/『동아일보』/『서울신문』/『조선인민보』/『조선일보』/『한성일보』/·『해방일보』
/『현대일보』, 1946-1947년분.
임영신, 『승당임영신박사문집』, 승당임영신박사문집편찬위원회, 1986.
Department of State, *Foreign Relations of the United States*, Washington : United States Government Printing Office, 1946-1947, vol. Ⅷ.

오영섭, 「이승만과 안재홍─독립과 건국을 위한 협력관계」, 『안재홍의 민족운동 연구 2』, 선인, 2022.
오영섭, 「이승만의 정읍선언에 대한 정당과 사회단체 및 언론의 반응」, "6·3 정읍선언 77주년 기념 학술세미나" 발표논문, 2023.5.
오영섭, 「이승만의 독립운동 : 카이로선언의 한국독립조항에 끼친 이승만의 공헌을 중심으로」, "이승만 건국 대통령의 업적 재조명 학술회의" 발표논문, 2023.7
오영섭, 「미군정기 이승만의 방미외교」, "한미우남포럼 : 이승만과 대한민국" 발표논문, 2024.7.
유영익, 『건국대통령 이승만』, 일조각, 2013.
이은선, 「이승만의 남선순행과 정읍발언 의미분석」, 『한국정치외교사논총』 39-2, 2018.
이정식, 「이승만의 단독정부론 제기와 그 전개」, 『한국사 시민강좌』 38, 일조각, 2006.
이철순, 「이승만의 단독정부론에 대한 일고찰」, 『사회과학연구』, 제23집 2호, 2007.
정진석, 「안재홍, 언론 구국의 국사」, 『한국사 시민강좌』 43, 2008.
조맹기, 「해방 후 한성일보의 중도주의」, 『안재홍 언론사상 심층연구』, 도서출판선인, 2013.
로버트 올리버 지음, 황정일 옮김, 『신화에 가린 인물 이승만』, 건국대 출판부, 2002.
Bruce Cumings, *The Origin of the Korean War*, Vol.1, Princeton,N.J.: Princeton University Press, 1981.
Louise Yim, *My Forty Year for Korea*, New York: A.A. Wyn Inc., 1951.

1930년대 민세 안재홍 조선학운동의 지평 재점검
- '다산(茶山)' 독해와 '조선적인 것'을 중심으로 -

이주현 (고려대학교 동양철학과 박사 수료)

1930년대 민세 안재홍 조선학운동의 지평 재점검*
- '다산(茶山)' 독해와 '조선적인 것'을 중심으로 -

이주현 (고려대학교 동양철학과 박사 수료)

1. 들어가며

1) 문제의식 설정과 예비적 담론

20세기 초 동아시아 지식장의 핵심적인 논의 주제는 근대적 민족 국가의 형성이었다. 이 논제는 제국주의의 팽창에 의해 식민지로 전락했던 동아시아 국가의 지식인들의 '민족 해방과 독립국가 건설'이라는 시대적인 과제와 정치적, 사회적으로 맞물려 있었다. '근대'와 '민족'이라는 개념은 동아시아, 특히 식민지 조선에서는 낯설고 이식된 개념이었으나 곧 식민지 상황을 타개하기 위해 전략적으로 활용, 유통된다. 당시 식민지 조선의 지식장은 기존의

---
* 본 논문은 졸고, 『조선학운동(朝鮮學運動)의 철학적 의의』, 이화여자대학교 대학원 철학과 석사학위 청구논문, 2019의 주요 논지를 보완, 정리하여 작성되었다.

'전통'과 서구적 근대 학문이 유입되어 충돌하면서 균열이 발생하고 있었다. 그런데 이 균열은 충분한 시간과 논의를 거쳐 제 3의 논의로 발전되지 못했다. 당시는 민족 해방과 독립국가 건설이라는 다급한 선결 과제가 있었으므로, 서로 다른 학문의 결에서 발생한 균열을 메우는 섬세한 논의보다는 당장의 시대적 요구에 부응할 수 있는 운동론적인 담론을 형성하는 것이 보다 중요했기 때문이다. 따라서 20세기 초 식민지 조선의 지식인들은 균열된 틈을 메우고 시대요구에 맞는 적절한 담론을 형성하는 방법으로, 서구적 근대 학문을 기틀로 삼아 그들의 '전통'을 '민족문화'로 재해석·재구성하는 것을 선택한다. 이 재구성의 과정에서, 그들은 조선 시대의 자발적 근대성을 보여 줄 수 있는 도구로 '다산'을 발굴해낸다.[1] 즉 다산은 전근대 조선을 지배하고 있던 중국적 전통의 지식적인 지배와, 식민지 조선을 정체된 사회라고 규정하는 제국주의 일본의 폭력적인 정치적 지배에서 동시에 벗어날 수 있는 문화적 기제인 셈이었다.

다산은 1901년 광문사에서 그의 여러 저술들을 간행하고, 특히 장지연이 그를 조선 유학의 계보에 올려놓음으로써 근대적으로 발굴되기 시작했다.[2]

---

[1] 추후 살펴보겠지만, 조선의 사상사를 세계사적 철학에 발맞춤하도록 평가하고자 하는 목적에서 근대 지식인들은 다산을 루소 등의 서양 근대학자들과 등치시켜 평가했다. 일례로 사회주의자로 조선학운동에 참여했던 창해 최익한(滄海 崔益翰, 1897~?)은 그의 저술 『실학파와 정다산』(최익한 지음, 송찬섭 엮음, 2011, 서해문집)에서, 『경세유표』에서 제시한 국가개혁은 다산의 최대 이상이 아니며 갑오농민전쟁에 영향을 준 별본이 존재한다고 주장한다. 다시 말해 『경세유표』를 통해, 다산이 부패한 봉건체제를 유지하려는 대책에 그치지 않고 그와는 반대되는 새로운 건설을 지향하였음을 읽을 수 있다는 것이다. 최익한의 주장은 역사적·철학적 정합성보다는 그가 다산을 통해 전근대 조선의 지식전통에서 어떤 의의를 찾아내려 했는지 찾아볼 수 있다는 것으로 평가해야 할 것이다.

[2] 김선희(2015)는 '다산의 저술이 본격적으로 조선 지식장에 등장한 것은 1908년 최남선이 이끈 조선 광문회의 출판을 통해서였다'(274)고 말하고 있다. 본 연구에 따르면 전근대 조선의 문집은 학문적 권위를 인정받는 일종의 사회적 승인을 거쳐야 했는데(265),

다산은 성호 이익, 반계 유형원을 잇는 실학의 집대성자로 새롭게 재평가되었으며 일제의 내선융화 정책에 대항하고자 하는 민족주의 계열의 문화운동론 맥락에서, 민중계몽의 목적으로 호출되었다. 특히 다산을 가장 적극적으로 호출하고, 그를 중심으로 문화운동을 활발히 전개한 시기는 1930년대라고 볼 수 있다. 이 시기는 좌우합작운동으로 전개되었던 신간회가 해소되고, 조선을 정체된 사회로 증명하기 위한 학문적 기초를 마련하고자 하는 목적으로 전개되었던 일제 관학의 연구 결과가 체계화되기 시작하였으며, 부르주아 민족주의 우파 계열의 문화운동론이 친일로 기울었던 때이다. 따라서 정치적·사회적으로 일제에 대응할 수 있는 구심점이 사라진 부르주아 민족주의 좌파 계열은 '민족'이라는 기제를 가지고 새롭게 저항의 돌파구를 마련해야 할 필요성에 직면하게 되었다. 이는 1934년, 다산 서거 100주년을 기념하여 《신조선(新朝鮮)》사에서 기획한 『여유당전서(與猶堂全書)』의 간행과 시기적으로 맞물려 '조선학운동'3)이라는 흐름을 형성하게 된다. 이는 신간회에 이은 일종의 좌우합작의 성격을 가지고 있어서, 비타협적 민족주의, 사회주의 계열의 학자들이 폭넓게 참여하였다. 그러나 그간의 선행연구는 '1934년'의 '조선인 연구자들에 의한' 조선학운동을 규명하는 차원에 편중된 경향을 보인다. 선행 연구들은 조선학운동이 형성되는 과정에서 주어진

『연암집』을 시작으로 전근대의 소위 '실학자'의 저술이 근대적 문헌으로 공간(公刊)되면서 문집의 성격이 변화하게 되었다. 김선희는 이 공간의 의의를 '근대적 출판사를 통해 공간됨으로써 지적 정당성을 얻고 근대 지식장 안에서 공증된다'(271)라고 평가하고 있다. (김선희, 2015, 「전근대 문헌의 公刊과 근대적 호명-근대 계몽기 지적 公認의 변화-」, 『民族文化』 46, 한국고전번역연구원)

3) 최근 조선학운동에 관해 그 용어의 사용의 정합성에 대한 연구가 이루어지고 있는 만큼, '조선학운동'이라는 것은 복잡한 결을 가지고 있어 단면적으로 정의하기 쉽지 않다. 1930년대 중반 '조선학'이라는 용어가 지식장에서 형성되고 통용되던 당시에도 각 학자들의 정치적, 학적 입장에 따라 조선학의 개념규정을 둘러싼 각기 다른 의견이 전개되었다.

직접적인 자극을 강조하였고, 조선학운동이 그 자극에 대한 대항 혹은 대응으로서의 문화운동이라는 이해에 주목, 참여 지식인들을 계보에 따라 분류하는 작업에 초점을 맞춰 왔다는 것을 의미한다.4)

그러나 조선학운동은 그 전후 시대의 역사적인 흐름 속에서 끊임없는 사상적인 도전과 응전을 지속하면서 형성되었던 것이다. 그러므로 오늘날 조선학운동에 대한 사후적인 판단이나 평가를 유보하고 그 성격을 세밀하게 탐구하여 다시금 그것의 현대적 의의를 새롭게 조명해 볼 필요가 있을 것이다. 따라서 본 논문에서는 조선학운동을 철학적으로 보는 관점을 제안하기 위해 선행 연구에서 집중 조명해왔던 '1934년'과 '조선인 연구자들'의 의미를 다각적으로 검토하고자 한다. 이렇듯 조선학운동을 시대와 상호작용하는 철학적 운동으로 이해하였을 때, 그간 연구에서 조망하지 못했던 조선학운동의 복잡한 성격을 규명할 수 있을 것이라고 기대한다. 이처럼 조선학운동에 참여한 지식인들을 중심으로 이 독특한 학술문화운동의 지평을 재점검하는 과정을 경유하여 다시 민세 안재홍을 살펴볼 때 어떤 새로운 의의가 있는지 살펴보는 것을 최종 목적으로 한다.

민세 안재홍(民世 安在鴻, 1891~1965)의 다산 독해는 신간회의 후속적 성격을 가지는 문화운동으로써의 특성과 구체적인 방법론의 미비와 일제와의 타협이라는 한계점까지 조선학운동의 특징을 명백하게 드러내고 있다. 그는 일제 강점기 시대에 민족주의와 사회주의의 협동노선을 추구하여 신간

---

4) 장문석(2014)은 『여유당전서』가 완간되었을 때, 출판기념회를 발기한 인사들의 다양한 면모에서도 이를 확인할 수 있다고 한다. 그가 제시한 자료에 따르면, 출판기념회 발기인에는 박영철 등의 전통 지식인, 김태준 등의 사회주의 지식인, 문일평을 포함한 민족주의 계열의 지식인, 송진우 등의 언론인과 조선인 실업가, 경성제국 대학의 일본인 교수들까지 포함된다. (장문석, 「식민지 출판과 양반」, 『민족문학사연구』 55, 민족사학회·민족문화연구소, 2014, 387~388쪽 참조)

회의 발족과 유지에 힘썼으며 해방 이후에는 신민족주의를 주창했던 인물이다. 조선학운동의 주요 인물로 평가되는 정인보가 정작 조선학에 대해 섬세한 정의를 시도하지 않았던 반면에, 민세는 나름대로 조선학의 개념과 성격을 규정하고 근대 사회과학적인 연구 방법을 도입하여 '과학적'인 방법론을 체계화시키고자 노력했기 때문에[5] 그의 다산 독해는 당시 시대가 요구했던, 그래서 의도적으로 과장되거나 배제되었던 다산의 모습이 뚜렷하게 보이는 증거라고 할 수 있겠다.[6]

---

[5] 민세의 조선학 개념 수용의 일정한 변화가 보이지만, 본 논문에서는 그가 『여유당전서』 간행 프로젝트에 참여한 1934년 이후로 한정지어 사용하도록 한다. 민세는 조선학운동을 일종의 문화운동론으로 여겼는데, 그의 문화운동의 대상과 범위는 그가 처해있는 정치사회적 상황이나 국내외 정세에 따라 변화가 존재한다. 그는 신간회 운동 당시에는 문자 보급 등의 대중문화운동에 힘썼다. '常識普及과 民衆保健의 宣揚運動을 骨子로 삼어서 朝鮮日報는 그 大衆과의 接觸을 綿密히 하려고함니다'(「千四百萬文盲과大衆文化運動」, 『삼천리』1931년 9월 15일) 라는 논설에서 볼 수 있듯이 그의 문화운동론은 근대 계몽기 시기의 민중계몽 운동의 성격을 띠고 있었다. 그러나 조선학운동에 참여하기 시작하면서, 문자 보급 수준의 단순 민중계몽보다는 조선 민중을 '근대 민족'이라고 집결할 수 있는 문화적 장치를 마련하고자 했다. 이것에 대해 이지원(2016)은 "민족의 문화적 순화 정화 심화를 내세운 안재홍의 '문화운동'론은 전통으로부터 고유한 민족적 특성을 발굴하여 근대적인 민족 정체성으로 재현하고 기억하도록 하는 것이었다. 일제의 파시즘 체제가 강화되는 가운데 조선의 '전통'이 식민지배체제로 규율화하는 상황에서 '문화운동'론은 '정치적 차선책'을 넘어서 일본주의 기억문화에 대응하는 주체적인 근대정체성의 서사를 내포하고 있었다"고 평가한다.(이지원, 「1930년대 안재홍의 조선학연구에서 근대정체성 서사와 다산 정약용」, 『歷史敎育』 140, 역사교육연구회, 2016, 277쪽) 민세의 논설에서 변화를 살펴보자면, 1935년 발표한 「朝鮮과 文化運動」에서 '쉽게 말하자면 同一文化의 歷史集團으로서의 朝鮮人이 現代의 國際生活의 激動되는 場面에서 어써케 自我를차저내고 쏘把握擁護하여 나가야겟느냐'라고 조선학의 의의를 설명한 바 있다. (『신조선』 8, 1935년 1월)

[6] 민세의 조선학운동에 관해서는 주로 그가 '조선학'이라는 개념을 어떻게 규정하였는지에 치중하여 선행연구가 진행되고 있음을 확인할 수 있다. 다산과의 연관성을 중심으로 한 것에 대해서는 다음의 연구를 대표적인 선행연구로 볼 수 있다. 박홍식, 「일제강점기 정인보(鄭寅普), 안재홍(安在鴻), 최익한(崔益翰)의 다산(茶山) 연구」, 『다산학』 17, 다산학술문화재단, 2010; 최재목, 「일제강점기 정다산(丁茶山) 재발견의 의미 -신문,잡지의

민세의 다산 독해에 주목해야 하는 점은 그의 조선과 세계의 정세를 인식하는 시각과 조선학운동에 참여하는 계기가 맞물려 있기 때문이다. 민세를 통해 20세기 초 지식장의 지식인들이 전근대의 유산을 가지고 어떤 이상사회를 구상했는지 조망할 수 있다는 것이다. 민세는 유교적인 학문 배경을 가지고, 근대적인 학문과 언어를 습득한 20세기 초 식민지 조선의 지식인 중 대표적인 인물이라고 할 수 있다. 그는 세계문제의 일반(一半)은 민족문제의 형태로 전개된다[7]고 말한다. 결국 민세가 일본 제국주의에 맞서 조선이 건설해야 할 근대적 국가의 주체 또한 '민족'이 되는 것이고, 따라서 그는 조선 민중들에게 그들을 하나의 유기체로써의 민족이라는 것을 자각시킬 수 있는 근대적인 계몽을 강조하게 된다. 민세가 1930년대, 현실적이고 정치적인 운동에서 한 발짝 물러서서 전개한 역사와 인물에 관한 연구 또한 이와 같은 민족의 특수성과 근대적 계몽이라는 관점에서 진행된다. 세계사적인 조선의 위치, 서구적인 근대성, 민중의 계몽이라는 시대적 요구에 가장 잘 들어맞는 인물은 다산이었을 것이다. 민세는 다산을 당대에 호출한 의의를 다음과 같이 말한다.

    이 조선 諸學을 집대성한 다산 선생의 경륜과 포부를 재음미하고 새로 인식하고, 아울러 이를 천하 諸者에게 천명 지양하는 것은, 다만 이른바 繼往開來하는

논의를 통한 시론(試論)」, 『다산학』 17, 다산학술문화재단, 2010; 최재목, 「1930년대 조선학(朝鮮學) 운동과 "실학자(實學者) 정다산(丁茶山)"의 재발견」, 『다산과 현대』 4, 5, 2012, 연세대학교 강진다산실학연구원; 이지원, 앞의 논문; 김인식, 「1920년대와 1930년대 초 '조선학' 개념의 형성 과정-최남선·정인보·문일평·김태준·신남철의 예」, 『숭실사학』 33, 2014, 숭실사학회; 김선희, 「조선학에 비친 다산」, 『다산과 현대』 10, 2017, 연세대학교 강진다산실학연구원.

[7] 안재홍, 『民世安在鴻選集』 1, 安在鴻選集刊行委員會, 1981, 440쪽. (이하 『선집』이라고 표기)

尋常 일편의 일로서가 아니요, 실은 당면한 여정에서, 그 자연과 역사에 뿌리깊은 연원을 박은 문화의 하천을 소통 灌漑하는 뜻깊은 실천공작으로 되는 것이다. 生新한 검토와 섭취의 여정에서는, 온갖 역사적 因素가 모두 현대에서 되살아나는 것이다. 8)

그가 다산을 호출한 목적이 뚜렷하게 드러나는 부분이다. 안재홍의 조선문화론은 부국강병을 목표로 한 일종의 자강론이었는데, 다산을 포함한 실학의 목표와 자신의 그것이 일치한다고 판단했을 것이다. 다산은 그가 마주했던 당대의 폐단을 바로잡고자 『목민심서』・『경세유표』등을 저술하였는데, 민세는 특히 「원목」・「전론」・「탕론」에서 저술된 국가 개혁론에 주목한다. 민세가 맞닥뜨린 시대는 다산의 그것과는 달랐지만, 마찬가지로 제도는 무너졌고 민중의 생활상은 경제적으로 피폐했으며 조선인에게는 정치적 공간이 존재하지 않았다는 공통점이 있었다. 민세는 사회적 모순들을 해결하고자 다산이 자신의 시대에 내놓은 해결책을 주목하고, 그것을 '모두 현대에서 되살아나는 것'으로 불러오고자 했던 것이다.

민세의 다산 연구는 사회적 위기를 돌파했던 다산의 사상적 힘을 당대로 이식하여 확충, 실천하고자 했다는 의의를 지니고 있다. 민세는 조선만의 정치철학을 형성하는 것을 목표로 삼았던 만큼, 여러 논설에서 조선적 요소를 추적한다. 민세는 '전근대의 국가 사회론자이자 개혁론자인 다산'의 지향점을 가지고 다산을 독해하면서 추후 자신의 정치철학의 개념들로 활용될 정치・사상적인 재료들을 발굴해냈다. 민세의 다산 연구가 학술적인 태도에서 그치지 않고 실천적이고 정치적인 논의로 나아갔다는 점에서, 민세의 뚜렷한 목적의식 하에서 다산은 어떻게 굴절되었으며, 그리고 다산 자신은 기대하지

---

8) 『선집』 2, 「茶山의 經綸」, 142쪽.

않았던 후대의 사상적인 효과는 어떠한 방식으로 발생했는지 읽어낼 수 있을 것이다. 본 연구에서는 유교적인 배경을 가지고 근대적인 학문과 언어를 습득한 20세기 초, 식민지 조선의 지식인들이 '다산'이라는 전근대의 유산을 가지고 확인하고자 한 이상사회의 모습과 가능성을 민세의 다산 독해를 통해서 검토하고자 한다. 이때 그의 다산 독해가 당대 식민지 조선의 지식장에서 활발하게 유통되던 담론을 적극적으로 받아들인 결과였으며 따라서 그의 다산 독해는 단순한 교열 작업이 아니라 세계와 자신을 반성하고 검토한, 연속적인 철학적 사고의 결과였다는 것을 보고자 한다.

2) 선행 연구 분석과 연구의 목적

조선학운동에 관한 기존의 연구들은 대부분 그것이 항일운동이라는 측면에 집중되어 있다. 조선학운동은 일본 제국주의의 민족말살정책에 맞서 '조선인'의 '조선적인 것'에 대한 연구를 통해 민족의식을 고취시키려 한 학술·문화운동이라는 것이다. 이와 같은 관점에서는 연구자의 지향과 목적에 따라 그 역사적·사상적 영향을 강조하는 정도의 차이는 있지만, 대부분은 조선학운동이 20세기 초 식민지 조선의 지식장이 근대적 지식장으로 이행하는 데에 분기점이 되었으며 현재 한국의 지식장 형성에 큰 영향을 끼친 가교 역할을 했다는 것에 동의한다. 따라서 조선학운동에 관한 기존의 연구는 주로 그것의 민족주의적 성격을 규명하는 차원에 편중되어 왔다. 그리고 그 내부에서 다시 그것을 ① 독립운동사의 한 측면으로 접근하는 연구 ② 지성사적인 측면에서 접근하는 연구로 나눌 수 있다.

조선학운동에 관하여 가장 일반적이고 포괄적인 연구 경향은 그것을 독립운동사의 한 측면으로 파악하는 것이다. 이러한 경향의 연구는 해방 직후홍이섭(洪以燮)의 연구를 시작으로 사학계에서 집중적으로 이루어졌다.9) 이와 같은 연구들은 한국의 근대사학이 변모하는 과정을 추적하고자 진행되었는데, 주로 안재홍(民世 安在鴻, 1891~1965)과 손진태(南滄 孫晉泰, 1900~?)의 '신민족주의 역사학'에 집중하여 근대적 민족주의 사관이 성립되는 과정에 조선학운동이 일종의 학문적 가교 역할을 수행했다고 이해하고 있다. 그러나 이와 같은 이해는 조선학운동의 참여자들의 사상적 분화와, 목표 및 영향을 단편적으로 이해하게 하는 한계점이 있다.

　이와 같은 한계를 극복하고자, 조선학운동의 형성과 전개 과정의 선후 관계를 종합적으로 이해하려는 관점의 연구가 진행되었다.10) 이러한 연구 경향은 조선학운동이 주로 비타협적 민족주의자들에 의해 진행되었다는 점에 주목하며, 조선학운동의 핵심은 이른바 '상상의 공동체'로서 '민족'을 형성하고, 이를 기반으로 한 근대적 민족 국가를 수립하고자 했다는 목적에 있다고 주장한다. 물론 이 연구들 역시 조선학운동에는 다양한 지적 배경을 가진 지식인이 참여하였고, 조선학운동의 형성과 전개 과정의 이해에 당대의 역사적인 맥락을 함께 고려해야 한다는 것을 인정한다. 하지만 이들 역시 해방 직후의 민족주의 사학자들이 가지고 있던 기존 연구 방향을 그대로 받아들이고 있으며 조선학운동의 여러 요소를 각각 나누어 설명하는 시도를 하고 있지 않다. 따라서 조선학운동이 출범한 당대의 외부적 충격과 이에 대한

---

9) 대표적으로는 다음과 같은 연구들이 있다. 이우성 외, 『韓國의 歷史認識』, 창작과 비평사, 1976; 조동걸 외, 『한국의 역사가와 역사학』(하), 창작과 비평사, 1994; 한영우, 『역사학의 역사』, 지식산업사, 2002.
10) 대표적인 연구로는 다음 연구들이 있다. 채관식, 「1930年代 '朝鮮學'의 深化와 傳統의 재발견」, 연세대학교 석사학위논문, 2006; 백승철, 「1930년대 '朝鮮學運動'의 전개와 民族認識·近代性」, 『역사와실학』 Vol. 36, 2008; 정출헌, 「국학파의 '조선학' 논리구성과 그 변모양상」, 『열상고전연구』 Vol. 27, 2008.

조선 내부의 사상적인 도전과 응전에 관해서는 보여주고 있지 못하다는 한계점을 여전히 극복하지 못하고 있는 것 또한 볼 수 있다.

이러한 한계점을 극복하고자, 최신의 연구들은 조선학운동을 문화사적으로 종합적인 시각으로 파악할 것을 지적하고 있다. 조선학운동을 민족운동과 접목시킨 '문화운동론'으로 포괄적으로 이해해야 한다고 주장하거나11), 더 나아가 조선학운동에 참여한 지식인들을 새롭게 범주화하면서 조선학운동을 단순한 운동movement이 아닌 문화사적으로 종합적인 시각으로 파악해야 한다고 주장하는 것이다.12) 조선학운동에 대한 새로운 이해를 이끌어내기 위해서는 조선학운동의 지적 구성 행위자들의 사상적 지향점과 지적 배경이 각기 어디에 위치하고 있었는지 새롭게 이해해야 할 필요가 있다는 점에서 이러한 연구들의 성과는 유의미하다.

이처럼 조선학운동을 독립운동사의 측면에서 검토하려는 시도는 한계가

---

11) 이지원, 『한국 근대 문화사상사 연구』, 혜안, 2007;「1930년대 안재홍의 조선학연구에서 근대정체성 서사와 다산 정약용」,『歷史敎育』Vol.140, 2016. 그는 한국 민족의 정체성이 제국주의 열강에 대한 저항의 긴장감 뿐 아니라 전통을 통한 정체성의 수립 과정을 거쳐 구성되었다고 주장한다. 그의 연구에 따르면 이 기억과 정체성으로서의 서사의 측면을 가장 대표적으로 보여주는 것이 바로 조선학운동이라는 것이며, 따라서 조선학운동을 시작으로 당대 진행되었던 여러 문화운동론을 통해 일제 강점기를 문화사적 측면에서 재구성하는 지적 작업이 필요하다고 지적한다. 이지원의 연구와 비슷한 논의로는 다음과 같은 연구들이 있다. 대표적인 연구들로는 다음 연구들이 있다. 류시현,「1920~30년대 문일평의 민족사와 문화사 서술」,『민족문화연구』Vol.52, 2010;「1930년대 안재홍의 '조선학운동'과 민족사 서술」,『아시아문화연구』Vol.22, 2011.

12) 대표적으로는 신주백,「'조선학운동'에 관한 연구동향과 새로운 시론적 탐색」,『한국민족운동사연구』Vol.67, 2011. 그는 조선학운동을 문화사적으로 종합적인 시각으로 파악하기 위해서는 조선학운동에 참여한 지식인들의 태도와 방법론, 그리고 제도와의 관계 지향 뿐만 아니라 이후에 지식장 형성에 끼친 영향까지 폭넓게 재인식하여 계보학적인 재정리를 할 필요가 있다고 주장한다. 이는 조선학운동에 참여한 지식인들의 태도와 방법론, 그리고 제도와의 관계 지향 뿐만 아니라 이후에 지식장 형성에 끼친 영향까지 폭넓게 재인식하여 계보학적인 재정리를 요구하는 것이라고 볼 수 있다.

있지만, 조선학운동의 개념을 정립하였을 뿐만 아니라 관여한 개별 지식인들의 사상을 집중적으로 조명함으로써 운동의 성격을 규명하는 성과를 거두었다는 데서 유의미하다. 조선학운동을 독립운동의 일환이라고 규정하고 그것을 지적으로 재구성하고자 하는 경향은 조선학운동이라는 역사적 사건을 연구하고자 하는 흐름에서 가장 먼저 입론되었고, 이러한 연구 시각은 추후의 연구 방법론과 태도에 영향을 끼쳤다. 후속 연구들에서 조선학운동에 관해 가장 먼저 이론으로 설정된 독립운동사 측면에서의 연구 성과를 재조명하고, 그 한계점을 극복하면서 그 내부에서 논의를 세분화하는 것을 시도했다는 것은 이와 같은 연구 경향이 여전히 영향을 끼치고 있다는 것을 알 수 있게 해준다. 조선학운동을 전근대와 근대 지식장과의 통로 혹은 가교로 보려는 시도를 하고 있는 두 번째 연구 경향 또한 앞선 연구 성과를 기반으로 진행되었기 때문이다.

조선학운동에 접근하는 두 번째 연구경향은 그것을 전근대와 근대의 연속과 불연속이라는 관점에서 파악하는 것을 시도하는 것이다. 이와 같은 연구들은 '조선적인 것'을 '전통'으로 재구성하는 고전 부흥의 기획, 혹은 근대적 담론의 형성과 지식장의 변환에 영향을 끼친 지적 자극으로서의 조선학운동에 초점을 두고 있다.[13] 이와 같이 조선학운동을 민족문화와 전통의 재구성이라는 측면에서 파악하는 연구는 30년대의 시기적 특징에 주목하고 있다. 당대 동아시아의 질서에 지대한 영향을 끼치고 있던 유럽의 근대적 주체가

---

[13] 특히 1930년대 《문장(文章)》파의 고전주의 운동에 관한 연구들이 주를 이루고 있다. 대표적으로는 김병구, 『'조선적인 것'의 형성과 근대문화담론』, 소명, 2007; 차승기, 「1930년대 후반 전통론 연구: 시간-공간 의식을 중심으로」, 연세대학교 박사학위 논문, 2003; 김윤경, 「식민지시기 고전주의 운동과 전통담론 - 1920년대 국민문학과 1930년대 『문장』파 상고주의의 전통담론을 중심으로」, 『문화와 융합』 Vol.40, 2018.

위협받는 역사적 상황을 규명하여, 조선의 지식인들이 새롭게 자신과 세계를 규명해야 할 필요성이 있다는 것을 지적하고자 했던 것이다. 이러한 시도는 조선학운동을 비롯한 30년대 식민지 조선의 지식장의 변동과 그 성격을 폭넓게 볼 수 있는 새로운 관점을 제공한다. 그러나 기존 연구 경향에서 부각되었던 조선학운동의 담론 형성 과정과 그 내용에서 드러난 근대적 지식장의 지표들을 비판적으로 검토하려는 목적이 여전히 앞서고 있다. 이러한 경향 때문에 당대 지식장에 분명히 존재하고 있었던 전통적 지식인들의 영향을 의도적으로 축소시킬 뿐 아니라 유럽과 일본의 근대 담론이 조선으로 유입되면서 발생한 사상적 변이에 유의하고 있지 않다는 한계점이 있다고 평가할 수 있겠다.

최근 조선학운동에 대한 시론적 탐색은 앞서 검토한 선행연구들의 한계점과 문제의식을 염두에 두고, 조선학운동에 참여한 각 지식인들의 사상이나 단편적 사건의 역사적 맥락을 집중 조명하는 대신 조선학운동을 파악하는 총체적인 관점 혹은 시각을 비판적으로 점검할 필요가 있다는 문제의식을 제기하는 측면에서 진행되었다.

대표적으로 최재목(2010)은 조선학운동의 성격을 당대 가장 부각되었던 이른바 '실학자 정다산'에 관한 논의를 분석함으로써 규명하고자 한다. 특히 전근대 지식인인 다산(茶山 丁若鏞, 1762~1836)이 의도적으로 근대적인 지식인으로써 재구성되는 과정에 집중하면서 이것은 전근대 조선의 학술을 근대적 시각을 통해 재구성하여 당대 조선의 지식장에 이식하고자 하는 기획이었다고 평가한다. 그는 이와 같은 관점에서, 이 호명의 방식과 과정을 재검토하면서 현재 한국 지식장의 지적 근원을 밝힐 수 있을 것이라 기대하고 있다. 그는 조선학운동이 근대적 민족 국가 형성을 목표로 한 단일한 운동이었다는 기존의 해석에 의문점을 제기하고 지금 우리 지식장의 지형을 재검토하고자 한다. 이 연구는 조선 후기 근대성의 지표로 호명된 다산과, 그에 연결된 근대성의 기원을 추적하면서 조선학운동을 이해하는 새로운 관점의 필요성을 제기했다고 평가할 수 있다.14)

이와 같은 근대적 저널리즘을 주제로 20세기 초 지식장의 복잡한 지형도를 분석하는 연구 중 김선희(2015)의 연구를 주목할 만 하다. 그는 전근대 지식이 '고서(古書)'의 형태로 근대적 지식장에 등장하게 되는 배경과 역사적 맥락을 중심으로 근대적 학술 체계가 어떻게 구성되는지에 관한 지성사적 연구를 통해 20세기 초 각기 다른 사상적 지향점을 둔 여러 지식인들의 상이한 목적에 주목하고 그들이 '고서'의 성격을 인식하고 편찬하는 과정을 고찰하여 근대 지식장으로서의 이행 과정을 입체적으로 제시하고 있다.15) 그는 후속 연구에서(2017) 다산이 근대적으로 호명된 과정을 집중 조명하면서, 조선학의 '조선'은 근대적으로 대상화된 조선이었음을 주목하여 다산이 근대적으로 호명된 시대의 특징을 유의해야 한다16) 고 주장하고 있다.

이와 같은 연구들은 주로 민족문화와 전통이 '조선적인 것'을 근대적으로

---

14) 최재목, 「일제강점기 정다산丁茶山재발견의 의미-신문·잡지 논의를 통한 시론試論」, 『다산학』 Vol.17, 2010; 최재목, 「1930년대 조선학(朝鮮學)운동과 "실학자(實學者) 정다산(丁茶山)"의 재발견」, 『다산과현대』 Vol.4,5, 2012.
15) 김선희, 「전근대 문헌의 公刊과 근대적 호명」, 『民族文化』 Vol. 46, 2015; 김선희, 「조선학에 비친 다산」, 『다산과 현대』 Vol.10, 2017.
16) 다산 실학을 '근대성'으로 설명하거나, 혹은 그 다산을 '실학자'라고 명명하는 것에 대해서 그 내용과 개념의 정합성에 관해 검토하는 연구는 상당히 많이 진척되었다. 그 모든 연구를 소개할 수는 없지만, 대표적인 연구를 살펴보면 다음과 같다. 이태훈, 「실학담론에 대한 지식사회학적 고찰: 근대성 개념을 중심으로」, 전남대학교 박사학위논문, 2004; 이봉규, 「다산학 연구의 최근 동향과 전망-근대론의 시각을 중심으로」, 『다산학』 Vol.6, 2005; 신종화, 「현대성과 실학의 '개념적'재구성」, 『사회와 이론』 Vol.8, 2006; 김치완, 「茶山學으로 본 實學과 近代개념에 대한 비판적 접근」, 『역사와 실학』 Vol.51, 2013; 김선희, 「다산 정약용의 유가적 공적 세계의 기획:『경세유표』를 중심으로」, 『다산학』 Vol.31, 2017.

호명하면서 형성되었으며, 조선학운동은 그 과정에서 가장 조직적이고 근대적인 담론이 형성되는 대표적인 사건이었다고 보고 있다. 뿐만 아니라 이 과정에서 무비판적으로 수용된 근대성과 그것이 미친 영향을 비판적으로 검토해야 할 필요성 또한 제시하고 있다. 정리하자면 그들은 대체로 조선학운동을 통해 근대적 지식장이 형성되는 과정의 불연속을 설명할 수 있을 것이라 동의하고 있다고 볼 수 있다. 본 논문은 이 문제의식에 동의하고, 위와 같은 시론적인 제안 이후 활발하게 논의되지 못했던 후속 작업을 민세 안재홍을 중심으로 수행하고자 한다. 조선학운동을 독립운동사나 지성사의 한 측면으로서만 파악하는 단편적 이해를 지양하고 참여 지식인들과 20세기 초의 역사적 맥락 간의 역동적 상호 작용이라는 관점에서 '조선학운동'이라는 사건을 재구성하고자 하며, 이 재구성된 조선학운동의 지평에서 다시 민세 안재홍의 조선학운동을 점검함으로써 그간의 연구들이 놓치고 있었던 조선학운동의 요소들을 세밀하게 읽어내고자 한다.

2. 다산을 읽은 민세의 맥락

민세의 본격적인 다산 독해는 1934년, 『여유당전서』의 간행과 함께 조선학운동의 흐름 속에서 시작되었다. 그런데 이 '조선학운동'이라는 학술적 흐름이 형성된 계기와 맥락은 그것이 형성된 1930년대 전반의 지식장이 매우 복합적이었으며 동시에 민세 본인이 다산 독해에 이르기까지의 맥락 또한 매우 복잡한 가치들이 얽혀있다는 것을 유념해야 한다.

1) 1920년대: '세계'로 조선을 편입하려는 시도

일제 강점기 이후 지식인들의 문제의식과 사상적 대응은 보다 첨예해진다. 특히 1919년, 3·1 운동이 뚜렷한 정치적 성과를 거두지 못하면서, 일제의 문화통치와 맞물려 대거 간행되었던 여러 언론들을 통해 산발적으로 유입되었던 신사조에 의해 독립운동의 진영이 민족주의자와 사회주의자로 선명하게 양분된다. 민족주의자 진영은 독립적인 근대 국가 건설을 위한 문화운동의 주제를 다시금 전통으로 회귀시킨다. 대표적으로는 최남선, 이광수를 주축으로 한《개벽(開闢)》,《동아일보(東亞日報)》계열들이 이런 경향을 띠고 있는 것을 확인할 수 있다. 20년대 전반에 조선 지식장에 유통된 개조론은 제국주의와 자본주의 사회에 대한 비판과 함께, 그 질서의 재편에 대한 낙관적인 희망을 가지고 있었다. 그러나 이 낙관적인 희망은 1922년 워싱턴 회의로, 조선 지식인들의 기대와는 달리 세계 질서가 강권 국가를 중심으로 재편되면서 무산된다. 그 뿐 아니라 일본 제국주의의 고도화된 지배 이데올로기[17]와 결합되면서 일부 지식인들의 민족개조론으로의 전향이라는 결과를 낳는다.

---

[17] 다이쇼 시기 일본 사회에서는 민주적 공간이 확보되었으나, 이것은 조선에 대한 제국주의적 지배를 정당화하기 위한 고도화된 이데올로기를 탐색하는 시도로 이어졌다. 즉 일제는 조선인의 자발적인 복종을 이끌어내기 위하여 근대적 계몽을 앞세운다. 1차 대전 이후 대두된 서구 문명을 비판할 수 있는 논리로써 동양문화론을 제기하는데, 그 내부의 내선일체론은 결국 조선인을 문화적으로 열등한 '신동포'로 규정하는 것이었다. 이 논리는 결국 일본의 조선 지배는 그들의 근대적 계몽, 즉 문화적으로 열등한 상태의 조선을 보편적인 세계 질서에 발맞출 수 있도록 하는 계기라고 주장하게 된다. 이는 20년대 대부분의 민족주의자들이 수용하고 있던 사회진화론을 토대로 하였기 때문에, 협력자를 양성하는 강력한 논리로써 기능했던 것이다. 문화정치 시기 친일파 양성에 관해서는 다음과 같은 논문을 참조했다. 김형국, 「1919~1921년 한국 지식인들의 '改造論'에 대한 인식과 수용에 대하여」, 『忠南史學』 Vol.11, 1999.

다시 말해 일부 민족주의자들이 희망을 걸었던 세계 질서의 재편이 이루어지지 않았고, 또한 문화적인 질서를 획득하는 것조차 실패하면서 '개조' 담론의 유행은 곧 자치론을 주장하는 배경이 되기도 했다는 것이다. 이들은 '개조'의 담론을 여전히 발전적인 시각에서 접근하고자 하였으며 결국 당장의 독립 국가 건설이 불가능하다고 판단, 민족 개조와 자치론을 주장하게 된다. 그들이 당면 과제 중에서 우선적으로 해결하고자 했던 것은 경제적 독립으로, '근대적' 국가 건설에 초점을 맞추고 독립운동의 노선을 점차 타협적으로 변경해 나갔다고 할 수 있다.

20년대 중후반까지 조선의 문화운동론에 가장 큰 영향을 미친 것은 윌슨의 민족자결주의였다. 조선의 지식인들 또한 윌슨의 자결주의에 따른 민족해방에 희망을 걸고 도래할 새로운 세계에 걸맞는 세계 시민으로서의 조선 민족을 구상하고자 하였는데, 바로 이것이 20년대 문화운동론의 골자라고 할 수 있겠다. 그러나 윌슨의 민족 자결주의가 조선의 상황에는 직접 적용되지 않는다는 것이 거의 확실시되면서 조선 사회에는 조선의 즉각적인 독립은 어려울 것이라는 인식이 통용된다. 이와 같은 사회적 인식은 일제 식민지 당국의 문화정책과 합치하게 된다.

> 근대정치는 광범한 인민에 참정권을 허여(許與)하는대 일특색(一特色)이 인식되여 잇다. 일본 내지(內地)에 잇서서는 이 세계적 조류에 딸으며 현재 이것을 완전히 보유하며 일본 내지(內地)에서는 조선인이라 하더라도 차별 업시 참정권을 소유하고 잇슴으로 조선에 잇서서도 조선인도 이 참정권을 획득하지 못하면 만족하지 못할 것이라고 본다.[18]

---

[18] 「조선 自治論의 一瞥」, 《삼천리》 Vol. 4, 1932년 5월 15일.

위 논설은 친일적인 논조로 비판받는 잡지 《삼천리(三千里)》에서 당시 철도국장이었던 유게 코타로(弓削 幸太郎, 1881~?)가 조선의 자치론에 관해 발표한 글을 실은 것이다. 본 논설에서는 "조선인 중에는 감정적으로 일본을 실허하는" 사람이 있지만, "만약 일본의 민중으로써 모든 점에 주의를 하야 조선인을 대등의 제국민(帝國民)으로써 취급"하면 일본의 조선 통치가 보다 수월해질 것을 주장하고 있다. 이를 위한 가장 효과적인 방법이 바로 조선의 자치라는 것이다. 식민지 당국에서 오히려 통치를 위하여 조선의 자치, 그를 위한 민족 개조와 실력양성을 방침으로 내놓으면서 일부 민족주의자들에게서 현실적이고 점진적인 독립의 성취를 위한 정치적 대안인 '자치론'이 대두된다.

그런데 이 자치론의 형성된 사상적 배경에 주목할 필요가 있다. 이광수의 「민족개조론」을 시작으로 『동아일보』,《개벽》 등 20년대 문화운동론의 주축을 담당하고 있던 언론들은 앞다투어 조선인으로 이루어진 의회를 통한 자치제의 실현을 주장한다. 자치제의 사상적 근거로 그들이 제시한 것은 조선인이 일본과는 다른 고유한 문화와 언어, 그리고 역사를 가지고 있기 때문이라는 것이다.[19] 즉 민족주의자들 중 일부가 즉각적인 독립이 불가능하다는 판단 하에 민족의 절대적인 독립이라는 지상의 과제에서 한 발짝 물러서서 정치적 타협점을 '자치'로 찾은 것이 되겠다. 그러나 이 경우, 일차적으로 일제의 국가적 지배를 인정하고 있었기 때문에 자치론을 공고히 하고자 강조한 민족주의자들이 제시한 문화연구 또한 일제의 사상적 지배에서 자유로

---

[19] 당시 일제는 동화정책을 실시하고 있었는데, 자치론을 주장한 이들은 조선인으로 구성된 의회를 주장하였기 때문에 동화정책을 비판하고, 또 동시에 조선인이 일본의회에 진출하는 것도 반대하였다. 자치권 참여에 관한 논설은 「朝鮮人의 정치참여권」, 『동아일보』, 1922년 3월 6일. 사설에서 참고하였다.

울 수 없었다.

그러나 또다른 일부의 민족주의자들에게 자치론의 대두는 개량주의적인 방침에 지나지 않았다. 자치론과 민족 개조에 관한 논쟁 끝에 민족주의 진영은 타협적, 그리고 비타협적 진영으로 양분된다. 이 과정에서 비타협적 민족주의자 진영[20]은 물적 기반을 잃게 되었으며, 그 뿐만 아니라 당대 사회에서는 사회주의가 전국적인 조직을 가지는 사상으로 확대되는 등 그 기반을 넓혀가고 있었기 때문에 인적 기반 또한 위태롭게 되었다. 이들은 비타협적 정치 운동을 지속해야 하는 것을 그들의 독립운동 노선으로 인식하고 있었는데, 그 결과 고립된 위기상황을 타개하기 위하여 사회주의 진영과 손을 잡고 신간회의 결성으로 대표되는 민족협동전선론을 펼치게 된다.

> 사회(社會)에서 선각자(先覺者)로 자처(自處)하는 소위(所謂) 지식계급(知識階級) 인물 중에 개인적 비열한 심계(心計)로 민족적 정당한 진로를 방해할 자도 업시 쉽지 않으니 만일 불초(不肖)한 인물이 부당하게 민중(民衆)을 지도한다하면 운동(運動)이 당치도 않은 길로 나갈는지 모를 일이라 우리의 민족적 운동(民族的 運動)으로 그 길을 그르치지 않고 나가게 하는 것은 곧 우리들의 당연히

---

[20] '비타협적 민족주의'라는 용어가 과연 정당한가에 관해서도 고찰이 필요하다. 일제 강점기 민족주의 진영은 자치론의 문제를 둘러싸고, 찬반에 따라 양분되었다. 따라서 '타협'이란 조선 민족의 제한된 자치를 통해 일제의 침략적 지배를 일정 부분 인정한다는 것을 의미한다고 볼 수 있다. 그러나 소위 '비타협적' 민족주의 진영이 곧 조선 민족을 구심점으로 즉각적인 독립을 주장하는 것은 아니었으며, 사회적·경제적으로 그들이 일제의 조선 지배에 실질적으로 '비타협적'이지도 않았다. 안재홍은 그 스스로를 '중도적', 혹은 '좌파적' 민족주의라 칭하기도 했다. 이들의 정치적 지향점과 특색을 나타내는 보다 정합적인 용어가 있을 것이며, 이 대체어를 찾는 작업 또한 한국사의 균열을 이해하는 중요한 역사적 의미를 가진 연구가 될 것이나, 당장 본 논문에서는 다룰 수 없었다. 본 논문에서는 우선 통용되는 용어를 사용하여 이들을 칭하였으나, '비타협적'이라는 표현이 주는 선입견에 대해서 객관적으로 거리를 두고자 노력하였다.

노력할 일이다[21]

　신간회 제 1차 민중대회사건의 주모자이자, 소설 『임꺽정』을 통해 민중의 힘을 강조한 홍명희(碧初 洪命憙, 1888~?)가 당대 조선 지식장의 상황을 비판한 이 논설에서 주목할 것은 비타협적 민족주의자 진영 또한 그들의 목표인 절대 독립을 위하여 '조선 민족'을 강조했다는 점이다. 타협적 민족주의자 진영에게 민족이란 역사와 문화의 교육을 통해 계몽시켜야 할 수동적 존재였다면, 비타협적 민족주의자 진영에게 민족이란 더 이상 존재하지 않는 조선을 대신하여 근대 독립 국가를 설립할 수 있는 주체로 인식되었던 것이다.

　한편 이처럼 자신들을 '좌파' 혹은 '중도적' 민족주의자라고 자처한 안재홍 등 일부의 민족주의자 계열들은 근대적 '독립국가' 건설에 초점을 맞춘다. 그러나 그들 역시 무장 투쟁이나 직접 혁명이 불가능하다고 생각했기 때문에 정치적 투쟁이 좌절되었을 때는 문화적 투쟁에 나서야 한다고 독립 투쟁의 노선을 변경하게 된다. 그들은 '전통'과 '민족문화'를 내세우고 이른바 민족적인 정서, 국혼(國魂) 등의 추상적인 가치를 통해 새로운 주체로 떠오르는 '민족'을 집결시키고 그 공통의 역사, 문화를 다음 세대로 이전시키는 것을 목표로 삼기도 했다.

　이들과 부분적으로 협력을 주장한 사회주의자 진영은 당대 세계사적으로 요구되던 질서의 재편에 희망을 걸고 직접적인 계급 혁명이 일어날 것을 기대하며 마르크스, 레닌 등의 신사조를 적극적으로 번역하여 소개하면서 조선 지식장에 자리잡게 된다. 대표적으로 조선공산당에 관여한 자들이 주필로 활동한 《노동운동(勞動運動)》,《사상운동(思想運動)》,《조선지광(朝鮮之光)》

---

[21] 홍명희,「新幹會의 使命」,『현대평론』 Vol 1, 1927년 1월.

등 사회주의 잡지의 계열을 들 수 있다.

지식인들의 민족 투쟁 이데올로기로 유입된 사회주의는 점차 노동자, 여성 등 피압박계층의 민중에게 계급 투쟁 이데올로기로 확산되었다. 사회주의 사상에서 민족이란 부르주아 계급의 산물이므로 청산되어야 할 것이지만, 20년대까지 조선의 사회주의자들은 피압박민족의 투쟁은 제국주의의 타도에 유효하다는 레닌의 의견을 견지한다. 1924년 통일전선전술[22])을 발표하며 민족협동전선을 추구하기도 하였다는 점에서 이것을 확인할 수 있다.

그러나 1928년 12월 코민테른은 세계 대공황기를 혁명의 시대라고 간주하고 조선 독립의 길을 '계급 대 계급' 전술로 방향을 전환하게 되었는데, 이것은 민족협동전선의 대표 단체였던 신간회가 해소되는 주요 원인으로 작용하게 된다. 신간회 해소 이후 사회주의자들은 노동자, 농민을 비롯한 직접투쟁과 혁명을 주장하게 된다.

3·1 운동 이후 일제는 유화적인 문화통치를 방침으로 내걸지만, 이것은 민족분열을 부추기기 위한 고도의 술책[23])에 지나지 않았다. 민세는 당시로써는 유일한 정치적 논의와 투쟁이 가능했던 창구인 신문 논설을 통해 일제의 조선 통치의 부당함을 '卿等은 마음대로 文化政治를 呼號하라 그러나 그는 殺氣에 싸인 文化政治이다'[24])라며 '朝鮮人大衆을 監臨하되 全혀 禁止萬能의'[25]) 문화통치 체제를 비판한다. 일제의 기만적인 문화통치는 오히려 조

---

[22]) 이것은 1924년 4월 조선청년총동맹 제 1회 임시대회에서 발표되었다. 골자는 타협적 민족운동(일명 부르주아 민족주의 우파)은 결사반대하지만, 혁명적인 민족운동은 찬성한다는 것이었다. 여기서 혁명적인 민족운동이란 정치적 투쟁을 견지하려고 했던 비타협적 민족주의 진영으로, 이어지는 정우회 선언과 신간회 결성 등 협동전선을 예고하는 셈이었다.
[23]) 한영우, 『다시 찾는 우리 역사』, 경세원, 1997, 501쪽.
[24]) 『선집』 1, 46쪽.

선인을 '정치적 무정부' 상태로 몰아간다는 것이다. 민세가 일제를 비판하는 논리는 거시적으로는 그것이 세계사적인 보편성에 부합하지 않는다는 것이고, 미시적으로는 일제의 조선 통치가 조선의 경제·사회·정치의 발전을 가로막고 수탈하고 있다는 것으로 구분하여 살펴볼 수 있다. 그런데 1920년대 민세가 여러 잡지에 실은 시평(時評)을 살펴보면, 모순적이게도 독립에 대해 다소 낙관적이고 운명론적인 태도를 가지고 있는 것을 볼 수 있다.

> 世界文明諸國의 資本的帝國主義는 다시 安定 및 發動을 자랑하고잇다 그러나 그에 對한 反撥運動밋 의 民族的解放運動의 氣勢도 依然히 올라가고 잇다 吾人喪亂을 거듭하여 온남어지에 더욱히 이 白熱 그러나 嚴肅한 征戰 을 要함이 매우 緊切하다 오 동무들아! 吾人은 만흔 말을 하기보다는 차라리 만흔 行爲 를 要한다 서로 더부러이 反動의 最中의 新一年에 善處히기를 約束하자!26)

여러 약소국가의, 제국주의와 자본주의 열강에 대한 탄압에 대한 민족 단위 투쟁이 이어지고 있으며 이것이 인류 역사가 발전해 나가는 당연한 귀결이라는 것이 민세의 역사 인식이다. 그러나 이것을 위해서는 '행위'가 필요한데, 이 행위는 곧 다가올 독립을 위한 준비론이라 파악할 수 있다. 민세가 실력양성론과 문화운동론을 주창하게 되는 배경에는 이와 같은 그의 역사인식이 자리잡고 있는 것이다.

> 民族革命 國民革命 및 계급적 혁명인 社會革命을 아울러, 東西 各地 각개의 인민 사이에 격심한 革命의 騷亂 旅渦가 쉴새없이 폭발된다 … 豪奢와 貧窮,

---

25) 『선집』 1, 116쪽.
26) 『선집』 1, 28쪽.

遊湯과 飢餓, 壓迫과 彼壓迫, 殺戮과 抗爭이 서로 反撥되고 交互되어, 人世는 慘然한 暗黑時代를 현출하였다. 抗爭時代, 殺戮時代, 그리고 咀呪와 復讐의 時代, 이는 곧 革命時代이다.[27]

민세는 1925년을 '혁명시대'라고 간주했다. 경제, 정치, 사회적인 측면에서 서로 반목되는 가치들이 충돌하면서 압제적인 가치들에 항쟁하고 투쟁하는 시대, 그것이 곧 혁명시대라는 것이다. 그리고 이 혁명시대의 투쟁을, 민세는 '민족 간의 투쟁', 그리고 '계급투쟁'으로 파악했는데 이것은 곧 그의 투쟁의 방향성과 단위를 결정하게 된다.[28] 일제의 수탈로 계급투쟁의 핵심적인 계급인 프롤레타리아 층은 발전하지 못했고, 일제의 조선 탄압은 계급이 아니라 국가 간의 제국주의 침탈이기 때문에 민세는 자연스럽게 민족과 국가를 강조하게 된 것이다. 민세는 1920년 국내외 정세와 사회과학적 방법론 뿐만 아니라 역사연구에도 주목한다. 민세는 세계사적 보편성 뿐만 아니라 문화적 동일성까지 갖춘 '조선민족'을 정의할 필요성을 인식했다.

政治的의 으로부터 交涉折衝 交遷貿易과 移住侵逼과 其他文化狀態에 一定한 影響을 미칠만한 相互間의 作用은 모다 包括하야 볼 수 잇는 것이오 一國民一民族의 特性의 如何는 이러한 廣汎한 에關係서 더욱 그 全豹를엿볼수잇다 …民族性의 眞正한 狀態는 上古草昧한 에 時代 比較的簡易한 方式으로 表現되는 原始的인 條件에서 오히려 如實하게 어더볼수잇는 것이다.[29]

---

[27] 『선집』 1, 118쪽.
[28] 이러한 투쟁적 역사관은 역사를 '아(我)와 비아(非我)의 투쟁'으로 보았던 신채호의 사관으로부터 많은 영향을 받은 것이라 볼 수 있다. 조동걸 외, 1994, 「한국의 역사가와 역사학」, 창작과 비평사 참조.
[29] 안재홍, 「朝鮮民族性의國際史的考察」, 『현대평론』 4, 1927.05.15.

그는 한 국가의 역사라는 것은 외교사라고 평가한다. 그가 국내외 정세에 주목하면서 미국을 포함한 제국주의 열강과 다른 약소민족국가의 민족운동이 어떤 맥락으로 이어지고 있는지 주목한 이유라고 볼 수 있다. 그러나 민세가 정작 민족성으로써 주목한 것은 상고사였다.[30] 민세의 상고사 주목은 루이스 모건의 『고대사회』에 근거한다. 이 책의 요지는 엥겔스의 『가족, 사유재산 및 국가의 기원』에 수용되었다. 민세가 그것을 접했을 당시는 주로 마르크스주의 사학에서 일본의 번역서와 곽말약의 『中國古代社會硏究』을 토대로 보편적인 국학을 주장했을 때인데,[31] 민세는 이것을 민족주의적 입장으로 재해석한다. 부르주아적인 국가 형성론을 비판하는 모건의 고대사회론은 민세의 논설에서 '객관적 특수성'의 민족문화를 해명하기 위해 활용된다.[32] 조선은 독자적인 발전과정을 밟아온 근대적 국가라는 점에서 세계사적 보편성을 따르며, 동시에 근대 민족 국가의 형성과 함께 발전한 조선 문화는 고유한 특수성을 지니고 있다는 것이다. 이것은 당시 조선 민족이 처한 식민지라는 상황은 고유한 민족성을 자각하려는 노력을 통해 타개할 수 있다는 조선

---

[30] 민족주의 사학에서 상고사에 주목한 것은 민세 뿐만이 아니다. 오히려 상고사에 대한 주목은 박은식과 신채호를 비롯한 민족주의 사학의 선구에서부터 활용된 전략이라고 볼 수 있다. 특히 신채호의 저술을 보면, 그가 민족의 정체성 확립을 단군과 그가 수두교라고 이름 붙였던 전통신앙에서 찾고자 했다는 것을 볼 수 있다. 특히 민세가 육당 최남선의 국학 연구를 수용한 것을 그의 독후감을 비롯한 저술 등에서 찾을 수 있는데, 정출헌(2008)은 최남선은 외래적인 것으로부터 조선적인 것을 고수해야 가능한 자기 인식의 한 방편으로, 고대사의 시원인 단군을 조선의 순수 원형으로 간주했다. 최남선의 고대사 연구가 중국과 일본을 각각 조선에서 분리시켜 새로운 문화권을 창출하려는 시도라고 평가하고 있다. 정출헌, 「국학파의 '조선학' 논리구성과 그 변모양상」, 『열상고전연구』 27, 洌上古典硏究會, 2008, 29쪽
[31] 채관식, 「안재홍 인류학 이론 수용과 조선 상고사 연구」, 『韓國史硏究』 167, 한국사연구회, 2014, 125~6쪽 참조.
[32] 민세는 일본 와세다 대학교에서 정경학부를 졸업하는 등, 서구 근대 학문을 비교적으로 체계적으로 학습한 세대에 속한다.

학운동의 의식적 근거로 이어지게 된다. 따라서 민세의 독해는 서구 근대의 가치와 유사한 개념들을 찾아볼 수 있었던 영정조 시기의 소위 '실학파', 그 중에서도 집대성자라고 평가되었던 '다산'으로 향했던 것이다.

2) 1930년대: 새로운 사상적인 구호 ― '조선적인 것'의 제창과 지식인들의 분열

1920년대 말~30년대 초, 세계 사조의 흐름은 몇 번의 분기점을 통과하면서 그 성격이 크게 변화하게 된다. 세계 대전 이후 인류 전체의 평등과 자유를 주장했던 이상적인 '개조'의 흐름은 자본주의적 위기 의식의 대두와 함께 사그러들었다.

> 최근 세계정국을 말하게 되면 두가지의 큰 경향이 세계의 온갖 문제와 배합되면서 잇슴을 아러야 한다. 하나는 약소민족과 對강대민족문제이요, 다른 하나는 노동계급-무산계급-과 자본계급과의 문제이다. 따라서 하나는 계급적이요, 다른 하나는 종족적(種族的)이다33)

1930년에 쓰여진 이 논설은 사회주의 진영의 김경재(金璟載, 1901년 ~ ?)가 김세성(金世成)이라는 필명으로 발표한 것인데, 당대 조선 지식인들이 국제 질서를 어떻게 인식하고 있는지 보여준다. 1927년의 금융공황에 이은 1929년의 세계 대공황은 세계적으로 경제적 모순을 일으켰고, 이 문제를 해결하기 위해서는 사상과 경제모델을 비롯한 위에서부터의 체제 통제가 요구되었다. 이 통제를 보다 효율적으로 수행할 수 있기 위해서 그간 비판적으

---

33) 金世成, 「最近 世界政局의 趨勢」, 『별건곤』 Vol.29, 1930년 6월 1일.

로 재고되었던 자본주의, 제국주의 국가의 절대성이 다시금 강조되었다. 즉, 경제적 모순을 해결하기 위해서 민족 간의 '경쟁'은 다시 정당화된 것이다. 따라서 조선의 지식인들 또한 민족적인 것, 즉 '조선적인 것'에 주목하게 되었다.

민세가 다산을 읽기 시작한 1930년대 전반기는 만주사변을 전후하여 일제에 대한 정치적인 투쟁이 강하게 탄압받고 있었으며, 민세가 주장했던 항일의 방침인 좌우합작운동이 국내외에서 거듭 실패했고,[34] 부르주아 민족주의 우파의 민족 개조론과 조선 정체성론이 힘을 얻고 있었다. 이것은 관학의 대두[35]와 맞물려 민족주의자들의 조선 독립의 단위인 '민족'과 '민족문화'가

---

[34] 국내에서 전개된 좌우합작운동은 대표적으로 신간회를 들 수 있다. 좌우합작운동의 전개에 적극적이었던 민세는 신간회 해소에 반대하는 논설을 여러 차례 싣는다. 이에 관한 민세의 대표적인 논설은 삼천리 해소론은 조선정세에 안맞는다, 1931. 2. 15; 민족운동자의 진영은 필요 혜성 해소반대의 처지에서, 1931. 6. 15; 잡지 비판, 1931. 5. 15; 해소비해소『조선일보』, 1931. 4. 14; 해소론과 오류『조선일보』, 1931. 4. 17. 등이 있다. 신간회는 3·1 운동 이후 전개되었던 비타협, 비폭력적 좌우합작운동이었다. 정윤재(2010)는 신간회를 '일제의 강압적 식민정책과 용의주도한 동화정책에 의해 심각한 "정신적 무정부 상태"에 처해있던 한민족의 문제상황에 정면으로 대처하여, 민족의 역사적 생존과 지속, 그리고 정치적 독립을 위해 단결하고 행동했던 당대 대표적인 민족엘리뜨들의 민족주의 운동'이라고 평가하고 있다. 초기의 신간회는 조선의 정치세력을 집중시키는 구심점으로써 기능하며 여러 계몽운동을 진행하였으나 6·10만세 운동 대회 이후 일제의 탄압, 신간회 내부의 노선 갈등 및 사회주의자들의 '신간회 헤게모니 전취론' 등으로 갈등하다 결국 사회주의자 진영의 코민테른 노선 변화를 기점으로 해체된다. 사회주의자들은 당시의 정세를 공황에 따른 혁명적 시기로 인식하고 노농운동 등 대중 직접 폭력투쟁을 운동방침으로 설정, 계급 대 계급전술에 따라 비타협 민족주의자들을 민족개량주의자와 동일시했다. (이지원, 앞의 책, 292쪽) 신간회의 연구에 관해서는 다음의 논문을 참조했다. 박찬승, 「1920년대 중반~1930년대 초 민족주의 좌파의 신간회 운동론」, 『韓國史硏究』; 한상구, 「1926~28 사회주의 세력의 운동론과 新幹會」, 『韓國史硏究』.
[35] 이 시기에는 1920년대부터 '조선사연구'와 '조선현실분석'을 지원해 온 일제 관학의 연구 결과가 본격적으로 산출되기 시작하였다. 1925년 조선사편수회를 설치하고 방대한 수의 관학자와 조선인들을 동원하였던 『朝鮮史』 간행 작업은 1932년부터 '일본사

흐릿해지는 위기를 낳았다. 즉 조선을 근대 사회로 이행시키고자 시도했던 여러 사상적 기획들이, 모종의 효과를 거둘 수 이을 만큼 충분히 진행되지 못했다는 의미이다. 결국 1930년대는 전근대적, 그리고 근대적 시간관이 합의되지 않은 채로 그것들이 동시에 작동하게 되었다. 조선 사회를 근대적 시간관으로 이행시키려던 시도가 실패로 돌아가면서 독립이라는 지상의 과제를 해결할 수 있도록 다시금 지식인들을 집결시킬 수 있는 대안이 요구되었다고 볼 수 있겠다. 그 대안으로써 제안된 새로운 사상적인 구호는 다름 아닌 '조선적인 것'이었다. 이 '조선적인 것'은 민족문화와 역사를 재구성하는 문화적 기획의 선전 구호이면서, 경제·사회적으로 추구해야 할 가치이기도 했다. 다시 말해 1930년대의 조선은 사회 제 분야에서 그들 각자가 추구하는 목적에 따라 '조선'을 활용하게 되었다는 것을 의미한다.36)

30년대 조선의 지식인들이 민족주의자와 사회주의자로 양분되어 협동과 갈등을 반복했다는 것은 일반적인 이해라고 볼 수 있다. 그러나 이 지식인들이 종전의 세대와 완벽하게 단절하여 등장하였거나, 외부에서 갑작스럽게 유입된 세력이 아니라는 것을 주목해야 한다. 개항 이후 조선에서는 전근대

의 일환으로서 조선사'편찬의 과정을 거두고 있었다. 『朝鮮史』편찬은 식민사관의 집대성으로서, 일제는 이를 통하여 조선인에 대한 '황국신민화'의 학문적·정신적 기초를 확보하게 되었다. 이지원, 『한국근대문화사상사연구』, 혜안, 2007, 282~283쪽.
36) 동아일보에서 기획한 고전부흥운동의 일환에서 추구하는 "'조선적인 것'으로의 회귀"가 대표적이다. 당대 동아일보의 문화·학예란을 검토하면 '조선적인 색채'라는 평가어가 다수 등장하는 것을 확인할 수 있다. 한편 흥미로운 것은 '조선적인 것'이라는 표현은 문화 분야에서만 평가어로 활용되는 것은 아니라는 점이다. 대표적으로 소작 제도의 개혁을 요구하는 『매일신보』의 1932년 12월 4일의 논설을 확인하면, "勸解制度란 特色잇는 新小作調停令 實施 逐年激增하는 爭議緩和上에 가장 효과적이요 또한 조선적인 것이다"라는 표현을 볼 수 있다. 당대 소작 쟁의라는 경제적이고 사회적인 문제의 해결 방안에 관해서도 '조선적인 것'이라는 평가어가 등장하는 것을 보았을 때, 이 구호는 단지 문화적 분야에만 한정해서 쓰인 것이 아니라는 것을 볼 수 있다.

지식을 재조정하고, 번역서와 유학 등을 통해 직·간접적으로 근대적 지식을 습득하는 과정에서 이전과는 다른 성격의 근대적 지식인들이 형성되어 왔기 때문이다. 예를 들어 개항 초기 일본 유학 1세대인 유길준은 동도서기적인 관점으로 위기를 타개하고자 시도하였다면, 2세대인 현상윤(幾堂 玄相允, 1893~1905) 등은 사회주의를 비롯한 과학적 연구 사조를 들여와 근대국가 건설을 위한 본격적인 계몽운동에 착수했다고 볼 수 있다. 즉 외부 세계와의 상호 작용을 통해 그 성격이 구성되었던 근대적 지식인들이 30년대에 이르러 민족주의와 사회주의 진영으로 분화되었다고 볼 수 있는 것이다.

'조선학'이 이와 같이 복잡한 30년대 조선에서 헤게모니로 부상하게 된 것은 조선 내부에서 일종의 패러다임의 전환이 발생했기 때문이다. 즉 '문명'과 '개조'에 이어, 민족주의자와 사회주의자 양 진영 내에서도 지식인층의 분화가 보다 복잡하게 일어나면서 새로운 사상적 구호가 제안되었던 것이다.

1930년대의 조선학운동은 1920년대의 국학운동과 다른 국면을 맞이하게 된다. 일제의 탄압과 황민화 정책은 순수학문으로 그 운동의 방향이 변경될 수밖에 없게 하였다. 또한 경성제국대학이나 일본 유학 등을 통해 근대 학문을 체계적으로 학습한 새로운 유형의 지식인들이 학술장에 투입되기 시작하였는데, 이들은 이전의 국학을 반성적으로 비판하고 새로운 방법으로 계승하고자 하였다. 그 뿐 아니라 당시 지식인에게는 '과학적 연구 방법론'으로 대표할 수 있는 유물론적인 연구 방법론에 대한 중요성이 부각되고 있었다. 이는 대부분 경성제대 졸업자들에게서 보이는 태도였다.[37] 당시 경성제

---

[37] 경성제대에 대한 학계의 기존 인식은 민립대학설립 등 조선인 사회의 독자적인 고등교육 설립운동을 억제한 이데올로기적 장치라는 것이 대부분이었으나, 최근의 연구에서는 경성제대의 설립과 그 영향에 대해 다각도로 연구해야 한다는 문제의식이 제기되고 있다. 경성제대는 1920년대 후반부터 '근대적이고 과학적인' 학문과 방법론을 통해 당

대의 교수진에는 마르크스 사학자들이 포진되어 있었고 학생들 또한 대부분 과학적인 연구 태도를 중시했다. 특히 김태준은 근대까지 이르는 조선의 문학사에 관해 논의하면서 "신흥과학과 및 그 방법의 절대적 우위를 말하는 것으로 이는 객관적 정세의 여하를 불문하고 역사적 법칙의 일정한 경로를 딸아 시대를 대표하는 주류로써 상향의 길을 걸을 수가 잇는 것이다."38)이라고 과학적 연구 방법과 태도를 중시하는 면모를 보이기도 한다.

즉 이들은 '조선적인 것'을 연구해야 할 필요성은 인지하고 있었으나 그 연구의 태도는 심정적이거나 신화적이어서는 안 되고, 과학적인 연구 방법을 통해야 한다고 거듭 강조하는 것이다. 일제 관학의 논리에 대응할 수 있는 충분히'과학적인 연구'에 대한 필요성이 대두되었던 것이라 할 수 있다. 이와 같은 학술적 경향은 조선학운동은 순수한 학술적 연구가 아니라 일본의 식

대 학술장의 헤게모니를 장악하고 동시에 당시 지식인들의 지적 대항을 불러 일으키는 원인으로써 작용한 복잡한 성격을 가지고 있기 때문이다. 경성제대를 식민 당국의 헤게모니를 형성하고자 하는 프로젝트의 일환으로 이해한 정준영(2016)은 경성제대의 설립에 대해 "(당대의 지식인들은) 설립 당시부터 경성제대가 자신들의 불만을 억누르고 호도하는 이데올로기적 국가기구이며 진학 경쟁을 빙자하여 식민지인들을 교육 기회로부터 배제하는 차별 장치라는 점을 간파하고 있었다. 하지만 경성제대의 설립이 가졌던 또 다른 측면, 즉 우월한 연구 기반과 엄밀한 실증적 연구를 바탕으로 압도적인 학문적 권위로 군림했다는 점까지를 부인하기는 어려웠다. 실제로 경성제대의 설립을 계기로 식민사회에서도 실증성을 핵심으로 하는 과학관이 강력한 힘을 얻게 되었다. 경성제대를 단순히 식민 권력의 통치 이데올로기를 과시하는 도구로만 볼 수 없다는 시각이 설득력을 얻게 되는 것은 이 지점이다."라고 평가하고 있다. 윤해동·이성시 엮음, 위의 책, 2016, 296쪽. 또한 경성제대는 일제의 관학 아카데미즘을 효율적으로 재생산했고, 결국 일본의 조선 지배를 정당화하는 문화적 이데올로기로써 기능하게 되었다. 게다가 일제 관학은 1920년대 대부분의 민족주의자들이 수용하고 있던 사회진화론을 토대로 삼고 있었기 때문에 『동아일보』 계열의 민족주의자 진영은 관학 이데올로기에 저항 없이 편입되었다.

38) 김태준, 「小說講座-朝鮮小說發達史(續), 삼천리 문예강좌, 제3회 개강」, 『삼천리』 Vol. 8, 1936년 1월 1일.

민지 아카데미즘과의 사상적 대결과 긴장 속에서 1920년대의 국학 운동을 반성적으로 계승한 결과라 할 수 있겠다.

근대 학문을 체계적으로 학습한 이 새로운 유형의 근대 지식인들 중 일부는 '전근대 조선'을 학문적 대상으로 삼았다.39) 이 때, 당시 지식인들에게 떠오르고 있던 화두가 '조선적 특수성과 세계사적 보편성'임을 유념해야 한다. 사회진화론과 같은 근대 서구의 사회 사상은 그들이 세계사적 보편성을 지각할 수 있게 해 주었다. 다시 말해 조선을 국제서 속에 배치하고자 하는 문제의식을 불러일으켰다는 것이다. 반면 조선적 특수성을 찾기 위한 노력은 고전으로 돌아간다. 이 고전으로 돌아가는 방법과 고전에 대한 개념 규정, 그리고 이 고전을 활용하는 방법과 목적에 따라 조선학운동 내부에서는 복잡한 사상적 분화가 발생하게 된다.

다시 말해 1930년대의 조선 지식장에서는 근대적 지식 체계에서 수학한 새로운 유형의 지식인들이 투입되며 변동이 발생하였다. 그런데 이 새로운 유형의 지식인들의 지적 관심은 역설적이게도 전근대 '조선'으로 모아지게 되었다. 그것은 일제에 대항하려는 차원에서 시작된 지적 흐름이었다. 이때 지적 흐름의 관심이 모아지게 된 대상은 '학술 대상으로서의 조선'40)이었다.

---

39) 이 현상은 경성제대 내부에서도 확인할 수 있다. 경성제대 예과 시절, 학생들끼리 자발적으로 오명회(五明會)를 조직하여 '민족 정신을 찾자'하고 토론을 진행하고, 문우회(文友會)를 조직하여 조선 문예를 연구하고 진흥시킨다는 자부심을 나타내기도 했다. 게다가 학생들 중에는 여전히 구학문(한문)에 익숙한, 그것을 사상적 도구로 활용하는 학생들도 입학했다. 대표적으로는 김태준이 있다. 경성제대 내부의 학생운동에 관해서는 이충우, 앞의 책 참고.
40) 이는 조선학운동에서 조선을 처음으로 연구했다는 것은 아니다. 조성산에 따르면, 명청 교체기에 기존 중화 질서가 해체되면서 동아시아 사회 전반에 지역성이 자극되었고, 조선을 포함한 주변국들이 자신을 중화-일종의 보편성-의 질서에 편입시키기 위해 자신들의 문화에 관심을 가졌다고 볼 수 있다. 물론 이는 본 논문에서 다루고자 하는 1930년대의 '근대 민족국가' 지향점에서 이루어진 조선학 연구로서의 조선학운동과는 결이

따라서 당시의 지식인들이 지적 '실천'으로서의 조선학운동을 시작했을 때, 그 맥락과 자원은 분명 그들이 유산으로 물려받았던 '전통'에 있었다.

민세 또한 여러 번의 투옥과 조선일보 사장 직의 사퇴 때문에 정치적인 투쟁 보다는 합법적인 사회운동, '최선한 차선책'으로써 일제의 민족말살정책에 대응할 수 있는 '민족문화'의 형성에 관심을 기울일 수밖에 없었다.[41] 이처럼 민세가 다산을 읽는 관점은 여러 맥락이 함께 얽혀 있다. 민세는 이 여러 난관을 효과적으로 헤쳐 나갈 수 있는 도구를 발견해냈다. 그것은 전근대의 유학자, 다산이었으며 그만큼 다산이 그의 순수한 본의로 읽혔다는 것 보다는 일종의 도구나 가교로 기능하기 위해 읽혔다는 것을 의미한다.

다른, 중화에 편입되기 위한 연구의 과정이기는 하나 이른바 '朝鮮學'이라고 할 수 있는 개념이 20세기 초에 이르러서야 처음으로 논의된 바가 아니라는 것을 지적하고자 하는 것이다. 조성산, 「18세기 후반~19세기 전반 朝鮮學의 전제와 가능성」, 『동방학지』 Vol.148, 2009. 참조. 물론 본문에서도 서술한 것처럼, 조선을 일종의 학문적 타자로 삼는 것은 20세기 초에 이르러서야 처음으로 부각된 학적 흐름이다. 이런 맥락은 조선학운동이 본격화되면서 학술 제 분야에서 강조되기는 하였지만, 전술한 것처럼 그 이전에도 '조선'을 학문적 대상으로 삼고 그것을 구심점으로 삼아 민족정신을 집결하려는 시도는 있었다. 1922년, 최남선은 '조선학 선언'을 발표하면서 처음으로 '조선학'이라는 개념을 사용한다. "조선인의 손으로 '조선학'을 세울 것이다. 조선의 피가 속에 돌고, 조선의 김이 겉에 서리는, 活潑潑한 大朝鮮 經典을 우리 자리에서 우리 힘으로 만들어 놓을 것이다." 최남선, 「朝鮮歷史通俗講話 開題」, 『六堂 崔南善全集』 2, 고려대 아세아문제 연구소 편, 현암사, 1973, 416쪽.

41) 그의 민족문화는 민족국가를 통해 자신의 생명을 보장받는다는 입장을 취함으로써, 그의 문화주의는 은연히 국권회복과 연결되고 있었다. 안재홍의 문화주의는 일제 치하에서는 민족정체성의 보존이라는 측면과 저항성을 일정하게 지니고 있었다. 김원도, 「日帝時期 安在鴻의 民族運動」, 『文化傳統論集』 14, 경성대학교 한국학연구소 참조, 2007.

3. 민세의 다산 독해와 평가

각 지형에서 '조선'은 각기 다른 맥락에서 호출되었다. '조선'이 어떻게 호출되었는지 그 구체적인 맥락을 점검해보면 다음과 같다.

> 고요히 내원(內圓)을 관찰(觀察)하면 우리에게는 좀더 우리 것에 대(對)한 이해(理解)와 연구(研究)가 필요(必要)한 것을 깨닷겠다. 우리는 우리 것을 연구(研究)한다 하지만 우리글로 된 자전(字典) 하나가 없으며 우리글로 된 자랑할 만한 역사(歷史) 하나가 없으며 … 각 민족(各民族)은 각각(各各) 제 민족(民族) 특유(特有)의 문화(文化), 역사(歷史) 기타(其他) 제도(制度)를 각각(各各) 발달(發達)시키기에 노력(努力)할 뿐 아니라 그 자신(自身)을 해내외(海內外)에 선양(宣揚)하기에도 막대(莫大)한 공효(功效)를 얻었다.42)

위 논설은 부르주아 민족주의 우파의 계급적 이익을 대변하는 언론이기도 한 『동아일보』에 실린 논설이다. 그들은 1920년대 말부터 자본주의적 문명을 수립할 것을 주장하면서 '반봉건 근대화'를 지속적으로 추구해왔다. 30년대에도 이 기조는 다르지 않았으나, 이 목표를 달성하기 위한 '민족문화'가 고양된 것이다. 그들은 파시즘적인 국가주의가 만연하는 세계사조에 발맞추어 저항과 경쟁의 단위인 '민족'을 단일한 역사, 언어를 통해 계몽시킴으로써 등장시키고자 하였다. 그들은 민족적 각축을 통해 제국주의적 질서로 회귀하려는 세계사조를 문제삼기보다는 그 사조에 발맞추어 민족 간의 경계를 구축하고자 조선말, 조선글, 조선문화를 강조하게 된다. 이러한 맥락에서 『동아일보』는 브나로드 운동 등의 농촌 계몽 운동, 문자 보급 운동에 앞장섰을

---

42) 「다시 우리 것을 알자」, 『동아일보』, 1932년 7월 12일.

뿐만 아니라 대중에게 단일 민족이라는 인상을 가장 효과적으로 심어줄 수 있는 단군 연구와 위인 선양 작업을 진행하게 된다. 이 작업을 통해『동아일보진영은 조선 민족이 동일한 역사를 거쳐왔다는 것을 계몽의 구체적 논리로 삼았다. 또한 그 구상을 통해 사회주의자와 비타협적 민족주의자들을 외래사상이라 간주하면서 그들이 "겉으로는 문화(文化)이나 속으로는 비문화인(非文化人)인 조선인"43)이라고 주장하기도 하였다. 그런데 이들이 추구하는 '단일민족'은 파시즘을 그 논리의 내부에 가지고 있었다.

> 금일(今日)의 도덕의 주의(主潮)는 개인주의다. 혼자주의(主義), 나주의(主義), 저만 아는 주의(主義)다 … 이러한 옛 조선(朝鮮)의 집단생활의 미풍(美風)은 영미식(英米式) 개인주의에 월린(踂躪)이 되고 말앗다. 만일 옛 조선(朝鮮)의 이러한 정신이 부활한다 하면 조선(朝鮮)은 어떠한 단체사업이라도 할 능력이 생길 것이다. … 이러한 옛 조선인의 엄숙한 인생관은 개인주의(個人主義), 향락주의(享樂主義)의 인생관과 교대하고 말앗다. 만일 이 옛 조선의 구실의 정신, 도리의 정신이 부활한다 하면 조선인은 전연 다른 능력을 가진 민족으로 변할 것이다.44)

위 논설에서 당대 사회에 팽배했던 개인주의, 패배주의 등을 확인할 수 있다. 그런데 그 문제를 해결하고자 하는 방편이 바로 "조선의 구실의 정신"으로 돌아가는 것이다. 이처럼 민족과 민족의 고유성을 부각하면 부각할수록, 그것의 단일성을 강조하게 될 수밖에 없다. 즉, 더 이상 '세계 시민'과, 그것에 걸맞는 조선 문화의 재건설은 이들의 목적이 아니었다. 이것은 국수

---

43) 「文化革新을 提唱함」,『동아일보』, 1932년 4월 18일.
44) 이광수,「옛 朝鮮人의 根本道德, 全體主義와 구실主義 人生觀」,『동광』Vol.34, 1932년 6월 2일.

주의적인 성격을 가지고 있는 조선 '민족'을 개인보다 우선시하는 경향을 가지게 되는 것인데, 이는 일제의 파쇼 정책과 맞물릴 가능성을 내재하고 있었다.

다시 말해 『동아일보』계열은 소위 부르주아 민족주의 우파를 중심으로 하고 있었다고 할 수 있겠다. 이 진영은 자치론의 근거를 마련하기 위하여 합법적인 문화운동론을 지지하는 민족자본가들이 주축이 되었다. 이들은 근대적 국민국가를 단위로 하는 세계사조의 경쟁에서 탈락되지 않는 것을 목표로 하여 단일한 역사를 강조하고, 문자를 보급함으로써 조선 '민족'을 계몽시키고자 하였다. 그러나 그들의 문화운동은 합법적인 영역에서의 운동을 지지한 만큼 실질적인 형태와 경계를 가지고 있는 일제 식민당국에 의해 조선 민족의 정체성을 왜곡, 혹은 분해시키려는 일제의 조선 연구 목적과 그 방향성이 유사하다는 문제점을 가지고 있었다.

한편 민족협동전선을 자처했던 대한민국 임시정부와 신간회가 해산되면서[45] 민족주의자와 사회주의자간의 이른바 공동전선이 위기를 맞게 되었고,

---

[45] 정윤재(2010)는 신간회를 '일제의 강압적 식민정책과 용의주도한 동화정책에 의해 심각한 "정신적 무정부 상태"에 처해있던 한민족의 문제상황에 정면으로 대처하여, 민족의 역사적 생존과 지속, 그리고 정치적 독립을 위해 단결하고 행동했던 당대 대표적인 민족엘리뜨들의 민족주의 운동'이라고 평가하고 있다. 초기의 신간회는 조선의 정치세력을 집중시키는 구심점으로써 기능하며 여러 계몽운동을 진행하였으나 6·10만세 운동 대회 이후 일제의 탄압, 신간회 내부의 노선 갈등 및 사회주의자들의 '신간회 헤게모니 전취론' 등으로 갈등하다 결국 사회주의자 진영의 코민테른 노선 변화를 기점으로 해체된다. 사회주의자들은 당시의 정세를 공황에 따른 혁명적 시기로 인식하고 노농운동 등 대중 직접 폭력투쟁을 운동방침으로 설정, 계급 대 계급전술에 따라 비타협 민족주의자들을 민족개량주의자와 동일시했다. (이지원, 앞의 책, 292쪽)좌우합작운동의 전개에 적극적이었던 안재홍은 신간회 해소에 반대하는 논설을 여러 차례 싣는다. 이에 관한 민세의 대표적인 논설은 「해소론은 조선정세에 안맞는다」, 『삼천리』, 1931년 2월 15일; 「민족운동자의 진영은 필요」, 『혜성』, 1931년 6월 15일; 「해소반대의 처지에서」, 『비판』, 1931년 5월 15일; 「해소론의 오류」, 『조선일보』, 1931년 4월 17일. 등이

따라서 독립운동에 대한 새로운 방향성을 재고할 필요가 대두되었다. 즉 비타협적 민족주의자 진영은 관학 이데올로기의 대두와, 민족주의 우파 계열의 전향, 그리고 사회주의 계열의 협동전선 거부라는 중첩적인 위기상황에 직면해 있었고, 그들은 민족이라는 투쟁의 단위를 포기하지 않으면서 내선융화론을 비판할 수 있는 새로운 역사적 시각의 대안을 모색하고자 하였다.

> 국경을 초월하야 동지적 그리고 국제적으로 친애하고 결합되는 계급적 단결(階級的 團結)의 목표가 사회(社會)도 개조(改造)하는 동력(動力)으로 되는 것은 신시대(新時代)를 개편(改編)하고 창조(創造)하는 새로운 주류인 채로, 전술(前述)한 민족(民族) 혹은 국민(國民)의 동일역사(同一 歷史), 동일언어(同一 言語), 동일(同一) 지역에서의 동일 경제체제(同一 經濟體制) 및 동일(同一)한 사회심리(社會心理)와 동일(同一)한 의도(意圖) 염원(念願)에서 독특(獨特)한 친애(親愛)와 협동(協同)과 및 결합(結合)의 요구 및 그 운동은 아직 드디어 초세간적(超世間的) 해탈을 만연(漫然)히 강요할 수 없는 것이다.46)

위 논설은 안재홍이 민족을 어떻게 바라보고 있는지 읽을 수 있게 한다. 조선학운동의 주요 사상가이자 『조선일보』의 주필이었던 그는 여전히 세계질서의 재편 가능성을 신뢰하고 있었다. 이 논설에서 그는 재편의 주체가 되는 것은 바로 역사, 언어, 문화 등을 공유하고 있는 민족이라고 주장한 것이다. 따라서 민족이라는 것은 타협적 민족주의자 진영에서 위인 선양 작업 등으로 구상하고자 한 일종의 추상적이고 신화적인 존재가 아니라, 실질

있다. 신간회는 3·1 운동 이후 전개되었던 비타협, 비폭력적 좌우합작운동이었다. 신간회의 연구에 관해서는 다음의 논문을 참조했다. 박찬승, 「1920년대 중반~1930년대 초 민족주의 좌파의 신간회 운동론」, 『韓國史研究』; 한상구, 「1926~28 사회주의 세력의 운동론과 新幹會」, 『韓國史研究』.

46) 안재홍, 「朝鮮人의 處地에서」, 『조선일보』, 1932년 1월 2일.

적으로 조선 독립운동의 주체로 행동해야만 하는 주체라고 이해하고 있는 것이다.

안재홍이 단적으로 보여주듯이, 비타협적 민족주의자 진영은 『조선일보』를 주축으로 활동했다. 『동아일보』 계열이 민족의 단일성을 강조하기 위하여 토속적인 민족 문화를 발굴하는 것에 집중한 반면 『조선일보』 계열은 여전히 '세계 시민'으로의 신문화 건설을 포기하지 않았다. 그 때문에 이들은 보편적인 역사 발전의 단계에 조선의 역사를 발맞추고자 전근대적 지적 전통에서 근대성의 지표를 가지고 있는 사상적 자원들을 발굴하는 작업에 초점을 맞추게 된다. 자치론의 대두와 민족협동전선의 실패로 정치적 구심점을 잃은 비타협적 민족주의자 진영의 지식인들은 당대 지식장의 주류라고 할 수 있었던 '조선'에 대한 인식과 연구 방법을 선취하고자 하는 목적 하에서 『여유당전서』 발간을 기획하였다. 일반적으로 이 기획과 함께 조선학운동이 발발되었다고 평가한다.

1) 민세의 다산 독해

당대 조선 사회에서 『여유당전서』 발간을 시작으로 대두된 고전부흥운동에 참여한 지식인들은 그들 스스로를 조선학운동의 참여자라고 적극적으로 자처하지 않았으며, '조선학'에 대한 개념의 규명도 상이했다. "애급학(埃及學) 지나학(支那學) 하는 따위로 조선학(朝鮮學)이란 것은 좀 당치 않은 말이라고"47) 안재홍의 논설에서 확인할 수 있는 것처럼 '조선학'이 가지고 있던 모호한 개념과 범위 때문에 당대의 지식인들에게도 그것은 충분히 합의되지

---

47) 안재홍, 「朝鮮學의 問題」, 『신조선』 Vol.7, 1934년 12월.

않은 개념이었다. 그러나 민세의 조선학운동48)은 같은 민족주의 진영 -문일평, 정인보-의 학자들과는 구분되는 독특한 지점을 가지고 있다. 문일평은 '朝鮮말로 써내인 朝鮮文學가튼 것이 朝鮮學을 構成하는 中心骨子가 되어야'한다고 하면서, 조선학의 범위를 세종 이후 조선어를 쓴 문화적 자산에 한정시킨다. 정인보는 '조선학'이라는 용어를 자주 사용하고 있으나 구체적으로 그 개념이 어떠한지 명시하고 있지는 않으며, '조선심'이라는 관념적인 민족정신을 바탕으로 삼아 조선을 연구하는 제문학을 조선학으로 규정한 듯하다.49) 두 학자는 모두 '조선심'이라는 관념적인 민족문화의 구심점을 제시하고 역사적인 인물이나 문화적 사건을 통해 고유한 민족성과 주체성을 찾으려고 노력하였다. 민세 또한 이와 같은 문제의식을 공유하고 있었으나, 그는 보다 체계적인 '학문'으로써의 조선학의 개념을 규정한 것으로 보인다. 그는 조선학의 의미를 협의와 광의로 나누어서 설명하고, 그 학문의 목적과 방법론을 제시했다.50)

---

48) 김인식의 연구에 따르면, 민세의 '조선학' 개념 수용에는 일정한 변화가 보인다. 1927년 최남선의 영향으로 조선학과 국학을 등치시키면서 식민주의 사관을 배격하는 태도를 보인데서 그의 조선학의 원류를 찾을 수 있다. 그는 최남선의 연구를 수용하여 그를 평가하면서 조선학이라는 용어를 사용하였다. 그 이후에도 '조선학'이라는 용어는 표현하지 않았으나 조선민족의 특수성을 드러낼 수 있는 실학 등에 집중함으로써 실학의 특징을 조선학의 범주로 인식했다. 이후 30년대 초반, '조선연구'라는 용어를 사용하며 민족문화에 대한 관심과 연구가 일제에 대한 문화적 저항으로써 기능할 수 있음을 지속적으로 주장하였고 다산 서거 99주년 기념강연회 직후, T기자와의 대담에서 조선연구의 개념과 방법론 등을 구체적으로 제시하였다는 것이다. 김인식, 2015, 「1930년대 안재홍의 '조선학'론」, 『한국인물사연구』 23, 한국인물사연구회 참조. 본 연구에서는 1934년 이후, 민세가 여유당전서 발간 프로젝트에 참여하고 다산에 관한 논설을 집중적으로 투고한 때, 민세의 '조선학' 개념에 집중하고자 한다.
49) 김인식, 「1920년대와 1930년대 초 '조선학'개념의 형성 과정-최남선·정인보·문일평·김태준·신남철의 예」, 『숭실사학』 33, 숭실사학회, 2014 참조.
50) 또한 민세는 다산기념강연회에도 참석하여 '朝鮮史上의 茶山의 地位'라는 제목으로 강

우리는 全然無我的인 문화적 沙漠에서의 가련한 방황자일 수는 없다. 우리는 전연 남의 것을 빌어서 살려는 무계획한 신시대의 집단적인 「룸펜」일 수는 없는 것이오 그럼으로 우리는 世界文化를 채용하고 적용하는 긴장한 道程에서 어떠케 朝鮮色과 朝鮮素를 그 수용의 주체로서 확립할가? 줄잡아서 세계문화 채용에 의한 自我創建의 道程에서 어떠케 朝鮮色과 朝鮮素를 물드리며 짜너흘까? 하는 당면한 문제로 되는 것이다.51)

민세의 조선학운동에 대한 태도를 잘 볼 수 있는 대목이다. 일차적으로 조선학은 조선인의 '自我創建', 즉 독립적인 민족적 정체성을 확립하기 위한 문화연구이지만 그 외부에는 일제와 서구 열강들의 제국주의를 비롯한 세계 문화의 압박과 흐름 또한 존재했던 것이다. 따라서 조선학 운동에 참여했던 지식인들은 내부적으로는 민족을 실질적으로 존재하는, 일제에 대해 문화·정치적으로 투쟁할 수 있는 단위로 형성하기 위해서 민족문화를 고취시키고 외부적으로는 '세계사적인 보편성에 걸맞는 조선사'를 재편하는 것을 목적으로 삼았다. 민세는 '민족으로 세계에' 편입되면서, '조선인이면서 세계인일 수 있는' 문화 이데올로기로 기능할 수 있는 구심점이 필요했다. '세계적 자아관'을 조선의 역사와 현실에서 찾아낼 수 있기 위해서는 그것에 대한 새로운 해석이 필요했다. 기존의 저술을 복기하며 경전의 의미를 새로이 해석하는 것 이상의, 저항성을 가진 담론을 이끌어낼 수 있을 정도의 새로운 해석의 시각이 필요했던 것이다. 그의 조선학에 대한 개념 규정은 1934년 동아일보에서 T기자와의 대담에서 찾아볼 수 있다, 대담의 골자는 세계사적 보편성과, 고유한 민족성으로 새로운 민족 문화를 구성하는 것이 조선학의

연을 여러 번 진행하였다.
51) 樗山, 「조선학의 문제」, 『신조선』 7, 1934. 12. 15.

목적이라는 것이다.

> 늘 하는말이지만 朝鮮學이라고 할 것 같으면 두 가지 잇다고 생각합니다. 即 하나는 廣意의 朝鮮學이니 왼갓 方面으로 朝鮮을 硏究探索하는 것을 云謂하는 것 겟고 다른 하나는 朝鮮의 固有한 것 朝鮮文化의 의 特色, 朝鮮 獨自한 傳統을 闡明하야 學問的으로 體系化하야보자는 말하자면 本來의 意味에 잇어의 朝鮮學- 狹義의 그것이라고 할가-. 이 그것 이겟지요52)

민세가 규정한 조선학의 개념은 좁은 의미에서는 조선문화의 고유한 전통을 학문적으로 체계화 시키는 것이다. 넓은 의미에서는 온갖 방면에 대한 조선연구를 포함하는 것이다. 그가 선택한 방법론은 '조선역사' 였다. 상술한 것처럼 민세의 역사 인식은 모건의 『고대사회』를 비롯한 유물론적 관점에 의거하고 있는 측면이 있는데 그런 면에서, '정통적 정주학'에 의문을 제기하고 독자적인 논의를 펼쳐나간 학문적 조류인 실학, 그 중에서도 국가 단위의 개혁과 민족 자립성을 집대성한 다산은 민세에게 유용한 사상적 자료였을 것이다. 민세가 다산을 조망한 이유는 그가 중국학, 혹은 그것을 답습한 조선의 성리학과는 다른, 일종의 서구적 근대성처럼 보이는 가치들을 다산의 저술에서 발굴해낼 수 있다고 믿었기 때문이다. 다산과 실학에 대한 주목은 애국계몽기, 국가단위의 개혁과 민족의식의 고취와 같은 문제의식을 공유하고 있었다.53) 하지만 1930년대는 더 이상 개혁을 주도할 '국가' 단위가 존재하지 않았으며 그 공석에는 계급과 민족이 동시에 자리하고 있었다. 민세의

---

52) T기자, 「朝鮮硏究의 機運에 際하야 (二) 世界文化에 朝鮮色을 짜너차-安在鴻氏와의 一問一答-」, 『동아일보』, 1934. 9. 12.
53) 이지원, 앞의 책, 2007, 341쪽.

다산 독해는 애국계몽기의 실학 연구를 토대로 삼아 개혁의 단위를 민중으로 대체, 민족문화를 수립하고자 하는 목적 하에서 시작되었다.

민세는 정인보와 함께 『여유당전서』의 간행의 교열을 도맡는 등 다산의 저술이 근대적으로 간행되는 것에 관여하고 있었다. '다산 정약용'이라는 학자는 의도적으로 삭제되거나 아무도 알지 못하는 인물은 아니었으나 1930년대, 신조선사의 『여유당전서』 간행 프로젝트를 통해 그 근대적 의의가 특히 강조되던 인물이었다. 상술한 것처럼 민세는 역사 발전의 단위를 민족으로 설정했으며 일제 관학에 맞서 조선에도 자발적 근대성이 존재하고 있었음을 증명할 학술적 요구를 인식하고 있었다. 민세는 우선 다산의 '獨立自尊的' 태도를 주목한다. 다산 당시의 조선은 중국의 문화적 속국이었는데, 다산만큼은 '中國의 稱號가 이유 없음과, 中國을 까닭없이 歎託歆羨함을 非議'하는 독립적인 태도를 가지고 있다고 판단했다. 우월한 문화에 흡수되지 않고 독자적이고 고유한 조선의 문화성을 다산에게서 찾을 수 있음을 정당화하는 것이다. 민세는 다산이 '민족'이라는 단위를 인식한 '근대 국민주의자'로써 기능하기를 원했다.

> 그 功은 治民行政과 刑獄治理와 築城建樓의 役에 나타남에 그쳣스나 그 開陳條列 한바 政治 軍事 法制 經濟 蠶桑 로서 園藝 山林 牧畜 鑛山 錢幣 米穀 漕運 租稅等 近世財政 産業 諸政策의 築城에 미첫고 造壘와 兵器器械와 舟車服飾과 戰陣隊伍等으로부터 兵農協同과 社會改造의 合理한 諸方法을 마련하야그 思想學說은 近世의 正統的 經濟學說로부터 國民的 社會共存의 奧義에까지 쎄쳣스며 民本主義的인 政治의 理想 은 貴族專制에 向하야 일즉부터 反旗를 들기로하야 萬民平等과 人才의 通塞(階級打破)을 絶叫하엿스니 룻소의 民約論이 泰西에서 홀로 조핫든 바 아니다.54)

민세는 다산을 근대 경제학자이자 국민적 사회주의자, 그리고 민본주의적인 정치 이상을 모두 갖추고 있으며 만민공화와 계급타파의 인권 평등 가치까지 이끌고 나가고자 한 혁신적인 인물로 평가하고 있다. 게다가 다산이 정치·철학·문학 등 조선 제문화를 학술의 대상으로 삼았다는 점에서 '現代 論客들이 朝鮮學이라고하는 諸學'이 다산의 학문 범위였다고 주장한다.55) 이것은 민세가 지속적으로 그 필요성을 인식하고 형성하고자 했던 '민족문화'의 선구자에 다산을 위치시켰음을 확인할 수 있는 부분이다. 그렇다면 민세가 기대하고, 찾은 근대성의 구체적인 면모는 무엇인가? 민세는 근대적 민족 국가의 형성을 중시했다. 그 말은 즉, '근대적 인간'과 근대적 인간들의 '근대적 국가'의 맹아를 다산에서 읽어야만 했던 것을 의미한다.

(1) 「원목」, 다산의 민본주의

근대적 민족 국가의 형성의 선제조건은 근대적 인간으로의 전회라 할 수 있다. 민세가 조선 민중에게 생활개신운동과 문자보급운동을 지속적으로 장려한 것도 비슷한 선상의 이유이다. 민세는 자주적이고 자율적이며 평등한 인간관을 주장했다.

> 社會發展이 一定한 段階에 이르면 必然으로 自由를 그 生活態度의 必須한 條件으로 삼게 되는 것이오 近代 先進諸國 歷史的 의 過程은 어데나 이 自由主

---

54) 안재홍, 「茶山先生特輯」, 『신조선』 12, 1935. 8. 15.
55) '그 범위는 天文·地理·歷史·政治·經濟·法制·農政·土木·交通·器機·哲學·醫學·博物·考證·時文 등의 각 부문에 미쳐…'(선집 4, 142) 라고 다산의 학문적 범위를 조선 사회 전반에 관한 것으로 규정하는 것에서도 볼 수 있다.

義에 依하야 一定한 進步 發展의 思想的 主軸을 삼은 것은 길게 말할 바 아니며 뿐 아니라 近代의 社會發展途程에서는 自由가 統一보담도 以上의 價値性을 高調하게 된 것입니다56)

이 자유로운 인간은 기존의 군주제, 봉건제를 비롯한 계급의식을 타파할 수 있는 의식을 지니고 있어야 했다. 민세는 다산의 「원목」을 주목한다. 그는 다산이 '國家發達의 사회적 경로는 民族的이요, 또 民主的인 合理事會가 되어야 할 것을 痛論'하고자 한 것이 '「원목」저술의 목적이라고 주장한 데서 그가 「원목」을 통해 무엇을 읽고자 하는지 알 수 있다. 민세는 모건의 『고대사회』와 루소의 『인간불평등기원론』과의 비교를 통해57) 「원목」에서 다산이 말하고자 하는 바는 '民'에 의거한 정치, 더 나아가 민주주의의 원류라고 파악한다. 민세는 「원목」에서 다산의 탁월한 사회관을 읽을 수 있다고 한다. 민세가 따르면, 다산은 민중 본위의, 아래에서부터의 정치·사회관을 가지고 있었다. 민세가 주목한 「원목」의 부분은 다음과 같다.

> 목민자가 백성을 위해서 있는 것인가, 백성이 목민자를 위해서 있는 것인가? … 목민자가 백성을 위하여 있는 것이다 … 옛날에야 백성이 있었을 뿐 무슨 목민자가 있었던가 … 따지자면 황왕의 근본은 이정에서부터 시작된 것으로 백성을 위하여 목민자가 있었던 것임을 알 수 있다. 58)

---

56) 『선집』 1, 470쪽.
57) '모건의 〈古代事會〉보다 앞서서 平等으로 돌아갈 事會의 未來를 암시하였고, 루소의 〈人間不平等起源論〉과 한 가지로 强者의 權利와 예속된 奴隸를 탄핵하였고'(『선집』 4, 142쪽).
58) 정약용, 국역 다산시문집 5, 원목(原牧), 민족문화추진회 편, 1996, 16쪽.

민세는 이 대목이 인간 불평등 기원에 관하여 모건의 『고대사회』와 유사한 통찰을 보이고 있다고 지적한다. 목민자라는 사회적·정치적 권력의 기반은 민(民)에서 찾아야 한다. 개개인이 모두 자유롭고 동등한 권리를 가지고 있던 상고시대에 서로 모순되는 가치 등이 충돌하여 해결해야 할 바가 있을 때, 단지 '공언을 잘하는 장자'가 각 개인의 권리와 의무에 침해되지 않는 공정한 해결책을 제시했던 것이 결국 황왕의 근본이 된다는 것인데, 이에서 절대적인 왕권조차 민(民)의 사회 정치적 필요에 의해 정당화된다는 것을 주장하는 것이다. '賢而有德'한 者로 인하여 州長·君主·方伯·皇王까지 미치고' 라고 말하는 부분에서 알 수 있듯이, 민세는 다산이 민주주의적 평등관을 가졌다고 평가한다. 따라서 지금의 불평등한 인간 사회는 부자연스러운 일이며, 그것은 목민관이 자신의 권력의 기반이 민(民)에 있는 것을 알지 못하고 자신에게 유리하도록 법을 만들었다는 것59)에서 유래한다고 밝힌다.

> 선생이 誕生했던 英祖三十八年 壬午는 西紀 一七六二年으로 루소의 《民約論》이 세상에 발표되던 해이니, 당시 東西文物의 交通은 선생으로 직접 그 영향을 받았다고 할 수 없는 터이요, 利州 黃鍾羲의 《明夷待訪綠》에 設한 바가 선생의 政治思想에 영향한 바는 의심할 바 아니나, 〈原牧〉編에서 매우 선명한 선생의 탁월한 社會觀을 알 것이다. 60)

---

59) 해당 내용을 다산의 「원목」에서 찾으면 다음과 같다. "황제가 자기 욕심대로 법을 만들어서 제후에게 부면 제후는 또 자기 욕심대로 법을 만들어서 … 그러므로 그 법이라는 것이 다 임금은 높고 백성은 낮으며, 아랫사람 것을 긁어다가 윗사람에게 붙여주는 격이 되어, 얼핏 보기에 백성이 목민자를 위하여 있는 꼴이 되고 있다 … 그리하여 거만하게 제 스스로 높은 체 하고 태연히 제 혼자 좋아서 자신이 목민자임을 잊어버리고 있다." 위의 책, 같은 쪽.
60) 『선집』 4, 151~152쪽.

다산의 민(民)에 의거한 아래로부터의 정치에 대해 민세가 주목한 점은, 당시 동아시아 지식장에 루소의 인간 불평등기원론이 유통되고 있었음을 의식한 것으로 보인다.61) 민세가 다산이 인간의 불평등 기원에 대해 「원목」을 저술한 것이 루소나 황종희의 영향을 받지 않고 그가 당시 처했던 조선의 정치·사회적 환경에 대해 그가 유산으로 상속받았던 이전 실학자들의 연구 결과와 문제 의식을 이어받아 독자적으로 그 나름의 해결책을 구상하려 했다고 판단한 것은 다산의 독자적인, 즉 조선사의 독자적이고 근대적인 사상의 출현의 증거로 「원목」이 저술된 당시의 사회·문화적 맥락을 재구성한 결과로 볼 수 있겠다.

> 〈通塞議〉와 기타 「人物考選」條에서, 계급타파와 만민평등으로 工農小民까지 모두 國家政治에 똑같이 등장하여야 할 것을 열렬히 주장함 등은 곧 이것을 증명하기에 넉넉한 것이요 그 社會政策的 시설을 논한 데서, 近世 自由主義의 거대한 開祖로서 一步의 先驅임을 보이는 것이다. 62)

더 나아가, 민세는 다산이 모든 인간이 평등하고 자유롭다는 자유주의적 사상에 입각하여, 모든 민중이 정치적 단위로 편입될 수 있는 새로운 과거제도 도입과 차별의 철폐를 주장했다고 판단한다. 이것은 민세의 정치적 투쟁 노선과 일치하는 결과를 낳는다. 그가 주목한 「通塞議」의 부분은 다음과 같다.

---

61) 식민지 조선에서 루소는 일본의 나카에 초민이 번역한 〈민약론〉을 통해 수용되었다. 그런데 나카에 초민의 〈민약론〉은 당시 메이지 유신사회에 루소의 사상을 이해시키고 그로써 사회체제를 비판하려는 목적이 있는 의역의 요소가 있어서, 이미 유교적 면모가 들어간 채로 일차로 굴절되어 있었다. 조선에서는 황성신문에서 1909년에 처음으로 소개되었다. 송태현, 「장 자크 루소의 한국적 수용」, 『외국문학연구』 52, 한국외국어대학교 외국문학연구소, 2013 참조.
62) 『선집』 4, 149쪽.

무릇 이 과거에 합격한 자는 아래로는 대성·관각으로부터 위로는 의정부(議政府)와 이조(吏曹)에 이르기까지 임명하는 데 구애됨이 없이 하여 소위 벌열가(閥閱家)란 집안과 같이 해서 그 자손들로 하여금 영원토록 청명(淸明)한 집안이 되게 하는 것입니다. 이렇게 하면 나라의 풍속을 개혁함이 없이 막혀 있는 인재를 진작시키고 답답한 울분을 소통할 것이니, 이 방법보다 더 좋은 것이 없습니다. 이와 같이 하면 비분 강개하여 슬픈 노래를 부르고 술을 마시며 스스로 방탕하던 자들도 장차 모두 몸을 닦고 행실을 삼가며 문학과 정사, 전곡(錢穀)과 갑병(甲兵)에 대한 일에 마음을 두게 될 것입니다. 그리하여 인재가 크게 일어나 한 나라의 정채(精采)가 크게 변해질 것입니다.63)

민세는 다산이 각 개인이 모두 평등하며 황왕의 근거도 결국 일정한 능력을 갖춘 일개 개인에게 있었다는 점에서 그가 '人才 選擧의 法을 고치어 貴賤의 情實을 들 틈이 없이'64) 했다는 점에서 능력에 따른 평등주의를 주장했다고 보았으며, 결국 새롭게 세워질 신(新)국가의 정치 주체는 '인민의 均役으로 貴賤을 통하여 국가에 똑같이 공헌'할 수 있는 민중 전체가 된다.

(2) 「전론」, 다산의 국가 사회주의

閭田制라는 共同耕作의 法과, 十分一의 國家徵收로써 田稅를 대신할 것을 政治改革의 가장 根本策으로 역설한 점은, 近世土地國有論에서 출발한 일부 思想과 공통되면서, 그 실제 적용에서는 한층 進步的인 政策思想을 보이는 것으로, 다만 王室을 중심으로 하고 國家를 單位로 한 점에서만 近世 社會主義 思想과 서로 다른 것이다.65)

---

63) 한국고전종합db
64) 『선집』 4, , 144쪽.
65) 『선집』 4, 146쪽.

민세는 다산의 토지 개혁 사상을 '근세 토지국유론'과 유사하거나 혹은 한층 '진보적인 정책사상'을 띄는 것이라고 평가한다. 민세 뿐 아니라 조선학운동에 참여했던 다른 학자들도 또한 다산의 토지 개혁 사상에 주목하였는데, 그 이유는 다산의 토지개혁사상은 당시의 가장 큰 폐단이던 삼정의 문란을 국가를 단위로 삼아 개혁하면서 새로운 국가를 건설하고자 하는 근대적 국가 사상의 근거를 찾을 수 있다고 판단했기 때문이다. 민세가 다산의 토지개혁제도에서 어떤 이상적 경제 체제와 가치를 발굴하고자 했는지는 그가 1920년대, 어떤 형태의 경제 개혁을 주장했는지부터 살펴볼 필요가 있다. 민세는 '朝鮮人의 개량과 활동을 요할 것은 農業 그것이요, 朝鮮人의 수입의 大部는 農産物로써 채워야 할 것… 朝鮮은 내 나라이다. 나의 鄕土이다. 생활의 근거지이다. 문화발전의 토대이다. 세계로의 發足地'[66]라며 농업적 기반을 중시한다. 그러나 일제의 산미증식계획에 의해 '朝鮮人의 農村은 破滅'하고 있는 형국이었다. 그는 기아와 기근은 곧 '민족적으로도 또 계급적으로도 고치지 못할 社會的 禍因'이라고 지적하면서 조선인의 경제적 곤궁을 해결하기 위해 '協同組合運動'을 제시한다. 그가 조합운동을 제시한 것은 1929년, 잡지 『朝鮮』에 실은 「實際運動의 當面問題」라는 논설에서였는데, 이 논설의 부제는 '新幹會는 무엇을 할까'이다. 즉 민세는 경제적 문제를 해결하기 위한 방법으로도 민족협동전선을 추구했던 것을 알 수 있다.

> 소위 小부르조아지의 生活力있는 分子를 支持하여 그의 躍進的 思想을 가지는 프롤레탈리아로 變하는 것을 防止하는 手段으로서의 協同組合과, 및 消費 그리고 生產共同體로서의 機構로서…[67]

---

66) 『선집』 1, 182쪽.
67) 『선집』 1, 272쪽.

민세는 자본주의적인 근대 국가를 주장했으나, 그가 주장하는 근대 국가의 자본주의 형태는 사회주의 계급 혁명의 선결 조건인 프롤레탈리아의 형성을 막을 수 있는 균등 분배를 위한 협동조합과 함께 형성되는 것이었다.[68] 민세가 정치적 빈곤을 해결하기 위한 방안으로 내세운 것은 균등과 조합이었는데, 민세는 이 가치를 「전론」에서 찾고자 한다.

> 經濟개조로써 産業的 民主主義를 실현하고, 富의 生産과 그 分配를 공평히 하여 民衆의 生活을 安固케 하는데 그 澤國利民의 理想이 있었고, 그로써 政治建設의 토대를 삼았으니, 〈田論〉 七篇은 井田・均田 ・限田이 비현실적임을 지적하여 田 十結가운데 一結은 公田으로 하고, 閭長의 自治아래 共同耕作하여 收穫의 十分의 一은 국가에 貢納하여 그 稅를 대신하되, 무릇 工・商 ・士 등의 특수 技術者 이외의 農民은 반드시 農할 수 있고, 또 따라서 生活安定 대책을 수립하였다. [69]

다산이 「전론」을 저술한 목적이 민생의 생활을 안정적으로 구축할 수 있는 대책을 수립하기 위함이라고 민세는 판단한다. 그가 다산의 토지제도개혁에 대해 내린 평가는 그것이 '사회 민주주의'적인 성격을 띠었다는 것이다. 이것은 향후 민세가 직접노동을 강조하면서 계급 단위로 투쟁할 이유가 없다고 주장하는, 그의 사회경제적인 측면과 맞물린다.

2) 민세의 다산 독해, 그 평가와 의의

그러나 그의 다산 독해의 정합성은 재검토할 필요가 있다. 재검토는 두

---

68) 이지원, 앞의 책, 2007, 342쪽 참조.
69) 『선집』, 142쪽.

가지 방향에서 이루어진다. 우선 당시의 사회주의자들이 조선학 운동과 민세를 비판한 논의를 보는 것이다. 민세는 신간회 운동 당시부터 사회주의자들로부터 부르주아의식에 젖어 있다는 비판을 받아왔는데[70], 조선학 운동의 과정에서도 다르지 않았다. 투쟁의 단위를 계급으로 보고 민중의 직접 투쟁을 강조했던 사회주의 진영에서는 '민족'단위를 내세우며 관념적인 '민족문화'를 투쟁의 방법으로 내세우면서 합법적인 문화운동론 수준에 머무는 조선학운동을 긍정적으로 수용하지 않았다. 그러나 모든 사회주의 진영에서 조선학 운동을 무시한 것은 아니었다. 1920년대 사회주의가 민중 사이에서 힘을 얻고, 1930년대 경성제대 졸업생들이 지식장에 투입되면서 비판적이고 과학적인 조선학에 대한 접근이 이루어진다. 사회주의적 진영에서 민족주의적 시대정신을 공유하면서 조선학운동에 참여했던 학자로는 대표적으로 최익한, 김태준, 백남운 등을 말할 수 있다. 이들은 세계사적 보편성에서 조선적 특수성을 찾고, '과학적 방법'으로 전근대 고전을 다시 근대에 호출하는 등 민세의 연구방법론과 흡사해보인다.[71] 그러나 그들이 다산을 대하는 태

---

[70] 진영철(본명 김경재)은 민세의 '小數 부르조아지-와 밎 地主들을 爲'한 신간회 해소 반대론을 비판하고 민세의 여러 주장에는 일정 근거도 없으며 그가 제시했던 표현기관의 수립 또한 계급 운동에 반대하는 요소라고 비판하였다. 그의 논설을 보면 당시 사회주의자들이 민족주의를 어떻게 비판했는지 알 수 있는데, '民族主義란 헤겔式의 現性의 影像及 그 現實은 안이다. 民族意識 그것도 亦是 一定한 物質的基礎 우에 立脚하지 안이하고는 우리 安氏가 生角하는 觀念的 朝鮮的 그 무엇에서 創出되는 것은 안이다'라고 한다. 또한 '부르조아지-의 利用物로서의 階級的 協調를 爲한 各界單體와의 協議會는 禁物'이라며 민세를 '一個의 民族主義的 인테리에 지나지 못한' 인물로 강도높게 비판한다. 陳榮喆, 「安在鴻 코-쓰 批判」, 『삼천리』 3호, 1932. 3.

[71] 대표적으로 백남운 또한 사회운동과 민족운동의 통합을 주장하고 정인보에게 영향을 받으면서, '과학적 조선인식'을 주장한 것을 들 수 있다. 백남운의 조선연구는 문화나 문명의 발전수준이 역사발전법칙에 따라 규정된다는 보편사관에 의거한다. 사회주의자였던 그는 역사발전법칙의 변수는 계급관계라고 보았으며, 이 관계에 기초한 조선 경제사, 정치사, 문화사는 세계사적 보편성을 띈다고 본다. 이상호, 「백남운의 보편사관과

도는 유의미하게 살펴볼 필요가 있다.

> 다산을 그 시대적 의의를 떠난 다산의 茶山宗으로서의 다산을 우리는 경계하며 배척하지 않으면 안 된다. 즉 필요한 부분에서 다산을 경앙할 것이요 필요 이외의 부분에서 다산을 앙양할 것은 아니다[72]

사회주의자이자 국문학자인 김태준이 다산을 연구하는 목적과 태도에 관해서 쓴 논설에서, 그의 민족주의 진영에 대한 비판적 어조를 읽을 수 있다. 이전의 민족주의 사학에서 영웅으로 이미지화했던 단군이나 연개소문과 같은 선상에 다산을 위치시켜 놓는, 교조적인 태도에 대한 경계라 볼 수 있다.

> 다산의 사상은 양반출신이면서도 양반은 아니고 유학의 출신이면서도 순유학자純儒學者는 아니며 서학의 신도이면서도 익혹溺惑이 아니라 섭취攝取이었고 배교자背敎者이면서도 실천가이었던 것이며 봉건시대의 출생이면서도 소극적이나마 봉건사회를 저주咀呪하였던 것이다[73]

비교적 다산에 대해 긍정적이고 적극적인 평가를 내렸던 백남운 또한, 다산을 과도기적 인물로 평가했다는 점에서 당시의 사회주의 진영의 학자들이 민족주의 진영에서 다산을 '민족의 운명을 반영'하는 '근대적 인물'로 평가하고자 했던 소위 '민족주의적 과잉'에 대한 경계를 읽을 수 있다. 이것은 단순히 학술적 헤게모니의 선취에 관한 반박과 비판이 아니라, 일제 관학에 관해

조선학-문화사적 맥락의 역설을 중심으로」, 『민족문화연구』 52, 고려대학교 민족문화연구원, 2010 참조.
[72] 김태준, 「진정한 다산연구의 길」, 『김태준 전집』 3, 21쪽.
[73] 백남운, 「丁茶山의 思想」, 『1935년 다산서세 백주년 기념행사』, 1935. 7. 14.

보다 효율적인 대항을 위한, 관념적 이론에 대한 경계라고 봐야 할 것이다.74) 민세는 단재의 민족주의 사관을 '史學家로서의 申丹齋는 現代歷史科學의 主力體系인 社會經濟史의 認識의 方法을 取하지는 아니하였다'라고 평가하면서 기존 민족주의 사학의 허구성과 신비주의로의 경도를 문제점을 지적하면서 자신의 연구 방법이 과학적이라고 하였다. 그러나 그의 연구 또한 민족주의 사학 특유의 신비주의를 벗어나지 못했다.75)

두 번째 검토의 방향은 민세가 읽은 다산은 다산의 원의와 얼마나 멀어졌는지 확인하는 것이다.

> 그 農政·錢政 등의 여러 정책은 아담 스미스 이래 점차로 발달된 西歐의 정통적 經濟學派와 보조가 같은 것이요, 漕運負役의 여러 政策은 그의 軍國自爲的인 주장과 아울러 近世 資本的 國民主義者의 風儀를 뚜렷하게 갖춘 것이다. 그 社倉還上과 기타 救荒濟貧의 모든 抱負는 近代 先進諸國 社會政策 그대로요, 그의 貧民의 時와 采蒿의 詞에서 無産小民을 피눈물로 同情하고, 〈田論〉과 〈經田〉, 〈平賦〉의 여러 經綸에서는 분명한 現代經濟的 民主主義者의 이데올로기 그대로이니, 그의 萬民平等 貴賤共愛로서 견고한 經濟와 政法의 토대 우에서 확연한 新國家를 건설하려던 것은 참으로 위대하다…76)

민세의 다산에 대한 종합적 평가를 보면, 민세는 '서구'의 경제학, 자본주

---

74) 류승완은 "조선학의 분화는 순수한 학문적 분화가 아니라 역사적·정치적 대립의 학술적 반영이다"라고 평가한다. 류승완, 앞의 논문, 2013, 228쪽.
75) 이것은 그의 다산 연구에서보다 조선정치철학을 그 재료로 삼아 해방 직후 자신의 '민세주의'의 철학적 근거로 제시한 다사리주의 등에서 찾아볼 수 있는데, 그는 언어학적으로 서구 근대의 민주주의와 같은 개념들이 조선사를 비롯한 과거사에 존재한다고 주장했다. 대표적으로 그는 숫자 '다섯'의 어원을 추적하여 신민주주의의 개념인 '다사리'를 만들어낸다.
76) 『선집』 4, 146쪽.

의적 국민주의, 사회주의와 같은 지표를 활용해 그가 '先驅者'였다고 말하고 있다. 다산이 과연 서구적 근대성을 표방했는가에 관한 질문에 관해서는 대체적으로 부정적인 답변을 내는 것이 학계의 공통적인 의견이다.[77] 그러나 다산의 학술을 근대 사회의 가치로써 이식하려는 시도는 현재까지도 이어지고 있는 것을 볼 수 있다.[78] 다산은 민세를 비롯한 근대 지식인들이 기대한 것처럼 적극적이고 반동적인 반(反)성리학자[79]가 아니었다. 그는 절대 왕정의 도덕적 군주의 통치 아래에서 명분적으로 타당한 봉건주의 사회, 즉 유교적 이상사회를 실현하고자 했던 전근대 유학자이다.

먼저 다산은 과연 '민주주의'의 원류였냐는 질문을 제기할 수 있다. 민세는 다산을 '사회 민주주의자'라고 평가했으며 그의 민(民)에 대한 이해는 보다 적극적이고 자율적인 정치 주체인 셈이다. 다산은 인간의 자율성을 거론

---

[77] 대표적으로 김선희(2017)는 다산이 표방한 세계는 근대적 세계가 아니라 유교적 공적 사회였다고 말한다. "문제가 되는 점은 그가 '유럽 근대성에 대한 열정'을 가지고 있었는지 하는 점이다. 잘 알려져 있듯 다산은 서학서를 읽었고 자기 철학의 핵심 이론에서 이를 활용했다. 그러나 그의 서학 이론의 이해와 활용의 동기와 목적을 '유럽의 근대성'이라고 볼 근거도 그에 대한 '열정'이라고 볼 근거도 발견할 수 없다."라고 말하는 데서, 근대 지식인들이 다산이 서학서를 읽고 기독교를 수용하여 '근대적 사상'을 가지고 있었다고 평가하는 것이 정합성이 떨어진다고 평가하는 것을 볼 수 있다. 김선희, 앞의 논문, 2017, 110쪽 참조.

[78] 대표적으로는 다산을 민권론자, 혹은 민본주의자라고 해석하면서 현재 우리 사회에 통용되는 서구 근대적 민주주의 가치의 맹아를 다산에게서 찾을 수 있다고 기대하며 다산을 독해하는 시도를 예시로 거론할 수 있다. 조선학운동 당시 뿐 아니라 조광 등의 해방 이후 다산 독해에서도 이 맥락은 이어졌으며, 임형택, 백철현, 송낙선의 최근의 연구에서도 민권의 개념을 폭넓게 확장시키려는 시도를 찾아볼 수 있다.

[79] 다산을 반성리학자, 혹은 반주자학자로 평가한다는 것은 결국 주자를 반공맹학이라고 정의해야 하며 그러한 움직임이 근대적이라고 말하려면 주자학은 반근대적, 공맹은 근대가 되어야 한다. 일반적으로 다산은 정치적으로는 봉건주의를 신봉한 전근대적 인물이며, 학문적으로는 주자학의 이기론적 세계관을 비판하기는 했으되 여전히 공맹학의 전통에 놓여있는 인물이라고 평가된다. (김치완, 「茶山學」으로 본 實學과 近代개념에 대한 비판적 접근」, 『역사와 실학』 51, 역사실학회, 2013, 226쪽 참조.

한다.80) 하지만 그가 거론하는 자율성은 철저히 도덕성에 한정된 것이다. 게다가 자율적 도덕성이라는 것이 반드시 정치적 주권으로 귀결되지는 않는다. 현재까지도 종종 다산 사상의 '혁명성'이라고 호출되는 「원목」과 「탕론」을 그 안에서 근대성과 민중직접혁명이라는 지향점을 가지고 읽으면, 마치 다산이 민중에 의한 직접 혁명을 주장한 것처럼 읽히기도 한다. 하지만 '통치자는 민(民)의 사회적 필요에 의한 합의에 의해서 그 권리가 정당성을 얻는가?'라는 질문을 가지고 다산의 원문을 재검토보면 민세의 다산 독해에는 일종의 굴절이 발생하고 있음을 알 수 있다.

일례로, 민세가 사회 민주주의적이며 근대 경세학자적인 면모가 있다고 평가한 「전론」을 보면 아래로부터의 정치의식보다는 전통적인 유가적 천명 사상이 보다 뚜렷하게 드러나는 것을 볼 수 있다. 민세는 다산이 '왕실을 중심으로' 개혁 사상을 전개했다는 것이 대수롭지 않은 부분이라고 넘기며 그의 '위민(爲民)'을 민(民)의 주체성으로 의도적으로 강조하지만, 다산에게 국왕과 국가라는 것은 그의 사상을 의도적으로 편집하고 재구성하지 않는 이상, 오히려 개혁과 이상사회의 구심점이자 주체였다. 토지는 공적 재산이며 그것의 사사로운 소유를 막기 위해 다산은 정전제라는 새로운 제도를 제시했으며 이 제도의 운용은 인격적 주체가 아닌 초월적인 존재, 즉 강력한 왕권에 의해서 가능한 것이다.81)

---

80) 다산의 도덕적 자율성은 개인의 행동에 대한 책임감이나 의무보다는 기호와 선악간 선택에 관한 자유로운 선택에 가깝다고 파악할 수 있다. 따라서 다산이 말하는 마음의 자주권은 오히려 "이것 아니면 저것을 선택할 수 있는 상대적 자유"에 가깝다고 볼 수 있겠다. 오문환, 「다산 정약용의 근대성 비판-인간관 분석을 중심으로」, 『정치사상연구』 7, 한국정치사상학회, 2002 참조.
81) 김선희, 「다산 정약용의 유교적 공적 세계의 기획」, 『다산과 현대』 31, 다산학술문화재단, 2017 참조.

민세는 다산을 국가 사회론자, 근대적 사상가로 '읽었지만' 다산이 '쓴' 것은 근대적 민족 국가의 건설과는 현저한 거리가 있는 유교적 이상 사회였다. 민세의 다산 독해는 철저히 그의 정치적이고 시대적인 목표에 의거하여 진행되었다.

4. 민세의 다산 확장 - 신민족주의와 신민주주의

민세의 다산 독해는 근대성 발굴에서 멈추지 않았다. 그가 1920년대부터 기고한 신간회의 필요에 관한 논설부터, 해방 직후의 「신민족주의와 신민주주의」까지는 일관된 문제의식이 있었다. 「신민족주의와 신민주주의」의 서언에의 '오늘날의 최대 급무는 新民族主義와 新民主主義를 목표로 삼는 統一民族國家의 결성'이 그것이다. 그의 건국이념은 '招階級的으로 정복되어 압박 착취되었고 다시 超階級的으로 해방되었으니, 超階級的 統合民族國家건설'82)이었다. 「신민족주의와 신민주주의」는 민세가 해방 직후에 '아무리 行動主義者이라도 이제 深甚한 思考를 요'하는 어지러운 정세를 반영하여 새롭게 세워질 국가가 어떤 가치를 표방해야 할지 식민지 조선의 '부르주아 민족주의 좌파'로써의 자신의 입장을 보여주는 논설이다. 그는 새로운 국가와 사회의 제반이 될 새로운 정치는 조선정치철학에서 그 원류를 찾아야 한다고 주장한다.

그 중에서도 특히 민세가 '雄遠한 哲理'로 제시한 것은 셈말의 고유어가 가지고 있는 가치를 추적하는 것에서 볼 수 있는데, 그는 조선의 고유한 정치

---

82) 『선집』 2, 55쪽.

철학으로는 '넷', 즉 '나엇'을, 상대(上代)의 민주주의를 '다섯', 즉 '다사리'로 제시한다.

> 「나라」는 國家이니, 「나」인 自我의 生活意識을 근본 의도로 한 民族의 生存協同體로서의 精神의 集結體인 것이다. 이 「나」의 理念에서 國家哲學 있고 政治哲學 있으니, 一瞥함을 요한다.83)

민세의 어원 분석에 따르면, '나'의 연장선은 '국가'에 있으며 동시에 '국가'는 '나'로부터 출발한다. 민세가 다산의 「원목」의 의의를 평가하면서 민중 모두가 국가의 체제 안으로 유입되어 정치적 주체가 된다고 말한 것에서 유사점을 찾을 수 있다.

> 五는 「다섯」이니, 「다사리」로, 攝理와 治理이다 … 목적으로서는 萬民을 모두 생활 및 생존하도록 하고 萬民共生의 道念을 표현함이니, 政治의 이념이 본대 萬民總言·大衆共生이라는 민주주의적 指導原理에 나온 것이다. 「다사리」의 - 治理의 原義가, 强暴·僭越·跋扈·亂動을 禁制하고, 平靜 安寧한 국가 사회로서 萬民共生 · 大衆共樂의 理想境을 목표로 삼은 것은 분명하다.84)

또한 그가 민주주의, 평등의 이념으로 제시한 다사리주의를 살펴보면 그는 평등주의를 비롯한 민주주의 이념이 우리 민족 역사와 문화에 상고시대부터 존재하고 있다고 말한다. 3·1 운동 이후 해방 이후의 국가가 띠어야 할 정치적 형태는 '민생공화(民生共和)와 만민평등(萬民平等)'인 것이 대중적인 의견이었는데, 민세도 이것을 수용한 것이다. 조선정치철학으로부터 계

---

83) 『선집』 2, 34쪽.
84) 『선집』 2, 34~37쪽.

승한 유산으로 만들어낸 민세의 가치는 현실적으로는 어떤 이상사회를 구상하고자 하였는가?

> 智力을 고르게 하고 富力을 고르게 하고 權力을 고르게 하는 것은 이르되 三均이다. 智 富 權 셋은 人生 生活의 基本條件이오 이것의 偏在獨擅됨이 없고 골고로 分配所有되는 均等社會 共榮國家를 맨드는 것이 三均制度이다 그 倫理的 發動과 行使의 點에서는 智力이 元本的인 것 같지마는 大衆的이오 또 社會的인 制約機能에서는 富力이 決定的인 條件으로되어있다 現代的社會에서 一切를 支配하는 것이 富力卽經濟的 土臺인것이오 그 우에 政治的 機構 卽權力體制가 建造되는 것 이며 따라서 智力 卽 敎育文化의 諸 機能이 되는 것 이다 決定 古今 東西一切 의 社會問題 人世의 葛藤이 모든 不平等에서 된 것이어니와 비록 起因으로 千態萬狀 움지기는 不平等이란 者도 그밋동인 卽實 은 富 權 智셋에서 한 것이다 出發 그럼으로 社會의 不平等을 拔本的으로 하는 것은 拂拭 이 셋을 골고로 함에 있나니 이 三均制度 요 三均의 實踐을 政綱政策으로 하는 곳에 문득 三均主義라고 일커를 수 있으니 이 三均主義의 成立되는 理由이다[85]

그는 '신민족주의와 신민주주의'의 실현은 구체적으로 경제, 교육, 권리 세 가지 요소의 균등(均等)이 이루어질 때 가능하다고 제시한다. 가장 기초가 되는 것은 경제적인 생활이 정상적으로 영위되는 것이며, 경제적 생활이 영위되고 난 후에 교육의 균등과 정치적 권리의 균등이 이루어지는 것이 곧 삼균주의이며 이것이 바로 민세가 제시한 민주주의의 새로운 형태인 것이다.

> 全國民 各階層의 富利 즉 그의 平權的인 생존 및 생활을 정치적 경제적 문화적으로 구현하되, 우리의 祖國과 同抱와 歷史와 및 文化의 傳統과를 사랑하고

---

[85] 안재홍, 「三均主義와 新民主主義」, 『한성일보』, 1946. 12. 8.

동경하면서 그를 現代的으로 醇化 昂揚하여, 널리 人類 大同의 潮流에 적응케 하기로 한다. 이는 進步的인 民族主義요, 또 선량한 國際協同主義인 것이다.[86]

민세는 '민족'을 단위로 경제적 생활과 민중의 생활화, 교육의 민중화가 민족 문화와 전통과의 연결성 속에서 이루어져야 한다고 보았다. 이것은 그가 조선학 운동 당시부터 주장해오던 세계사적인 조선의 위치와 조선적 자아의 창건이라는 역사적 인식을 견지하고 있는 것임을 알 수 있다. 따라서 민세는 해방 후의 조선 민족에게 인류애를 겸비하면서도 민족의 주체성을 잃지 않는 진정한 세계시민의 태도를 바랐다고 평가할 수 있는 것이다. 그런데 이 세 가지 요소 중 특히 부의 균등은 그가 다산을 근세적 사회주의자, 혹은 국민주의자라고 평가한 부분에서 찾아볼 수 있다.

> 近世 資本主義的 國家思想 勃興期에서 正統派的 經濟思想에 입각한 財政·經濟·殖産興業의 策과 教育發展과 强兵自衛의 政策임을 볼 것이니, 이런 점에서는 선생이 뚜렷한 近世 國民主義의 선구자임을 인식할 것이다.[87]

'부의 균등'은 민세가 다산의 토지 제도의 분배를 강조할 때 찾아볼 수 있다. 계급 문제 해소, 그리고 민족 단위의 통합으로 나아감으로써 민중이 생활의 영위 뿐 아니라 사회·정치적 투쟁을 진행할 수 있도록 조선인의 경제적 빈곤 문제를 해결하기 위한 국가 단위의 토지 개혁은 민세가 다산을 독해할 때도 그 지향점이 뚜렷하게 드러나는 부분이다. 또한 민세의 신민주주의는 부의 분배가 균등하게 이루어지는 것이 강조되는 만큼, 사회 민주주

---

86) 『선집』 2, 98쪽.
87) 『선집』 4, 148쪽.

의적인 성격을 띠고 있는데 이 또한 다산을 '사회 민주주의자'라고 평가한 데서 그의 다산 독해의 지향점과 해방 이후의 이상 사회의 지향점이 합치하는 것을 볼 수 있다.

민세는 민족문화를 비롯한 민족 역사가 일제에 대한 문화적 저항의 수단임을 인식하고, 그것의 중요성을 끊임없이 강조해왔다. 그가 다산을 독해하는 과정은 그의 정치·사회적 문제의식이 얽혀 있었고 동시에 그가 신국가·신사회의 구성 과정에 제시한 신민족주의와 신민주주의에도 그가 독해했던 다산의 정치철학적 개념이 반영되었던 것이다. 해방 직후의 지식장은 식민지 조선의 지식인들이 그동안 그려왔던 이상사회를 실현할 수 있는 텅 빈 사상적 공간이었는데, 민세는 그 공간에 '조선색을 짜너은' 신민족주의를 배치시키고자 했던 것이다.

5. 나가며: '지금—여기'와 '조선색을 짜너은'

민세의 '신민족주의와 신민주주의'는 지금의 우리 사회의 '민주주의'에 어떤 영향을 끼쳤다고 판단할 수 있는가? 해방 직후 민세가 작성한 「國民黨宣言」을 통해 살펴보고자 한다.

> 사람은 「사름」이라, 人類 共存의 洪大한 理念을 함축한 바인데, 나라는 「나로라」라, 自我意識의 강렬한 충격에서 결성된 것이다. 밖으로 人類 大同의 이념에 適應하고 안으로 民族自存의 의도에서 集結猛進함을 요청하는 것은, 世界史上 空前한 慘禍를 거듭거듭 겪어오는 列國 現代의 인민들이 각각 냉엄하게 체험한 바이다.88)

민세는 세계시민으로서의 조선 인민이, 일제 압박에서 벗어나 그릴 청사진의 단위 또한 민족국가로 제시함으로써 식민지 조선의 문제 의식을 계승하였다. 그는 끊임없이 전통의 서사를 주체적인 민족문화로 재구성하고자 하였으며, 재구성의 도구는 다산이었다.

민세가 다산을 통해 확인하고자 했던 이상사회는 어떤 모습이며, 또한 어떤 의미를 지니고 있는가? 민세는 '茶山先生은 朝鮮이가젓든 最大學者이나 改革的 政治家로서 實際의 局에 當하야 그 澤國利民으로 新我舊邦하는 大經綸을 펴보지 못한 것은 거듭거듭의 恨事이라 이제 되푸리 하지말고…'89) 라고 말하며 다산의 사상이 적극적으로 사회 변화를 이끌어낼 정도로 당시의 지식장에 수용되지 못한 것을 안타까워한다. 여러 번의 투옥과 연이은 정치적 행보의 실패는 민세에게 자신의 처지를 강진에 유배된 다산과 등치시키도록 했을 것이다. 시대를 통찰하고 국가와 백성을 걱정하며 정진했던 학자의 모습은 다산 본연 보다는 다산이라는 거울에 비춰진 민세 자신의 모습일지도 모른다. 결국 민세와 시대의 거울에서 다산은 굴절된다.

'굴절된 다산'이라는 것은 곧 '굴절된 근대'를 의미한다. 이 '굴절'된 독해와 확장은 지금의 한국 지식장에 모종의 그림자를 드리우고 있다. 다산이 당면했던 시대 문제에 대해서 현실의 민중과 유리된 탁상공론을 답습하지 않고 국가를 단위로 한 개혁을 주장하고 새로운 국가 건설을 위한 토지제도 개혁을 구상한 것은 사실이다. 그러나 그것은 근대 조선의 지식장에서 기대했던 민중 본위의 직접 혁명과 유사한 이상사회의 모습을 공유하고 있지 않았다. 오히려 그들이 지양하고자 했던 위로부터의 전체주의적인 국가 개혁에

---

88) 『선집』 4, 61쪽.
89) 『선집』 6, 153쪽.

가까웠다. 그러나 근대 지식인들은 다산의 전근대적인 면모를 포함하여 그의 사상을 포괄적으로 조망하는 것보다는 부분마다 존재하는 근대적 면모를 의도적으로 부풀려 그를 '굴절'하여 독해하는 것을 선택했다. 그러나 이것은 단순한 왜곡으로만 판단할 수는 없다. 1930년대 근대 조선의 지식장은 어떤 가치도 그 본의대로 논의될 수 없었다. 민족의 독립과 해방이라는 역사적인 당면 과제에 함몰되었기 때문이다.

해방 직후의 지식장은 어떠했는가? 자주독립의 꿈은 신탁통치로 인해 허망하게 무너졌으며 백지와도 같았던 해방 직후의 사회에는 1930년대와 유사한 문제-서로 다른 가치들의 충돌과 모순-가 오히려 복잡해지기 시작했다. 식민지 시대에 논의의 심화를 가로막고 있던 것처럼 보이던 '민족의 독립과 해방'이라는 당면 과제가 사라지자, 서로 다른 논의를 집결시킬 수 있는 구심점조차 잃게 된 것이다. '만민공화(萬民共和)'라는 청사진은 구체적이지 못했고 민세와 같은 부르주아 민족주의 좌파 세력은 양 진영 모두에게서 중도주의자라고 공격 받으면서 정치적인 목소리를 잃어갔다. 그러나 민세는 해방 이후에도 일관된 정치적 문제의식을 가지고 '민족문화'라는, 1930년대 지식장에서 형성된 도구를 가지고 이상사회 건설을 이야기하고자 했다. 그의 이상사회 건설론과, 그리고 그 논의의 실패는 단순히 어설픈 중도주의자의 이상적이고 낭만적인 사견이라고만 평가할 수는 없을 것이다. 한국의 지식장은 여러 변동이 있었다. 민족주의와 민주주의는 시대간의 단절로 인해 지속적으로 논의될 수 없었다. 식민지 시대에 이어 신탁통치, 부정선거, 군부독재 등에 이은 시대적 과제들은 언제나 있었다. 이 뚜렷하게 굴곡진 시대적 과제들은 민주주의의 가치와 실현을 논의하는 것을 자꾸만 뒤로 늦춰왔다. 어떤 사상이라도 시대적 과제에 함몰되지 않고 그 '본의'대로 읽는 것은 불가능하다. 철학적 사유는 시대적 과제에 대해 투철하게 고민하고 대응하는 과정에서 도출되기 때문이다. 민세가 1930년대에 진행한 다산 독해는 분명 굴절되어 있었지만, 그 굴절은 다시 '신민족주의와 신민주주의'라는 새로운 가치를 형성했다. 민세가 제시한 이상사회의 가치가 지금의 사회에서 어떤 의미를 가지고 있는지 이끌어내기 위해서는 그의 사상에서 그의 '지금-여기'가 어떻게 이해되었는지 다시금 독해할 필요가 있을 것이다. 더 나아가 복잡다단한 우리의 '지금-여기'를 돌파하기 위한 사상적 힘을 구축하기 위해서는 그의 '지금-여기'가 우리의 '지금-여기'와 어떻게 맞물리는지 재구성해볼 필요가 있을 것이다.

참고문헌

安在鴻, 『民世安在鴻選集』 1, 2, 4, 6권, 安在鴻選集刊行委員會編, 지식산업사, 1981-2008.
민세안재홍전집(民世安在鴻全集)자료집성 및 DB화
    (http://waks.aks.ac.kr/rsh/?rshID=AKS-2012-EBZ-3101)
정약용, 민족문화추진회 편, 국역 다산시문집 5, 1996.
한국고전종합db (http://db.itkc.or.kr/)

김도형 외, 『일제하 한국사회의 전통과 근대인식』, 혜안, 2009.
김운태, 『일본제국주의의 한국통치』, 박영사, 1998.
박섭 외, 『식민지 근대화론의 이해와 비판』, 백산서당, 2004.
방기중 편, 『일제하 지식인의 파시즘체제 인식과 대응』, 혜안, 2005.
역사문제연구소 편, 『한국 현대사의 라이벌』, 역사비평사, 1992.
이지원, 『한국 근대 문화사상사 연구』, 혜안, 2007.
찰스 테일러, 이상길 옮김, 『근대의 사회적 상상: 경제·공론장·인민주권』, 이음, 2010.
한국학중앙연구원 편, 『민세 안재홍 심층연구』, 황금알, 2005.
한영우, 『다시 찾는 우리 역사』, 경세원, 1997.
한영우, 『한국선비지성사: 한국인의 문화적 DNA』, 지식산업사, 2010.

김명구, 「韓末 日帝强占期 民族運動論과 民族主義 思想」, 부산대학교 사학과 박사학위청구논문, 2002.
김명구, 「안재홍의 1920년대 구미(歐美) 정세 인식」, 『대구사학』 131, 대구사학회, 2018.
김명구, 「植民地時期 安在鴻의 左翼民族主義運動論」, 『白山學報』 43, 백산학회, 1994.
김선희, 「『경세유표』의 경로들」, 『시대와 철학』 23, 한국철학사상연구회, 2012.
김선희, 「전근대 문헌의 公刊과 근대적 호명」, 『民族文化』 46, 한국고전번역원, 2015.
김선희, 「근대 전환기 다산 저술의 출판과 승인-『경세유표』를 중심으로」, 『동방학지』 180, 연세대학교 국학연구원, 2017.
김선희, 「다산 정약용의 유교적 공적 세계의 기획」, 『다산과 현대』 31, 다산학술문화재단, 2017.
김선희, 「조선학에 비친 다산」, 『다산과 현대』 10, 연세대학교 강진다산실학연구원, 2017.
김인식, 「안재홍의 신민족주의 이념의 형성 과정과 조선정치철학」, 『한국학보』 24, 일지사(한국일보), 1998.
김인식, 「안재홍의 3·1 민족운동 像과 신민족주의 역사의식」, 『한국민족운동사연구』 76, 한국민족운동사학회, 2013.
김인식, 「1920년대와 1930년대 초 '조선학'개념의 형성 과정-최남선·정인보·문일평·김태준·신남철의 예」, 『숭실사학』 33, 숭실사학회, 2014.
김인식, 「1930년대 안재홍의 '조선학'론」, 『한국인물사연구』 23, 한국인물사연구회, 2015.
김원도, 「日帝時期 安在鴻의 民族運動」, 『文化傳統論集』 14, 경성대학교 한국학연구소, 2007.
김진호, 「다산 정치사상에 대한 '민권 이론'비판」, 『국학연구』 23, 한국국학진흥원, 2013.
김진균, 「근대 계몽기(1894~1910)의 다산 호출」, 『다산과 현대』 5, 연세대학교 강진다산실학연구원, 2012.
김치완, 「茶山學」으로 본 實學과 近代개념에 대한 비판적 접근」, 『역사와 실학』 51, 역사실학회, 2013.
류승완, 「1920~1930년대 조선학의 분화에 대한 일 고찰」, 『숭실사학』 31, 숭실사학회, 2013.
박찬승, 「1920년대 중반~1930년대초 민족주의 좌파의 신간회운동론」, 『한국사연구』 80, 한국사연구회, 1993.
서재원, 「民世 安在鴻의 政治思想 硏究」, 『동국역사교육』 4, 東國史學敎育會, 1996.
신주백, 「'조선학운동'에 관한 연구동향과 새로운 시론적 탐색」, 『한국민족운동사연구』 67, 한국민족운동사학회, 2011.
송태현, 「장 자크 루소의 한국적 수용」, 『외국문학연구』 52, 한국외국어대학교 외국문학연구소, 2013.
윤대식, 「안재홍의 항일투쟁론: 언론을 통한 지사적(志士的) 정치투쟁의 변형과 한계」, 『21세기 정치학회보』 14, 21세기 정치학회, 2004.
윤대식, 「驚馬戀棧豆의 경계와 白熱의 정치적 삶」, 『한국동양정치사상사연구』 9, 한국동양정치사상사학회, 2010.
이상익, 「안재홍(安在鴻) "다사리주의(主義)"의 사상적 토대와 이념적 성격」, 『한국철학논집』 31, 한국철학사연구회, 2011.
이상호, 「백남운의 보편사관과 조선학-문화사적 맥락의 역설을 중심으로」, 『민족문화연구』 52, 고려대학교 민족문화연구원, 2010.
이윤갑, 「안재홍의 근대 민족주의 비판과 신민족주의」, 『한국학논집』 54, 계명대학교 한국학연구원, 2014.

이지원, 「1930년대 안재홍의 조선학연구에서 근대정체성 서사와 다산 정약용」, 『歷史敎育』 140, 역사교육연구회, 2016.
오문환, 「다산 정약용의 근대성 비판-인간관 분석을 중심으로」, 『정치사상연구』 7, 한국정치사상학회, 2002.
장문석, 「식민지 출판과 양반」, 『민족문학사연구』 55, 민족사학회·민족문화연구소, 2014.
정윤재, 「安在鴻의 政治思想硏究: 그의 新民族主義論을 中心으로」, 『社會科學과 政策硏究』 3, 서울대학교 사회과학연구소, 1981.
정윤재, 「신간회운동의 정치적 성격에 관한 일고」, 『한국동양정치사상사연구』 9, 한국동양정치사상사학회, 2010.
정출헌, 「국학파의 '조선학'논리구성과 그 변모양상」, 『열상고전연구』 27, 洌上古典硏究會, 2008.
주인석, 「민세 안재홍(民世 安在鴻)의 정치노선」, 『민족사상』 9, 한국민족사상학회, 2015.
차승기, 「1930년대 후반 전통론 연구-시간·공간 의식을 중심으로-」, 연세대학교 대학원 국어국문학과 박사학위 청구논문, 2002.
최연식, 「朝鮮後期 社會變動과 茶山의 社會改革論」, 『동양고전연구』 2, 동양고전학회, 1994.
최영성, 「한국사학: 일제시기 반식민사학의 전개-신채호, 정인보, 문일평, 안재홍, 백남운을 중심으로」, 『한국 사상과 문화』 9, 한국사상문화학회, 2000.
최혜주, 「1920년대의 『朝鮮公論』사설에 나타난 조선통치론과 내선융화론」, 『한국민족운동사연구』 92, 한국민족운동학회, 2017.
채관식, 「안재홍의 인류학 이론 수용과 조선 상고사 연구 - 「朝鮮上古史觀見」을 중심으로」, 『韓國史硏究』, 2014.
한영우, 「安在鴻의 新民族主義와 史學」, 『한국독립운동사연구』 1, 독립기념관 한국독립운동사연구소, 1987.
허재훈, 「민족의 발견과 근대성의 형성」, 『철학연구』 94, 대한철학회, 2005.

지역 문화콘텐츠로써의 역사인물 활용 방안
- 평택시의 안재홍을 중심으로

방유미 (경희대학교 국제한국언어문화학과 박사 수료)

지역 문화콘텐츠로써의 역사인물 활용 방안
- 평택시의 안재홍을 중심으로

방유미 (경희대학교 국제한국언어문화학과 박사 수료)

1. 서론

본 연구는 평택의 역사인물 안재홍을 지역의 문화콘텐츠로 활용하는 방안에 대해 고찰하는 것을 목적으로 한다. 평택은 1995년 도농복합형태의 '통합 평택시'로 출범한 이후 30년이 지난 지금까지도 시민들의 공통된 정체성 형성이 제대로 이루어지지 않은 상황이다. 또한 평택은 주변 도시들에 비해 관광객 유입이 상대적으로 부족한데, 이는 도시를 대표할 만한 랜드마크나 문화적 상징물이 부족하기 때문이라는 지적이 있다(임봄, 2016).

지방소멸 위기가 현실화되는 현 상황에서 지역정체성 확립과 지역문화 활성화는 더욱 중요한 사회적 과제로 부각되고 있다. 지역문화콘텐츠는 지역의 정체성을 구성하고 강화하는 주요 요소이며 지역발전과 지역 경쟁력 향상에 핵심적 역할을 수행하기 때문에 주목할 필요가 있다(김진형, 2014; 이병민, 2020). 본 연구는 평택의 다양한 문화자원을 찾아보고 이를 문화콘텐츠 자원으로 활용하는 구체적 방안을 논의함으로써 지역 활성화를 도모하고자 한다. 그 대표적 사례로 평택 출신 독립운동가이자 언론인, 사상가였던 안재홍을 선택했으며 문화콘텐츠로써의 안재홍의 활용 방안을 중점적으로 분석한다.

역사인물 자원은 지역의 정체성을 드러내는 스토리텔링이 용이할 뿐만 아니라 역사적 인물의 행적이 지역에 유·무형의 형태로 남아 있어 그 지역만의 독특한 문화자원으로 활용할 수 있다. 김홍식·김진형(2011)은 지역 역사인물의 문화콘텐츠화를 위한 OSMU(One Source Multi Use) 적용방안을 제시하면서 경제와 문화의 나란한 부흥이라는 핵심가치를 실현시키기 위한 문화콘텐츠의 소재로 "역사인물(Historical Characters)"을 들고 있다. 이 보고서에서는 '인물의 출생지 유무'와 '지역과의 관련성 유무'를 지역 역사인물 선정의 필수적 준거로 제시했다. 이상우(2024)는 "문화인물의 발굴은 그 인물이 남긴 유산을 재해석함으로써 현재 세대와 지역사회에 새로운 문화적 정체성을 제공할 수 있다."라고 말했으며 최명진(2019)은 역사인물을 "중앙·지역을 통틀어 역사적 사건과 기록에 남은 특별한 인물로서 시대를 막론하고 사람들에게 기억되고 추모되는 대상"이라고 정의하며 역사인물 자원의 문화콘텐츠화 가능성을 강조했다. 우리나라의 대표적인 역사인물 콘텐츠화 사례로는 남양주의 정약용, 영월의 단종, 천안 유관순, 아산의 이순신 등이 있으며 이러한 지역 출신 역사인물을 활용한 콘텐츠 개발은 해당 지역의 문화적 정체성 강화에 기여했다.[1]

---

[1] 국내의 역사인물의 콘텐츠화를 다룬 선행연구로는 윤유석, 역사 인물의 스토리텔링 변화와 기념관의 문화콘텐츠 개발 - 최용신기념관을 중심으로 -, 역사와교육 36, 2023, 101-126쪽; 이영준·김진영, 역사문화콘텐츠로서 세종대왕을 활용한 지역정체성 확립, 글로벌문화콘텐츠 51, 2022, 21-39쪽; 남영주, 지역 역사 인물의 전시콘텐츠 개발 방안

안재홍은 역사인물 선정의 필수적 준거인 '출생지 유무'와 '지역과의 관련성'을 모두 충족하는 인물로 평택의 문화브랜드 구축에 핵심적 역할을 할 수 있는 역사적 자산이다. 무엇보다도 안재홍이 '조선학운동'을 전개한 주요 장소가 바로 평택이라는 사실은 평택이 단지 그의 출생지일 뿐만 아니라 사상의 실천 공간이었다는 점에서 주목할 만하다. 본 연구는 이를 기반으로 '지역학으로서의 평택학'의 정체성을 심화하고 지역학 담론의 확장을 통해 그 학문적 위상을 제고하는 데에도 중요한 역할을 할 것이다.

본 연구는 지역 역사인물의 콘텐츠화를 다룬 기존의 연구들과 비교할 때 다음과 같은 두 가지 측면에서 차별적 의의를 지닌다. 첫째, 연구 대상과 지역적 맥락의 특수성이다. 기존 연구들이 주로 전국적 인지도를 확보한 역사인물(이순신, 정조, 세종대왕 등)이나 이미 문화적 정체성이 어느 정도 확립된 지역을 대상으로 한 반면 본 연구는 상대적으로 대중적 인지도가 부족한 안재홍이라는 인물을 재조명함으로써 연구 대상의 폭을 확장하였다. 둘째, 활용 방안의 구체성이다. 단순 기념사업 수준에 그치는 기존 논의와 달리 디지털 기반 콘텐츠, 실감형 체험 프로그램, 융합형 문화콘텐츠 등 다양한 기술적·문화적 형식을 결합한 구체적 실행 전략을 제안함으로써 연구의 실현 가능성을 높였다.

연구방법으로는 문헌연구와 사례분석을 병행하여 안재홍 관련 1차 자료의 수집과 분석, 평택시 문화자원 현황 조사, 국내 역사인물 콘텐츠화 성공사례 분석을 통해 실증적이고 구현 가능한 활용 방안을 도출하였다. 먼저 안재홍의 생애와 업적, 그리고 민세안재홍선생기념사업회(이하 민세기념사

연구 - 서상돈 사례를 중심으로 - , 동아인문학 62, 2023, 235-267쪽; 신춘호, '소현세자빈 강씨' 역사문화콘텐츠 개발을 위한 소고, 인문콘텐츠 17, 2010, 393-418쪽 등이 있다.

업회)의 활동 현황을 분석하기 위해 관련 자료를 수집하여 검토했다. 민세기념사업회가 그동안 체계적으로 수집해 온 방대한 자료를 연구의 핵심 기반으로 활용하였는데, 『민세안재홍선집』 1권~8권, 『민족지도자 안재홍 연보』 1권~4권, 『민족지도자 안재홍 공식 화보집』, 『민세학술연구총서』 1권~13권, 『영호남기행1』, '民世 安在鴻全集 資料集成 및 DB化' 사이트, '조선 뉴스 라이브러리 100', 역대 '민세상 수상자' 인터뷰, 안재홍 구술 아카이브 등의 기록물에서 정보를 수집해 참고했다.

평택시의 문화콘텐츠 자원 현황을 분석하기 위해서는 평택시청 홈페이지, 평택문화원, 평택문화재단에서 발간한 자료와 『평택시사』, 그리고 『평택시민신문』과 같은 지역 언론 등의 문헌자료를 수집·분석했다. 자료 수집 후 1차 자료에서 연관성이 있는 키워드들을 추출한 후 범주화하고 주제로 확장할 수 있도록 충분히 분석하는 과정을 거쳤다. 이후 키워드 간의 연결고리를 찾아 상위 범주로 통합하여 수집한 사례들의 의미를 포착해 연구 주제와 관련된 핵심 개념과 맥락을 심층적으로 도출해 냈다. 그다음 국내 역사인물 콘텐츠화 사례를 비교·분석하여 평택의 문화콘텐츠로써의 안재홍을 어떻게 활용할지에 관한 활용 방안을 기획했다.

본 연구는 단순한 이론적 논의에 그치지 않고, 디지털 기반 콘텐츠, 실감형 체험 콘텐츠, 융합형 문화 프로그램 등 다양한 측면에서의 실질적 활용 방안을 제안함으로써 안재홍을 통한 평택 지역의 활성화에 기여하고자 한다. 이를 통해 도시 정체성 확립을 통한 평택만의 고유한 문화 브랜드 구축, 경제성 제고를 통한 관광산업 활성화 및 지역경제 발전, 교육적 가치 실현을 통한 시민 의식 향상과 지역 공동체 결속 강화를 실현할 수 있을 것으로 기대된다.

2. 평택의 문화자원과 안재홍의 문화적 가치

평택시는 경기도 남부에 위치한 도시로 경기도 31개 도시 중 일곱 번째로 넓은 면적을 가진 지역이다(국토교통부·한국국토정보공사, 2023). 특이한 점은 북부(송탄), 남부(평택), 서부(안중) 등 세 개의 생활권역으로 구분되며, 각 권역은 서로 다른 환경적 특성과 역사적 배경을 가지고 있다는 점이다. 이러한 지리적·역사적 배경은 평택의 문화자원 형성에 영향을 미쳤는데 이로 인해 다양한 문화자원이 평택 전역에 분포하게 되었다.

평택시의 문화자원은 크게 지정문화재, 축제·대회, 역사인물, 관광지, 체험코스, 전통시장, 먹을거리 등으로 분류할 수 있다(평택시사편찬위원회, 2014). 이 중 지정문화재는 국가지정문화재 4개, 경기도지정문화재 19개, 평택시지정 향토유적 8개가 있으며, 축제로는 평택한미축제, 노을동요제 등 21개가 개최되고 있다. 또한 웃다리문화촌, 소풍정원, 해군2함대 안보공원 등 32개의 주요 관광지가 있으며, 부대찌개, 폐계닭 등 특색 있는 먹을거리도 평택만의 문화자원으로 자리 잡고 있다.

〈표 1〉 평택시 문화콘텐츠 자원 분류와 내용

구 분	내 용
지정문화재	보물, 무형문화재 등 국가지정 문화재(4)와 유·무형 문화재, 기념물 등 경기도지정 문화재(19), 평택시지정 향토유적(8)
축제	평택한미축제, 노을동요제 등 21개 축제
대회	평택항마라톤대회, 평택지영희전국국악경연대회 등 14개 대회
평택 출신/ 관련 인물	원효대사, 암행어사 박문수, 독립운동가 안재홍, 판소리 명창 이동백, 피리연주가 지영희 등 근대 이전 226명, 근대 이후 84명
관광지	웃다리문화촌, 소풍정원, 해군2함대 안보공원(서해수호관) 등 주요 관광지 32개소
체험코스	주말농장, 로컬푸드 체험, 전통주 시음, 텃밭먹거리체험 등 13개

구 분	내 용
전통시장	서정 5일장, 안중 5일장, 통복 5일장 등 전통시장을 비롯한 상설시장 10개
먹을거리	부대찌개, 페계닭, 햄버거, 체코/인도/필리핀 등 다국적 음식

출처: 평택시청 홈페이지의 '문화관광' 안내 코너, 평택관광지도, 평택문화원, 평택문화재단, 『평택시사』, 뉴스 자료 검색 등을 통한 자료에서 평택의 문화콘텐츠로 부를 수 있을 만한 자원을 표로 재작성.

문화콘텐츠를 분류하는 기준은 지역이나 연구자마다 다르기에 위의 체계는 본 연구에서 임의로 분류한 내용이다. 참고로 평택시청 관광과에서 제작한 관광안내 책자에서의 분류 체계는 '명소를 찾아서', '맛을 찾아서'라는 두 개의 대분류 아래 '역사/문화/유적/체험'과 '음식/카페'의 소분류로 구분되어 있다.

위에서 살펴 본 평택의 문화자원은 크게 세 가지 특징을 보인다. 첫째, 자연적·생태적 경관이 다양하다. 서쪽으로는 바다와, 동쪽으로는 내륙과 접해 있어 바다가 보이는 경관과 등산로에서의 산책을 함께 즐길 수 있는 환경을 갖추고 있다. 둘째, 다국적·다문화적 특성이 강하다. 미군부대 주둔으로 인한 국제적 문화교류가 활발하며, 미국(인)과 관련된 여러 행사가 열리며 이들을 대상으로 한 상권도 형성되어 있다. 셋째, 인물 관련 사업이 활발하다. 민세기념사업회를 비롯해 여타 기념사업회 9개 단체가 활동하고 있으며 기념사업을 통해 다양한 분야와 시대를 아우르는 역사인물에 대한 선양 사업이 이루어지고 있다. 그러나 이러한 풍부한 문화자원과 특색에도 불구하고, 평택은 외부 관광객 유치와 문화자원의 체계적 관리 측면에서 한계를 보이고 있다. 문화체육관광부와 한국문화관광연구원의 '주요관광지점 입장객 통계 자료'에 평택의 관광지점이 등록되어 있지 않기 때문에 평택을 방문한 관광객 현황을 파악하기 어렵기 때문이다.

이러한 상황에서 주목해야 할 것은 평택이 보유한 역사인물 자원이다. 민세(民世) 안재홍(安在鴻, 1891~1965)은 경기도 진위군(現 경기도 평택시) 고덕면 두릉리에서 태어난 독립운동가이자 언론인, 역사학자, 정치가이다. 1910년 일본 와세다대학 정경학부에 유학하여 김성수, 송진우, 조만식 등과 교류했으며, 귀국 후 『시대일보』와 『조선일보』에서 활동하며 사설 980편, 시평 470편 등 1,450편의 글을 남겼다(이선민, 2001). 1927년 신간회 창립에 참여하여 총무간사로 활동했으며 일제강점기 동안 『조선일보』 필화 사건, 조선어학회 사건 등으로 9차례, 총 7년 3개월의 옥고를 치렀다. 광복 이후에는 '신민족주의'를 주창하며 통일국가수립운동에 매진했고, 1947년 미군정 행정부의 민정장관으로 취임했다. 1950년 제2대 국회의원 선거에 당선되었으나 한국전쟁 중 납북되었으며 1965년 3월 1일 평양에서 별세했다. 1989년 대한민국 정부는 안재홍에게 '건국훈장 대통령장'을 추서하여 그의 공로를 인정했다.

안재홍은 비타협 민족운동가, 한국 근현대 대표 언론인, 조선학 운동을 주도한 역사학자, 좌우합작의 민족통일국가 수립에 헌신한 정치가, '신민족주의론'을 주창한 사상가, 기행수필을 남긴 문학인 등 다양한 면모를 지닌 인물이다. 특히 그의 '다사리' 사상은 "모두 다 말하게 하여 모든 사람을 다 살게 한다."라는 의미로 민주주의와 공동체 정신을 강조한 것으로 평가받고 있다(정윤재, 2012).

안재홍을 기념하기 위한 노력은 1999년 민세기념사업회 발기인대회를 시작으로 본격화되었다. 민세기념사업회의 주요 사업으로는 민세학술대회 개최, 안재홍 평전 발간, '민세학교' 운영, 학술연구총서 및 안재홍선집 발간, '조찬 다사리포럼' 개최, '민세상' 시상식 등이 있다. 여러 사업 중에서 주목할 만한 부분은 '민세상'과 '안재홍 생가'이다. 민세상은 '사회통합부문'과

'학술부문'으로 나누어 개인이나 단체에 시상하는데 2010년부터 매년 안재홍의 생일인 11월 30일을 전후하여 시상식을 진행하고 있다. 이는 안재홍을 평택만의 인물에서 대한민국 근현대사를 관통하는 중요한 인물로 확장시키는 계기가 되었다. '안재홍 생가'는 1992년 경기도기념물 제135호로 지정되었으며 국가보훈부 현충시설로 관리되고 있다. 평택시티투어의 주요 탐방 장소이자 교육의 장으로도 활용되고 있다.

이처럼 안재홍은 단지 '역사책'에서만 중요한 인물이 아니라 평택의, 그리고 현대의 문화콘텐츠로 활용할 수 있는 '문화적 가치를 지닌 자원'이다.

안재홍의 첫 번째 문화적 가치는 안재홍 자체가 다층적 정체성을 지닌 콘텐츠 소스라는 점이다. 안재홍은 언론인, 역사학자, 정치가, 문인 등 다양한 정체성을 지닌 인물로서 수많은 기사문과 저서, 연설문, 기행문 등 방대한 기록을 남겼다. 이러한 다면적 정체성은 분야 간 경계를 넘나드는 융합형 콘텐츠 제작을 가능하게 하며 전시, 공연, 디지털 아카이브, 교육 프로그램 등 다양한 형태로 재구성될 수 있는 문화자원의 원천이 된다. 안재홍의 두 번째 문화적 가치는 안재홍이 철학적 자산을 남긴 사상가라는 점이다. 안재홍이 주창했던 '신민족주의'와 '다사리' 등의 사상은 현대 한국사회에서 필요로 하는 공동체성과 민주주의, 사회통합 등의 가치들과 연결된다. 안재홍이 남긴 철학적 사상은 정책 담론이나 교육 콘텐츠로 재구성될 수 있는 잠재력을 지니고 있다. 그의 사상은 과거의 유산으로만 머무르지 않고 오늘날에도 재조명되고 재해석될 수 있는 것이다. 안재홍의 세 번째 문화적 가치는 안재홍이 '로컬'과 '내셔널'을 횡단하는 연결고리로서 기능한다는 점이다. 안재홍의 생가가 여전히 평택에 보존되어 있으며 민세기념사업회의 지속적 활동이 평택을 중심으로 이루어지고 있다는 점은 '로컬'과 연결된다. 독립운동, 신간회 활동, 국토기행과 같은 활동 이력은 안재홍을 '내셔널'로 확장시킨다.

이는 지역의 특수성과 국가적 보편성을 동시에 아우르는 문화콘텐츠 개발을 가능하게 한다는 점에서 안재홍의 가장 중요한 문화적 가치라고 볼 수 있다.

이 3개의 문화적 가치는 서로 유기적으로 연결되어 평택의 도시 브랜드를 강화하고 지역의 경제 발전을 견인할 수 있는 지속가능한 문화자원으로 작용한다.

3. 역사인물 기반 지역문화콘텐츠 활용 사례 및 시사점

다른 지역에서는 이미 지역의 대표 역사인물을 활용해서 참신한 문화콘텐츠를 개발했을 뿐만 아니라 대중적으로도 좋은 반응을 얻고 있는 콘텐츠화가 이루어지고 있다. 그 중 대표적인 사례들을 분석하여 문화콘텐츠로써의 안재홍 활용 방안에 적용할 수 있는지 시사점을 찾아보고자 한다. 다음의 사례는 지자체에서 지역문화콘텐츠를 개발하는 방식의 대표적인 유형 네 가지이다.

역사인물 활용 사례 중 가장 유명한, 그리고 가장 성공한 케이스로 거론되는 안중근 의사는 'OSMU를 통한 콘텐츠 다각화 유형'을 잘 보여준다. 안중근 의거 100주년을 기념해 2009년 제작된 뮤지컬 〈영웅〉은 2023년 국내 창작 뮤지컬 사상 두 번째로 누적 관객 수 100만 명을 돌파했으며, 2011년 미국 뉴욕 링컨센터, 2015년 중국 하얼빈 환구극장 등 해외 공연을 통해 안중근의 이야기를 국제적으로 알렸다. 2022년에는 영화로도 제작되어 300만 명 이상의 관객을 동원했는데, 이는 역사인물을 소재로 한 문화콘텐츠가 다양한 장르로 확장될 수 있음을 보여준다.

'첨단기술 체험형 콘텐츠 유형'으로는 이순신 장군 활용 사례를 주목할 만하다. 해남 이순신 장군 공원과 아산 이순신 테마파크에서는 AR(증강현실) 포토존, AR 전시 등을 통해 이순신 장군과 관련한 역사적 장소를 증강현실로 체험해 볼 수 있다. 지난 2021년에 열린 '명량대첩축제'에서는 모바일 기기로 접속하는 '명량해전 AR체험'이 축제의 대표 프로그램으로 운영되었다. 참가자들은 스마트폰이나 태블릿을 통해 증강현실 기술로 구현된 명량대첩 현장을 체험할 수 있었으며 이는 전통적인 역사 축제에 첨단 기술을 접목한 성공적인 사례로 평가받았다. 디지털 기술을 활용한 또다른 사례로는 국립중앙박물관의 '디지털 실감 영상관'을 들 수 있다. 터치스크린, AR·VR(가상현실), 홀로그램 등을 활용하여 관람객들이 역사적 인물과 유물을 생생하게 체험할 수 있도록 구성되어 있어 역사인물과의 상호작용을 체험할 수 있다.

대구의 '김광석 스트리트'는 '장소 기반 문화재생형' 유형으로 분류할 수 있다. 김광석은 1980년대를 상징하는 가수이며 그리 멀지 않은 시대의 유명 인물이기에 관광객의 입장에서는 훨씬 더 친근함이 느껴지는 인물이다. 대구시는 가수 김광석의 고향이 대구라는 점을 활용하여 방천시장 인근에 '김광석 다시 그리기 길'을 조성했으며 김광석의 음악과 생애를 주제로 한 벽화, 조형물, 음악 체험관 등을 설치하여 도시 재생은 물론이고 문화 관광 활성화를 도모했다. 이는 역사인물과 지역 공간을 결합한 문화적 장소성 창출의 성공 사례로 볼 수 있다.

마지막으로 백범 김구의 사례는 역사인물의 '트렌드 연계형' 유형의 성공 가능성을 보여준다. 현재의 문화 트렌드와 연결하여 역사인물을 재조명하는 이 방식은 특히 젊은 세대에게 효과적으로 다가갈 수 있다. 김구는 최근 한국 문화의 세계적 약진과 관련하여 인터넷 밈(meme)으로 유명해졌다. 영화 〈기생충〉, 음악인 BTS, 영화 〈미나리〉 등의 국제적 성공 소식과 함께 관련 뉴스의 댓글에 『백범일지』의 "나는 우리나라가 세계에서 가장 아름다운 나라가 되기를 원한다."라는 구절을 패러디한 내용이나 김구의 사진이 반복적으로 인용되면서 젊은 세대에게도 친근하고 재미있게 다가가고 있다. 이는 역사인물의 사상이 현재 상황과 맞아떨어질 때 자연스럽게 대중적 관심을 불러일으킬 수 있음을 보여주는 사례이다.

 이러한 사례들은 역사인물을 활용한 지역문화콘텐츠 개발에 중요한 방향성을 제시한다. OSMU / MSMU 전략을 통한 콘텐츠의 다각화, 첨단 기술을 활용한 실감형 체험 콘텐츠 개발, 역사인물과 지역 공간의 연계를 통한 장소성 창출, 역사인물의 사상과 현대적 가치의 연결을 통한 공감대 형성 등이 성공적인 역사인물 활용 전략으로 확인된다. 이러한 접근법들은 평택시가 안재홍을 활용한 지역문화콘텐츠를 개발하는 데에 중요한 참고점이 될 것이다.

 안재홍의 생애와 사상을 중심으로 한 문화콘텐츠 개발은 평택시민들의 지역에 대한 자부심과 소속감을 높이는 데 기여할 수 있다. 이를 위해서는 먼저 지역 관광 활성화와 문화적 자산의 확산이 필요하다. 평택시는 주변 도시들에 비해 관광객을 유치할 수 있는 요인이 부족하다. 안재홍 문화콘텐츠 개발은 역사 관광, 교육 관광 등 새로운 관광 수요를 창출하여 지역 경제 활성화에 기여할 수 있다. 또한 안재홍의 '다사리' 사상과 '신민족주의'는 현대 한국 사회에도 시사하는 바가 크며 이러한 사상적 가치를 현대적으로 재해석하고 확산시킴으로써 지역 사회의 문화적 자산으로 활용한다면 평택시민들을 하나로 묶어주는 역할로 기능할 수 있을 것이다.

 이후에는 지역 문화교육 내실화와 문화적 네트워크 구축이 필요하다. 지역 청소년들을 대상으로 지역의 역사와 문화에 대한 교육 프로그램을 마련한다면 안재홍을 통한 역사교육, 평화교육, 민주시민교육을 실시함으로써 지역 청소년들의 정체성 형성과 인성 교육에 기여할 수 있다. 또한 안재홍은 평택뿐만 아니라 전국적으로 활동한 인물로서 '민세상'이나 '신간회'와 관련된 타 지역과의 문화적 네트워크 구축을 통해 평택시의 문화적 역량을 강화하고 지역 간 교류를 활성화할 수 있을 것이다. 실제로 민세기념사업회는 신간회기념사업회와 함께 신간회 지회가 설립되었던 지역이나 관련 인사들의 기념사업회들과 학술회의를 하거나 지회비를 세우는 등 안재홍/평택을 중심으로 네트워크를 쌓아나가는 중이기도 하다.

4. 안재홍을 활용한 평택 지역문화콘텐츠 개발 방안

안재홍을 활용한 평택 지역문화콘텐츠 개발 방안은 크게 셋으로 나눌 수 있다. 먼저 디지털 자료를 기반으로 하는 콘텐츠 개발이다. 안재홍의 방대한 저작물과 관련 자료들을 체계적으로 디지털화하고 개방형 아카이브를 구축하는 것은 안재홍을 콘텐츠로 활용하는 기반의 가장 중요한 첫걸음이다. 이상우(2024) 또한 아카이브 구축 준비 단계에서부터 인물에 대한 데이터 항목 설계와 자료의 속성에 대한 연계까지를 검토해야 함을 강조한 바 있다. 민세기념사업회가 그동안 발간한 학술연구총서 13권, 민세안재홍선집 8권, 평전 1권, 공식 화보집 1권 등의 자료를 디지털화하고, 안재홍이 『조선일보』에 기고한 980편의 사설과 470편의 시평 등의 원문을 데이터베이스화하여 연구자뿐만 아니라 일반 시민들, 학생들이 쉽게 접근할 수 있도록 해야 한다. 무엇보다도 이러한 디지털 아카이브가 생긴다면 이를 바탕으로 안재홍의 생애와 사상, 활동을 주제별, 시대별로 정리한 통합적 스토리텔링 플랫폼을 구축할 수 있을 것이다. 특히 모바일 환경에 적합한 사이트를 개설하고, 안재홍의 일대기를 시각적으로 보여주는 타임라인, 안재홍의 활동 지역을 보여주는 디지털 지도, 주요 저작물과 어록 등을 콘텐츠화한다면 역사인물 안재홍을 좀더 구체적으로 만나는 기회가 될 것이다.

SNS와 연계한 스토리텔링 시리즈 개발도 효과적인 전략이다. 안재홍이 직접 운영하는 콘셉트로 인스타그램, X(트위터), 블로그 등 SNS 계정을 개설한다면 역사적 사실을 바탕으로 하되 현대적 감각의 콘텐츠를 제작할 수 있다. 예를 들어, 안재홍이 1930년 백두산 여행을 했던 경험을 현대적 여행 콘텐츠 형식으로 재구성하거나 1945년 광복 당시의 상황을 안재홍의 시점에서 SNS 게시물 형태로 재현할 수 있다. 이러한 접근은 특히 젊은 세대에게 안재홍을 친숙하게 느끼게 하는 효과가 있다. 아래는 대표적인 SNS 플랫폼인 인스타그램에서의 '무물'('무엇이든 물어보세요'의 줄임말)을 활성화했을 때를 가상한 경우이다.

> 안재홍: 무물 시작합니다. 많이 많이 물어보세요!
> 팔로워: 등산을 좋아하신다고 들었는데, 가장 기억에 남는 등산은 어떤 산이었나요?
> 안재홍: 고향인 평택의 작은 산들도 좋아합니다만 백두산에 다녀왔을 때가 기억에 남네요.
> 팔로워: 오! 백두산이요? 언제 갔다 오셨어요?
> 안재홍: 1930년 7월 23일 경성에서 출발해서 8월 7일 북청으로 내려왔지요. 다녀와서 『조선일보』에 기행문도 연재했었답니다. (백두산 천지를 배경으로 찍은 사진을 공유하며) 백두산 천지에서 사진도 찍었어요.

이러한 SNS 콘텐츠는 가상의 대화를 통해 안재홍의 생애와 사상을 자연스럽게 전달할 수 있으며 이용자들의 참여를 적극적으로 유도할 수 있다는 장점이 있다. 다만 역사적 사실을 전달할 때 오류나 왜곡이 없도록 전문가의 검수가 필요하며 콘텐츠 운영을 전담할 인력 확보가 중요한 관건이다.

두 번째는 실감형 체험 콘텐츠 개발과 이를 활용하는 방안이다. AR과 VR 기술을 활용한 안재홍 체험 콘텐츠 개발은 관람객들에게 몰입감 있는 경험을 제공할 수 있다. 안재홍 생가나 향후 건립될 '안재홍기념관'에 실감형 전시 콘텐츠를 도입하면 방문객들이 안재홍의 생애와 활동을 직접 체험해 볼 수 있다. 예를 들어, VR 기술을 활용하면 안재홍이 활동했던 1920~30년대 경성(서울)의 모습을 재현할 수 있고, 당시 『조선일보』 사옥에서 안재홍이 사설을 집필하는 모습을 눈앞에서 체험할 수 있다. 또한 AR 기술을 활용하여 안재홍 생가를 방문한 관람객들이 스마트폰을 통해 현재의 안재홍 생가에 덧입혀진 당시 생활상을 생생하게 볼 수 있게 하거나 안재홍 아바타가 등장하여 자신의 사상과 활동에 관해 직접 설명하는 콘텐츠를 개발할 수도 있다. 위치기반 서비스와 연계한 디지털 투어 개발도 가능하다. 평택 내 안재홍 관련 유적지(안재홍 생가, 부락산 등)와 평택 외 안재홍의 주요 활동 장소(서울 종로의 조선일보사, 신간회 창립장소인 YMCA회관 등)를 연결하면 방문객들이 모바일 앱을 통해 안재홍의 발자취를 따라가며 관련 정보를 얻고 미션을 수행하는 체험을 제공할 수도 있다. 이러한 실감형 기술 기반 콘텐츠는 단순한 정보 전달을 넘어 감성적·체험적 차원에서 안재홍을 이해할 수 있게 하며, 특히 디지털 기기에 익숙한 젊은 세대의 참여를 유도하는 데 효과적이다. 국내 다른 역사인물 관련 시설들(이순신 빅데이터 체험관, 국립중앙박물관 실감 콘텐츠 체험관 등)의 성공 사례를 참고하여 평택 또는 안재홍 콘텐츠의 상황에 맞게 적용할 필요가 있다(최명진, 2019).

안재홍 생가의 문화적 활용도를 높이기 위해서는 지금처럼 방문만 가능한 역사적 장소로 남겨두기보다 그 공간을 콘텐츠 활용의 기반이 되는 장소로 재설정할 필요가 있다. 안재홍 생가는 평택시 고덕면 계루지 마을의 야산 기슭에 남향하고 있다. 『경기도 문화재 총람』에 따르면 안재홍 생가는 원래 상당한 규모의 큰 집이었으며 대문채까지 남아 있었다고 한다. 지금은 안채와 사랑채, 새로 지은 대문채만 남아 있다. ㄱ자형 안채와 ㅡ자형의 사랑채가 안마당을 중심으로 튼 ㄷ자형 배치를 이루고 사랑채의 동측으로 대문채가 위치한다. 전체 구조는 앞쪽에 퇴칸을 둔 오량가구다. 부엌과 대청 사이에 있는 반 칸 연결 통로는 이 집만의 특색이다. 안재홍 생가는 20세기 초 생활상의 변화를 반영하여 효율적으로 공간을 활용한 전형적인 경기지방 가옥의 모습이다.

　이런 특징을 지닌 안재홍 생가에서 진행할 수 있는 문화예술 프로그램으로는 안재홍의 사상과 저작물을 현대적 예술 형태로 재해석하는 프로젝트를 생각해 볼 수 있다. 지역 예술인들과 협업하여 안재홍의 글을 모티브로 한 시각예술 작품, 음악, 연극, 무용 등의 창작 활동을 지원하고, 이를 안재홍 생가나 평택의 주요 공간에서 전시·공연하는 방식이다. 이는 안재홍을 현재에도 영감을 주는 문화적 자원으로 재해석하는 계기가 될 것이다.

　안재홍 생가를 중심으로 한 정기적 문화행사도 생각해 볼 수 있다. 고덕국제신도시가 점차 자리를 잡아가면서 고덕동으로의 정주인구 유입이 해마다 늘어나고 있다. 평택으로 오는 대중교통편이 마련되어 서울역, 강남, 분당 등지에서 M버스를 이용해 평택으로 오거나 천안, 대전, 부산에서도 SRT를 이용해 평택으로 쉽게 올 수 있게 되면서 안재홍 생가로 오는 접근성이 예전에 비해 훨씬 높아졌다. '다사리 문화제'와 같은 이름으로 안재홍과 관련된 주요한 역사적 날짜에 맞추어 문화행사를 기획한다면 평택시민들뿐만 아니라 외부 지역의 관광객도 참여할 수 있을 것이다. '문화제'라는 커다란 주제 아래에 여러 세션을 나누어 학술회의, 공연, 체험부스, 평택로컬푸드를 활용한 푸드코트 등 다방면의 프로그램을 마련한다면 지역 주민들과 관광객들이 함께 즐길 수 있는 축제로 발전시킬 수 있으리라 기대된다. 이러한 융합형 문화프로그램은 안재홍 생가를 단순한 관람 장소가 아닌 살아있는 문화 공간으로 재탄생시킬 수 있으며 지역 주민들과 방문객들에게 안재홍의 가치를 자연스럽게 전달할 수 있는 효과적인 방법으로 작용할 것이다.

시간과 장소에 구애받지 않는 프로그램으로는 안재홍 문화상품(굿즈) 개발이 있다. 안재홍의 사상과 어록을 활용한 지역 특화 문화상품을 만든다면 안재홍을 대중적으로 알리고 평택시의 문화적 정체성을 강화하는 방안이 될 수 있다. 특히 최근 '필사열풍' 트렌드와 연계하여 안재홍의 글을 필사할 수 있는 노트나 문구류를 개발하는 것도 효과적인 방안이다. 안재홍의 주요 저작물 중 문학적·사상적 가치가 높은 글들을 선별하여 필사용 책으로 제작하거나 안재홍의 필체를 재현한 캘리그라피 상품을 개발할 수 있다. 붓, 색연필, 지우개, 책갈피 등 필사에 필요한 용품으로 확장해 전반적인 문구용품을 디자인하거나 SNS에 본인이 작성한 '#안재홍 필사' 해시태그를 공유하는 이벤트를 준비하는 것도 생각해 볼 수 있겠다. 이는 안재홍의 사상을 더 깊이 이해하고 공감할 수 있는 기회를 제공할 뿐만 아니라 최근의 문화 트렌드와 결합하여 문화콘텐츠로써의 안재홍의 상품성도 높일 수 있다.

또한 안재홍의 생애와 사상을 다룬 웹소설, 웹툰, 팟캐스트 등 디지털 콘텐츠 개발도 생각해 볼 수 있다. 이미 발표된 네이버 웹툰 「안재홍처럼 안재홍하라!」와 같은 사례를 확장하여 안재홍의 삶을 현대적으로 재해석한 여러 형태의 이야기 콘텐츠를 제작하는 것이다. 안재홍과 관련된 주요한 역사적 사건이나 활동을 에피소드 형식으로 짧게 만들어 숏폼(릴스, 쇼츠 등)으로 제공한다면 젊은 세대들에게 안재홍을 친숙하게 느끼게 하는 효과가 있다.

물론 이러한 브랜드화 및 문화상품 개발은 안재홍의 가치를 상업적으로 활용한다는 측면에서 신중한 접근이 필요하다. 앞서 SNS 콘텐츠 활용화 방안에서도 언급했다시피 상업화 과정에서 안재홍의 사상과 가치가 훼손되지 않도록 전문가의 자문을 받아야 하며 역사적 사실과 의미를 존중하는 방향으로 추진해야 한다.

한편, 문화콘텐츠산업에서 MSMU(Multi Source Multi Use) 전략이란 "문화산업의 매체와 채널이 다양해지고 문화상품의 응용범주가 확장됨에 따라 1차 콘텐츠를 재창조하여 상품화하는 비즈니스 전략"을 말한다. OSMU가 '재생산'에 중점을 두었다면, MSMU는 새롭게 '재창조'하는 것에 중점을 둔다. 멀티유즈의 두 전략은 연계되는 매체가 동일하지만 매체를 통해 가공되는 소스의 경우, OSMU는 '한 가지', MSMU에서는 '여러 가지'이다(김진형, 2013). 이처럼 개별 콘텐츠 개발과 함께 콘텐츠 간 연계성을 극대화하는 전략적 접근이 바로 MSMU이다. 그렇기 때문에 위의 두 가지 방안에서 제시한 것처럼 OSMU를 통해 안재홍이라는 하나의 소스를 다양한 플랫폼과 매체로 확장하고 MSMU 전략으로 안재홍과 관련된 다양한 자료들을 융합적으로 활용하는 방안을 모색해야 한다.

세 번째로 제시할 융합형 문화프로그램의 활용 방안은 MSMU 전략과 맞닿아 있다. 다양한 출처에서 취합된 자료를 여러 교육 수준, 매체, 세대에 맞추어 변환·재구성하는 과정을 거친다면 콘텐츠의 풍부함과 지속성을 확보할 수 있다. 이를 위해 지역(민)의 참여를 기반으로 하는 콘텐츠 활용 방안을 제시할 수 있겠다. 우선되어야 할 것은 안재홍의 생애와 사상을 교육적으로 활용하는 것이다. 평택 지역 초·중등학교와 협력하여 안재홍의 생애, 독립운동, 언론 활동, 사상 등을 주제로 한 교육 자료와 프로그램을 개발하고, 방과 후 활동이나 창의적 체험활동, 자유학기제 활동 등에 포함시킬 수 있다. 이미 안재홍 생가 근처에 신설된 초등학교와 중학교는 안재홍의 호인 '민세'를 학교 이름으로 사용하고 있다. 그렇다면 '민세초등학교'에서는 어린이 전기 『곧은 붓으로 겨레를 이끌다』를 활용한 독서 교육과 안재홍 생가 방문 체험

학습을 결합한 프로그램을, '민세중학교'에서는 자유학기제를 활용하여 안재홍의 다사리 사상과 민주주의 관련 탐구 활동을 진행할 수 있다. 실제로 현재 민세중학교에서는 '민세헤리티지'라는 이름의 동아리를 운영하며 안재홍 관련 교육프로그램을 진행하고 있다. 여기에 더해 평택교육지원청이 운영 중인 '다사리 리더십 캠프'를 확대 발전시켜 안재홍의 다사리 정신을 바탕으로 한 민주시민교육, 청소년 리더십 교육 프로그램을 체계화할 필요가 있다.

시민참여형 구술사 수집 및 교육자료 개발도 중요하다. 안재홍과 직·간접적으로 관련된 지역 주민들의 기억과 구술을 수집하여 아카이빙하고, 이를 교육 자료로 활용하는 프로젝트를 추진할 수 있다. 지역 주민들이 기억하는 안재홍 관련 일화, 안재홍 생가 주변의 변화, 안재홍 가문과 관련된 지역 이야기 등을 수집하여 지역사의 관점에서 안재홍을 재조명하는 작업이다. 이는 안재홍 연구의 폭을 넓히고, 지역 주민들이 주체적으로 지역 역사에 참여하는 계기가 될 수 있다.

이러한 교육-문화 연계 프로그램은 안재홍의 사상과 가치를 다음 세대에 전달하는 중요한 방안이며 평택 시민들, 특히 지역 청소년들에게 평택의 역사적 인물에 대한 자부심을 심어주고 민주주의와 공동체 의식을 함양하는 데 기여할 수 있을 것이다(황우갑, 2019).

5. 결론

본 연구는 평택의 역사인물 안재홍을 지역의 문화콘텐츠로 활용하는 방안을 고찰하였다. 평택시는 1995년 도농복합형태로 통합되었지만 세 개 생활권역의 서로 다른 특성으로 인해 통합된 지 30년이 지났지만 도시 정체성이나 도시 브랜드가 제대로 형성되지 않은 상황이다. 또한 도시를 대표할 만한 랜드마크가 분명하지 않고 관광 및 문화자원도 미흡하기에 주변 도시들에 비해 상대적으로 관광객 유입이 부족하다. 이러한 평택시의 현실적 문제에 대응하여 안재홍이라는 역사적 자산을 통해 지역의 문화적 랜드마크를 구축하고 지역 경쟁력을 제고할 수 있는 전략을 제시하였다. 강보배(2019)는 "지역문화자원은 지역이 보유하고 있는 자원의 풍부성에서 그치는 것이 아니라 2차적 활용과 향유를 통해 그 가치가 확산될 때 비로소 의미가 있으며, 이는 궁극적으로 지역 주민의 문화생활을 향상시키고 지역 경쟁력을 높이는 데 기여한다."라고 강조한 바 있다.

연구 결과, 안재홍은 평택의 문화도시 브랜드 구축에 핵심적 역할을 할 수 있는 다층적 가치를 지닌 문화자원임을 확인하였다. 안재홍은 독립운동가, 언론인, 정치가, 사상가로서 한국 근현대사를 관통한 인물이다. 그의 생애와 사상, 업적은 단지 평택의 역사로만 한정되지 않고 전국적 의미를 지니며, 다층적인 면모는 문화콘텐츠로서의 활용 가능성을 높인다. 첫째, 콘텐츠 소스로써의 가치는 안재홍의 언론인, 역사학자, 정치가, 문인 등 다면적 정체성과 방대한 기록물을 바탕으로 융합형 콘텐츠 제작을 가능하게 한다. 둘째, 사상가로서의 가치는 '신민족주의'와 '다사리' 사상을 통해 현대 한국사회가 필요로 하는 공동체성과 민주주의 가치를 제공한다. 셋째, 연결고리로서의 가치는 지역의 특수성과 국가적 보편성을 동시에 아우르는 문화콘텐츠 개발을 가능하게 한다.

국내 역사인물 활용 사례 분석을 통해 도출한 성공 전략은 OSMU / MSMU를 통한 콘텐츠 다각화, 첨단 기술을 활용한 실감형 체험 콘텐츠 개발, 역사인물과 지역 공간의 연계를 통한 장소성 창출, 현대적 가치와의 연결을 통한 공감대 형성 등으로 정리된다.

본 연구는 안재홍을 중심으로 한 평택의 문화자원 현황을 분석하고, 디지털 아카이브 구축, 실감형 체험 콘텐츠, SNS 기반 스토리텔링, 정기 문화행사, 문화상품 개발, 지역 교육 연계 프로그램 등 다양한 활용방안을 제시하였다.

본 연구는 학술적 측면에서는 상대적으로 대중적 인지도가 부족한 역사인물을 재조명함으로써 지역문화콘텐츠 연구의 범위를 확장하였으며 정체성이 부재한 평택시의 문화적 정체성 구축 방안을 제시하였다. 또한 OSMU와 MSMU 전략을 결합한 체계적이고 구현 가능한 활용 방안을 제시함으로써 이론과 실무의 연결점을 마련하였다. 실용적 측면에서는 지역 정체성 강화를 통한 평택만의 고유한 문화 브랜드 구축, 문화관광 활성화를 통한 지역경제 발전, 교육적 가치 실현을 통한 시민 의식 향상과 지역 공동체 결속 강화라는 세 가지 목표 달성에 기여할 수 있다. 특히 고덕국제신도시 개발과 교통 인프라 개선으로 평택의 접근성이 크게 향상된 현 시점에서 안재홍을 중심으로 한 문화콘텐츠 개발은 평택을 단순한 주거 도시가 아닌 문화적 매력을 갖춘 도시로 발전시킬 수 있는 전략적 기회를 제공한다.

향후에는 민세기념사업회를 중심으로 민관 협력 체계를 강화하고, 지역 간 문화 네트워크를 구축함으로써 평택의 문화자산을 전국적 수준의 공유 자산으로 확장해 나갈 필요가 있다. 전문 인력 확보와 예산을 확보할 수 있는 방안을 마련하고 일회성 사업이 아닌 지속적으로 콘텐츠를 개발하고 운영할 수 있는 장기적이고 체계적인 시스템 구축이 요구된다. 이를 통해 역사인물 안재홍의 삶과 정신은 과거의 기억을 넘어 지역 사회의 미래를 열어가는 지속가능한 문화적 동력으로 자리매김할 수 있을 것이다.

참고문헌

강보배, 지방자치단체의 지역문화자원 활용 효율성 분석, 지역과 문화, 6(2), 2019.
관광지식정보시스템 주요관광지점 입장객 통계자료
    (https://know.tour.go.kr/stat/visitStatDis/main.do, 검색일 2025.03.15.)
국토교통부·한국국토정보공사, 2022 도시계획현황, 서울: 국토교통부, 2023.
김진형, 지방문화콘텐츠의 전략적 개발을 위한 멀티유즈(Multi Use) 구성체계, 비교민속학, 50, 2013.
김진형, 지자체의 문화콘텐츠 가치제고를 위한 멀티유즈(Multi use) 체계 적용방안, 고려대학교 대학원 박사학위논문, 2014.
김흥식·김진형, 경기도 역사인물의 문화콘텐츠화를 위한 OSMU 적용방안, 정책연구, 2011(17), 2011.
남영주, 지역 역사 인물의 전시콘텐츠 개발 방안 연구 - 서상돈 사례를 중심으로 - , 동아인문학, 62, 2023.
신춘호, '소현세자빈 강씨' 역사문화콘텐츠 개발을 위한 소고, 인문콘텐츠, 17, 2010.
윤유석, 역사 인물의 스토리텔링 변화와 기념관의 문화콘텐츠 개발 - 최용신기념관을 중심으로 - , 역사와교육, 36, 2023.
이병민, 콘텐츠 생태계 중심 창조적 문화도시의 발전방향, 인문콘텐츠학회, 25, 2020.
이상우, 지역 문화인물 발굴 및 아카이브를 통한 콘텐츠 기획 연구-세종시 강금종 작가를 중심으로, 지역과 문화, 11(1), 2024.
이선민, [창간특집] 조선일보 사장 열전 〈3〉 6대 안재홍 선생, 2001, 『조선일보』 3월 4일.
이영준·김진영, 역사문화콘텐츠로서 세종대왕을 활용한 지역정체성 확립, 글로벌문화콘텐츠, 51, 2022.
임봄, 평택, 관광객 유치하려면 관광지개발 '필수', 평택시사신문 5월 18일, 2016.
정윤재, 민세 안재홍의 다사리이념 분석, 한국동양정치사상사연구, 11(2), 2012.
최명진, 지역 역사인물 자원의 기록보존활용연구-공주를 중심으로, 공주대학교 대학원 박사학위논문, 2019.
평택시사편찬위원회(편), 평택시사 제1권, 평택문화원, 2014.
황우갑, 민세 안재홍의 성인교육활동과 온정적 합리주의 리더십 연구, 숭실대학교 대학원 박사학위논문, 2019.

안재홍의 근현대 체육 확산 활동 연구

황우갑 (고려대학교 아세아문제연구원 연구위원)

안재홍의 근현대 체육 확산 활동 연구*

황우갑 (고려대학교 아세아문제연구원 연구위원)

1. 머리말

한국의 근대 체육은 1876년 개항 이후 근대교육의 도입과 함께 교육과정에 무예체육이 정규 교과로 편입되면서 시작되었고 외국 선교사들에 의해 설립된 기독교계 학교에 서구의 스포츠가 수용되어 근대적 체육문화를 형성했다[1]. 특히 1906년 설립한 황성기독교청년회(현 서울 YMCA)는 한국근대 체육발전에 크게 기여했다. 총무 질레트(Gillett)는 1906년 3월 최초의 야구시합을 열었고, 같은 해 6월에는 대운동회에서 축구를 정식 종목으로 채택했다. 1907년 동경유학생단과 한국 최초 농구시합을 열었고 1909년에는 유도를 도입했다. 이 밖에도 체육의 중요성을 강조하기 위한 강연회도 개최했다[2]. 일제강점기에 선각자들은 다양한 활동을 통해 심신을 단련하고 일제식

---

* 본 논문은 필자의 제15회 민세학술대회 (2021.11.2) 발표 논문을 수정·보완한 것이다.
[1] 김상순, 「한국근대체육의 도입과정과 전개양상」, 『한국체육학회지』 제32권 제1호, 1993, 91-109쪽.
[2] 김재우, 「구한말기 한국 YMCA 체육에 관한 연구」, 『스포츠 정보테크놀러지연구』 제1권

민 통치에 맞서 민족의식 고취에 힘썼다. 이 시기 한국 체육의 토대를 만든 선구적 체육인에 대한 연구는 한국체육의 정체성을 찾고 미래 한국 체육의 정신적 좌표를 설정하는데 큰 도움을 줄 것이다.

현재까지 한국근대 체육발전에 힘쓴 주요 인물들에 대한 연구사를 살펴보면 다음과 같다. 우선 일제강점기 각종 체육단체의 회장에 취임 스포츠 활동을 주도하고 조선중앙일보 사장으로 손기정의 일장기 말소 사건도 주도했으며, 해방 후 조선체육회 초대회장으로 활동했던 몽양 여운형의 체육활동과 사상에 대한 연구가 가장 많다.[3]

이 밖에도 체조교사 양성에 힘쓰고 대한국민체육회를 설립한 계원 노백린[4], YMCA 총무로 유술부를 창설하고, 운동회 개최 등을 통해 근대체육발전에 힘쓴 월남 이상재[5], 일제강점기 YMCA 체육부 간사로 유도, 씨름, 체조, 농구 등 근대 스포츠 보급과 협회 설립을 주도한 장권[6], 역도를 도입하고 조선체력증진법연구회 결성과 신체단련법에 중점을 둔 체육전문서를 발간

제1호, 2006, 78-82쪽.
[3] 주요 논문으로 김재우, 「구한말기 한국 YMCA 체육에 관한 연구」, 『스포츠 정보테크놀러지연구』 제1권 제1호, 2006, 78-82쪽; 손환, 「일제강점기 조선체육연구회의 활동에 관한 연구」, 『한국체육학회지』 제50권 제6호, 2011, 1-9쪽; 손환·최성진, 「여운형의 체육활동과 사상」, 『한국체육학회지』 제16권 제1호, 2011, 55-65쪽; 손환·최용덕, 「한국체육의 선구자, 몽양 여운형의 체육활동」, 『한국체육사학회지』 제22권 제1호, 2017, 35-47쪽; 안진규·김재우, 「체육행정가로서의 몽양 여운형」, 『한국체육사학회지』 제21권 제3호, 2016, 13-26쪽.
[4] 손환, 「계원 노백린의 한국근대체육발전에 미친 영향」, 『한국체육사학회지』 제13권 제2호, 2008, 41-49쪽.
[5] 김성수·엄정식, 「월남 이상재의 체육사상 연구」, 『한국체육과학회지』 제12권 제1호, 2003, 3-9쪽; 최흥희·김재우, 「월남 이상재의 체육사상과 활동에 관한 연구」, 『한국체육사학회지』 제22권 제4호, 2017, 1-13쪽.
[6] 유성연, 「월북 체육인 장권의 체육 활동과 사상」, 『한국체육학회지』 제56권 제2호, 2017, 1-14쪽.

한 서상천7)(손환, 1999), 일제강점기 농구발전에 힘쓴 한국인 1호 국제심판 정상윤(이병규 외, 2013) 등이 있다.

경기도 평택출신의 민세 안재홍(1891~1965)은 일제 강점기 국내항일운동을 이끈 민족운동가·언론인·역사학자로서 해방 후에는 정치가·정치사상가로서 그 분야마다 굵직한 자리를 차지한 '고절(高節)의 국사(國士)'였다. 또한 그는 '동경삼재', '조선 삼재'로 알려진 이광수·최남선·홍명희 등과 함께 근대 석학의 대명사로 평가받았던 인물이다.

안재홍은 1919년 11월 대한민국 청년외교단 사건을 시작으로 조선일보 필화, 신간회 운동, 흥업구락부 사건, 군관학교 사건, 조선어학회 사건 등으로 9차례 걸쳐 7년 3개월간 옥고를 치른 독립운동가였다. 언론인으로는 가장 많이 투옥당한 민세는 여운형, 조만식, 송진우 등과 함께 끝까지 일제에 협력하지 않은 비타협민족주의자였다. 또한 일제강점기에는 시대일보 논설기자를 시작으로 조선일보 주필, 부사장, 사장으로 언론을 통한 민족계몽에 힘썼으며 해방 후에도 한성일보 사장을 지내는 등 줄곧 직업 언론인으로 활동하며 다수의 글을 남겼다. 안재홍은 일제의 탄압과 경영상의 어려움으로 조선일보 사장에서 물러난 이후에는 조선학 운동에 매진했다. 『조선상고사감』, 『조선통사』 등을 저술하며 일제의 식민사학으로 왜곡된 한국고대사 연구에 힘썼다. 또한 위당 정인보와 함께 1934년~1938년간 방대한 다산 정약용의 문집 『여유당전서』도 교열 간행 실학 재조명에 노력했다. 해방 후에는 통일 국가 수립운동에 고군분투하며 『신민족주의와 신민주주의』, 『한민족의 기본진로』와 같은 책을 저술 신생 대한민국의 국가건설 방향도 제시했다.

---

7) 손환·최종균, 「문곡 서상천의 한국 근대스포츠 발전에 미친 영향」, 『한국체육학회지』 제38권 제4호, 1999, 22-32쪽.

민세는 일평생 민족의 과거, 현재, 미래를 복합고민하며 독립과 통일에 헌신한 민족지도자였다.

안재홍은 이미 선행연구의 성과가 있는 한국 근대체육을 이끈 주요 지도자들과도 교류했다. 민세는 1926년 2월 서울중앙YMCA에서 열린 노백린 장군 추도회에 함께 했으며8), 월남 이상재와는 황성기독교청년회 학관, 조선일보, 신간회에서 인연을 맺었다. 1912 YMCA 야구단을 이끌고 동경을 방문한 청년지사 몽양 여운형과도 만났고9) 해방 후 건준과 좌우합작운동에 함께했다. 역도의 서상천과는 역기를 인연으로 체육인 장권과는 YMCA를 인연으로 체육발전에 뜻을 함께했다.

안재홍은 1950년 5월 제2대 민의원(국회의원) 선거 때 고향 평택군에서 출마 군민들의 압도적 지지를 받으며 당선되었으나 한 달 후 6.25 동란으로 북한군에 납북돼 1965년 3월 1일 평양에서 별세했다. 권위주의 정권시절 안재홍에 대한 언급은 금기시되었다. 1978년 『창작과 비평』 겨울 호에 후배 언론인 천관우가 「안재홍 연보」를 정리 발표하고 1980년대 이후 『안재홍 선집』이 간행되기 시작하면서 안재홍에 대한 본격적인 연구가 시작됐다. 그동안 안재홍 관련 연구는 활동 분야가 깊고 넓은 만큼 다양한 영역에서 이루어졌다10). 현재까지 석박사 학위 논문이 20여 편, 연구논문이 100여 편,

---

8) 『조선일보』, 1926년 2월 1일자.
9) 『민성』 5권 제10호, 1949년.
10) 그동안의 연구 성과를 정리하면 아래와 같다. 먼저 안재홍의 생애 전반의 활동과 사상에 대한 개괄적 조명이 이루어졌다(김인 식, 1998; 정윤재, 2002; 윤대식, 2018). 또한 민세주의·신민족주의론을 주장한 정치사상가 안재홍에 대한 조명도 꾸준하게 이루어졌다(정윤재, 1983; 윤대식, 1992; 정윤재, 2001; 박찬승, 2002; 박찬승, 2010; 진덕규, 2011; 김인식, 2011). 일제강점기 신간회 창립을 주도하며 국내 독립운동을 독립운동가 안재홍에 대한 심층 조명도 있었으며(윤대식, 2010) 해방 후 좌우합작의 통일민족국가 수립운동 과정에서 중도파 민족지도자 안재홍이 어떤 활동을 했는지에 대한

관련 단행본이 100여권에 이른다.

그러나 근대체육 활동의 관점에서 본 안재홍 연구는 전무하다. 따라서 본 연구의 목적은 일제 강점기 국내 항일민족운동을 이끌고 해방 후 통일민족국가수립에 힘쓴 안재홍의 체육활동을 재조명 하는 것이다. 이를 위해 이 논문에서는 문헌 고찰 중심의 역사적 사료 분석을 통한 질적 연구 방법을 사용하였다. 분석을 위해 안재홍선집 간행위원회 편『안재홍 선집』1~권과 고려대박물관 편『안재홍 선집』6~7권, 한국학중앙연구원 편『안재홍 전집 자료집성 DB』, 동아일보, 조선일보 등 신문자료와 일제 강점기 잡지자료 등 1차 분석 자료로 활용했다. 또한 생애와 활동을 조명한 다양한 2차 사료를 살펴보았다.

이 연구를 통해 그동안 독립운동가, 언론인, 역사학자, 정치가, 정치사상가, 교육자로 조명된 안재홍의 활동에 더해 체육인 안재홍의 업적도 새롭게 밝혀지게 될 것이다. 또한 이는 한국 근대체육 활동에 대한 연구의 지평을 크고 넓게 하는데도 기여할 것이다.

연구도 지속적으로 이루어졌다(2002; 김인식, 2012). 또한 역사학자로서 안재홍의 조선상고사 연구, 일제 식민사관 비판에 담긴 역사의식, 대안으로 제시한 신민족주의 역사학의 사학사적 위치에 대한 조명도 있었다(이진한, 2005; 이진한, 2010). 이 밖에도 안재홍의 언론사상 조명(조맹기, 2002; 김영희, 2012), 안재홍의 근대문화사상과 조선학운동 재조명(이지원, 2007; 정윤재, 2005), 납북이후 재북 평화통일 활동(이신철, 2010), 성인교육자로서의 활동과 리더십(황우갑 외, 2019) 등의 연구 성과가 있었다.

2. 일제 시기 안재홍의 체육 확산 활동

1) 안재홍의 생애

　안재홍은 1891년 11월 30일 경기도 진위군(현 평택군) 고덕면 두릉리에서 중농인 안윤섭의 차남으로 태어났다. 안중근 의사와 같은 순흥안씨 참판공파로 어려서는 서당교육을 받았다. 1906년 고덕면 율포리 진흥의숙에서 잠시 수학하다가 서울로 유학 황성기독교청년회(현 서울 YMCA) 학관(현 서울 성동고 전신)에서 이상재, 윤치호, 남궁억 등의 지도를 받았다. 경술국치가 있던 1910년 8월 황성기독교청년회 학관을 마치고 일본 동경으로 유학 1914년 여름 와세다 대학 정경학부를 졸업했다. 이 시기 동경유학생 학우회를 조직 김성수, 송진우, 조만식, 김병로, 문일평, 정세권 등과 교류했다.
　유학 후 돌아와 1915년 김성수의 권유로 중앙학교 학감(교감), 1917년 3월 서울 중앙YMCA 간사를 지냈다. 안재홍은 1919년 11월 대한민국청년외교단 사건으로 1차 옥고를 겪었다. 출옥후 1924년 4월 최남선이 만든 시대일보에 논설기자로 입사했고 같은 해 9월에는 신석우가 경영을 맡은 혁신조선일보에 주필로 입사했다.
　이시기 정력적인 글쓰기로 일제 식민통치를 비판하는 다수의 글을 썼다. 1927년 2월 창립한 일제강점하 최대의 항일운동단체 신간회 총무간사로 전국을 누비며 지회 조직 구축을 지원했다. 1929년 5월 생활개신운동, 7월 문자보급운동, 10월 경평축구전을 지원했으며 이 시기 조선일보 필화, 신간회 민중대회 사건 등으로 수차례 옥고를 치른다. 1930년 7월 백두산을 답사했으며 1932년 경영상의 어려움으로 조선일보 사장에서 물러났다. 이 시기 조선학운동을 주도하며 정인보와 함께 다산 정약용의 문집『여유당전서』도

교열·간행하고, 이충무공 현창운동, 조선어표준어 사정위원 등으로 활동, 민족에서 세계로의 열린민족주의를 주창하며 문화운동에 매진했다. 그러나 흥업구락부 사건·군관학교 사건·조선어학회 사건 등으로 연거푸 7년 3개월간 옥고를 겪었다.

1945년 8월 16일 국내민족지도자를 대표해 최초 해방연설을 했다. 이후 여운형과 함께 건국준비위원회를 조직 부위원장으로 활동했으나 건준의 좌경화로 탈퇴했다. 같은 해 9월 국민당을 창당하고 당수로 활동했으며, 이후 한성일보 사장, 한독당 중앙상무위원, 좌우합작위원회 우측 대표, 미 군정청 민정장관, 서울중앙농림대학 학장, 대한올림픽후원회 회장, 초대 대한적십자사 부총재, 2대 국회의원 등으로 통일 민족국가 수립에 헌신했다. 1947년 8월 울릉도·독도에 학술조사대를 파견 독도수호에도 크게 기여했다. 1950년 6.25때 북한군에 납북되어 1965년 3월 1일 평양에서 별세했다. 1989년 대한민국 건국훈장 대통령장이 추서됐다[11].

2) 1920년대의 체육활동

(1) 생활 개신운동 전개와 건강증진 실천

안재홍은 1928년 5월 조선일보 사설 「제남사변(濟南事變)의 벽상관(壁上觀)」으로 금고 8개월의 3차 옥고로 서대문 형무소에 수감되었다가 1929년 1월 26일 출옥했다.[12] 같은 해 4월 2일에는 부사장으로 복귀했으며 4월

---

11) 황우갑, 『성인교육자 민세 안재홍』, 도서출판 선인, 2019 참조.
12) 『조선일보』 1929년 1월 27일, 2면.

30일 대대적인 생활개신 간담회를 개최하고13) 5월 2일부터는 생활개신운동을 전개했다. 이는 민중과 접촉하기 쉽고 그들에게 깊은 성과를 거둘 수 있는 지식·의식의 씨를 뿌려줄 현실 가능한 실천운동으로 색의단발, 건강증진, 상식보급, 허례허식 폐지, 소비절약 전개라는 5가지 과제를 제시했다. 안재홍은 '생활개신을 선양함'14), '생활개신을 고조함'15)이라는 사설을 연속 발표해 이 다섯 가지 실천운동이 수천 년에 내려오는 견고한 인습과 빈곤의 근원을 타파하고자 하는 것으로 용이하거나 단시일에 완성하기는 힘들어도 그 개신이 필요성이 있음을 주장하고 있다. 특히 5대 과제 중 노동의 원천이 되고 적극성과 진취성을 키우며 행동의 견고한 기반을 만들기 위해 건강증진이 필요함을 강조하고 있다.

> 근로역행(勤勞力行)의 원두(源頭)가 되고 적극 진취의 기세를 돋우며 그리하여 민중동작(民衆動作)의 견고한 생물적 기축(機軸)을 만들려고, 인생의 싹인 아기와 어린이와 성년, 노년에까지, 섭양(攝養)과 의료와 조련(操練)과 주동(走動)들의, 민중적 건강증진(健康增進)에 필요한 모든 강구(講究), 선전및 실천의 순서 있는 운동을 일으키려 한다(안재홍 생활개신을 선양함. 본사 주최의 신운동.『조선일보』1929년 4월 14일자)

이 생활개신운동은 1929년 7월부터 본격적으로 시작한 조선일보 문자보급운동과 함께 일제 강점기 언론사 주관의 대표적인 계몽운동이다. 이 운동은 1927년 창립한 신간회운동의 당면 긴급한 실천과제로 제시되기도 했으며 해방 후 신생활운동, 1960년대 재건국민운동, 1970년대 새마을운동으로

---

13) 『조선일보』1929년 5월 2일자, 2면.
14) 『조선일보』, 1929년 4월 14일자, 1면.
15) 『조선일보』, 1929년 5월 2일자, 1면.

이어지는 국민계몽 실천운동의 선구적 활동으로 평가할 수 있다. 안재홍은 이 생활개신운동에서 '건강증진'을 5대 핵심 실천과제로 제시한 이후 다양한 스포츠 행사를 지원하며 조선 민족의 체력단련 필요성을 적극 홍보했다.

(2) 야구, 농구, 권투, 축구 행사 지원

체육활동 관련해서 안재홍이 처음 참석한 행사는 생활개신운동을 시작한 1929년 6월 10일 중등학교 야구연맹전에 참석 축사를 했다는 기록이 있다. 이 행사는 조선일보가 주최했고 당시 조선일보 부사장 안재홍의 시구 사진이 남아있다. 생활개신운동의 강조와 함께 체육활동의 중요성을 알리기 위한 관심에서 나왔을 것으로 보인다.

> 본사 주최의 제3회 중등학교 야구연맹전의 첫날은 10일 오후 3시 반부터 첫여름 맑은 하늘과 곱게 부는 바람을 받아가며 시내 계동에 있는 휘문 운동장에서 일반 선수의 입장식이 있은 다음 배재 대 휘문의 제1회전으로 첫날의 막은 열리었다. 두학교의 접전이 있기 전에 본사 부사장 안재홍씨의 의미심장한 개회사가 있은 후 제2회에 우승권을 잡고 있던 중앙고보의 우승배의 반환식이 있은 다음...(『조선일보』 1929년 6월 12일자 2면)

민세는 같은 달 29일 경성운동장에서 열린 조선일보 주최 제1회 전조선 여자농구대회에 부사장으로 참석 축사를 했다. 첫 대회라 참가팀은 서울의 동덕여자고등보통학교, 숙명여자고등보통학교, 개성 호수돈여자고등보통학교 등 3개 학교였다. 이날 폐막 후 안재홍은 우승기를 수여하며 선수들을 격려했다. 우승은 숙명, 준우승은 호수돈에게 돌아갔다. 당시에는 유교적 관념으로 여성들의 체육활동 참여가 아직은 보편화 하지 않은 시기였기에 안재홍의 여성 체육에 대한 격려 활동은 농구 등 근대스포츠 확산에 기여했을 것이다.

> 일반의 박수와 환호리에 예정과 같이 경기가 끝나자 즉시 우승 기수여식에 들어가 본사 부사장 안재홍씨로부터 "금번 대회는 처음 대회이니만치 참가학교가 그다지 많지는 못하였으나 여러 선수의 씩씩한 운동정신으로 말미암아 성황 또 만족한 가운데 대회를 마치게 된 것은 무엇보다도 기뻐할 일이며 따라서 명년 대회에는 금번 대회보다도 한층 대성황이 있게 되기를 서로에게 기대하자"라는 뜻의 일반 선수에 대한 식사가 있은 다음...(『조선일보』 1929년 7월 1일자 2면)

민세는 또한 1929년 9월 17일에는 조선권투구락부 발족식에 참석 축사를 했다. 이 날은 한국복싱의 원년이다. 한국복싱의 아버지 성의경은 1901년 충남 예산 출신으로 경성 제1고보를 졸업하고 일본전수대학에서 권투를 배우고 돌아와 이날 한국 조선권투구락부를 창립한 것이다. 안재홍과 조선일보에서 함께했던 평주 이승복의 고향이 예산이고, 이 후원회에 전원파 시인 김상용이 참여했는데 1930년 7월 안재홍이 김상용과 함께 백두산에 함께 오르는 것으로 봐서 안재홍도 성의경의 조선권투구락부를 후원했을 것으로 추정된다. 이것이 한국 최초의 복싱체육관이다. 이날 행사에는 김상용 이외에 백관수, 김기진, 연학년 등 32인인 발기했으며 특정 종목 전용 체육관의 효시라고 할 수 있다.[16]

---

16) 김진표, 「일제강점기(1910~1945)에 도입된 한국 복싱의 발달양상을 통해 본 역사적 의의」, 『대한무도학회지』 제13권 제1호, 2011, 13-29쪽.

조선권투구락부 발회식은 예정과 같이 17일 오후 4시에 식도원에서 거행하였는데 김송은씨의 사회로 내빈 중에서 안재홍 씨의 축사가 있고 성의경씨의 경과보고가 있은 후 폐회하고 만찬의 식탁에 들어갔는데 성의경 씨는 일본 전수대학(日本專修大學) 권투구락부 창설자로 일본에서도 권투 선수권을 얻었으며 지금은 성씨의 제자로 선수권 얻은 사람이 많은데 성씨는 귀국한 이래 사계에 많은 노력을 하였으며 작년에는 큰돈을 들여 시내 관훈동에 권투장을 설치하고 선수 양성에 힘쓰다가 이번에 조선권투구락부를 완성케 된것이다(『조선일보』 1929년 9월 20일자 5면)

이 밖에도 안재홍은 1929년 10월 19일에는 오락가락하는 비속에 조선일보가 주관하고 조선소년연맹이 주최한 제1회 경성소년축구대회에 참석해서 축사와 시축을 했으며[17] 11월 23일에는 휘문학교 운동장에서 열린 제4회 전문학교 축구연맹전에도 참석 대회장으로 축사를 하고 우승학교에는 우승기를 수여했다[18]. 이는 이해 시작된 생활개신운동의 실천 과제 중 하나인 건강증진의 확산을 위한 민세의 깊은 관심이 반영된 것으로 볼 수 있다.

(3) 제1회 경평 축구 대회 지원

1929년 10월은 한국 체육사에서 상징적인 사건인 경평축구가 처음 열린 달이다. 민세는 10월 8일에는 조선일보가 주최한 제1회 경평축구대회에 참석 신문사를 대표해 축사를 했다. 당시 조선 제1의 도시 경성과 제2의 도시 평양의 대항전으로 열린 이 대회는 안재홍과 조만식의 주선으로 열렸다. 경평전은 민족의 해방구이며 민족정기의 발현 창구역할을 통해 단순한 축구경

---

17) 『조선일보』, 1929년 10월 21일자, 2면.
18) 『조선일보』, 1929년 11월 25일자, 2면.

기 이상의 민족적 가치를 구현하는 기회를 제공했다.19) 안재홍과 조만식은 일본 동경유학시절 동창이었다. 함께 조선인 유학생 학우회를 만들어 유학생 사회의 통합에도 힘썼다. 귀국 후 조만식은 평양을 중심으로 관서체육회를 조직 스포츠를 통한 민족의식 고취에 힘썼으며 안재홍과는 신간회운동, 물산장려운동 등을 통해 꾸준하게 민족운동의 공감대를 넓혔다. 이 대회는 당시 조선일보운동부 기자였던 이원용과 변호사 최정연의 아이디어로 라이벌 의식이 강한 경성과 평양이 맞붙는 경평축구대회는 관중동원이라는 측면에서도 대성공이었다20). 안재홍은 이날 축사에서 제1회 경평전이 경기뿐 아니라 평양과 경성 두도시의 친목을 위해서도 의미 있는 일임을 강조했다.

본사 주최 조선체육회 후원의 제1회 경평 축구대항전은 예정과 같이 8일 오후 4부터 시내 원동 휘문고보 넓은 운동장에서 본사 부사장 안재홍씨의 "금번 경기는 다만 경기 대회로써만 축복할 것이 아니라 조선의 양대도시인 평양과 경성 두 도시의 친목을 위하여 서로 심히 축복한다"라는 의미의 간단한 식사로써 그 경기를 열게 되었는데 넓은 운동장의 주위에는 벌써 정각 전부터 각 방면을 망라한 7000여명 관중이 운집하기 시작하여 예기 이상의 성황을 이루었는 바 양군의 경기는 각각으로 백열화하여 일진일퇴의 형세로 격전한지 한 시간 반에 전반전에는 전경성군이 『꼴』한 점을 얻고 후반전에는 전 평양군이 『꼴』한 점을 얻어 결국 일대일의 스코어로 무승부가 되니 때는 동일 오후 여섯 시경이었는 바 이날의 휘문고보운동장에는 긴장된 경기에 손에 땀을 쥔 칠천 명관중의 우뢰 같은 박수소리가 이따금씩 진동하여 이날의 성의를 무한히 축복하는 듯 하였더라(『조선일보』 1929년 10월 8일자 7면).

---

19) 정영렬·김홍태, 「경평전의 사적 고찰과 의의」, 『한국엔터테인먼트산업학회논문지』 제8권 제2호, 2014, 27-37쪽.
20) 이종성, 「일제하 조선인 경영신문의 축구대회 후원과 개최에 관한 연구」, 『한국체육학회지』 제53권 제5호, 2014, 23-34쪽.

(4) 등산과 걷기 실천

안재홍 관련 자료사진에 보면 1918년 7월 고향 평택에서 가까운 안성 고성산 등반을 마치고 운수암에서 안성평야를 바라보고 찍은 사진이 있다. 어린 시절 안재홍을 만난 적이 있는 고향 노인들은 민세가 아침 일찍 일어나 앞산에 늘 올랐다고 했다. 걷기와 등산을 즐긴 이런 습관은 평생 계속되었을 것이다. 민세는 개인의 신체단련 수단으로 1920년대 후반 등산과 여행을 즐겼다. 1926년 4월에는 20여 일간 기차, 차량, 배, 도보, 등산 등을 통해 서울을 출발 부산, 마산, 통영, 진주, 하동과 지리산 일대, 남원, 전주에 이르는 여행을 다녀왔다. 1927년 3월에는 황해도 해서지방을 7월에는 원산과 함흥 일대를 9월에는 경북 예천과 문경일대를, 1929년 9월에는 광주 무등산 일대를 답사했다.[21] 답사 후 민세는 관련 기행문을 자신이 재직하던 조선일보에 연재했다[22].

3) 1930년대의 체육활동

(1) 지속적인 등산과 걷기의 실천과 건강관리

안재홍은 1930년대에도 등산과 도보 답사를 계속했다. 1930년 7월에는 백두산에 올랐고 1931년에『백두산등척기』를 간행했다. 1934년 6월에는

---

21) 황우갑,『성인교육자 민세 안재홍』, 도서출판 선인, 2019.
22) 문경과 상주 기행은 조선일보에 1927년 9월 15일~21일까지, 광주와 서석산(현재 무등산) 기행은 1929년 10월 3일~10월 13일까지, 여수·진도 충무공 유적 기행은 1934년 9월 11일~9월 28일까지 연재하였다.

단군의 유적을 찾아서 황해도 구월산과 장수산에 올랐으며 같은 해 7월에는 충북 보은 속리산에서 출발해 충남, 전북을 거쳐 여수에서 진도에 이르는 남해 충무공 유적을 답사했다.

민세는 이 시기 잡지 『동광』과의 인터뷰에서 자신의 건강관리 방법을 소개하고 있다. 평소 정력의 절약과 집중을 지키고 술 담배를 안 하며 잡기를 즐기지 않고 긴 시간 독신자처럼 지내며 여가를 얻으면 등산과 산책을 즐겨 서울만 해도 인왕산, 백악산, 금화산, 종남산 등 모든 산을 여러 번 올랐고 관악산 삼각산도 모두 올랐으며, 예수와 부처, 노자와 장자의 문장을 완미하여 심신에 방해가 되는 것을 풀어버리려고 힘쓴다고 했다.[23]

(2) 농구 행사 지원과 조선농구협회 초대 회장 취임

안재홍은 1930년 6월 7일에는 경성운동장에서 열린 조선일보 주최 여자정구대회에 참석해서 축사를 했으며[24] 6월 14일에는 전조선여자농구선수권대회에 참석해서 축사도 했다. 이날 시합의 심판은 YMCA 체육부 간사로 활동했던 장권이 맡았으며, 제1회 대회 우승기를 반환했던 숙명여고보 농구선수 안재영은 민세의 여동생이었다.

> 전 조선 여자농배구계에 패권을 좌우하는 본사주최 제2회 농배구대회는 돌아왔다. 대회 인기는 벌써부터 자못 긴장되어 오늘이 돌아오기를 손을 꼽아가며 기다리는데 대회는 바야흐로 녹음이 무르녹은 성동원두 경성운동장에서 전개되었다. 아침부터 비가 오락가락하였으나 이것을 관계치 않고 원기 왕성한 선수들

---

[23] 『동광』 1932년 1월호 제29호.
[24] 『조선일보』, 1930년 6월 8일자, 2면.

은 숙명여고보 선수 50여 명을 필두로 개성 호수돈여고보, 동덕여고보, 실천여학교 순서로 입장하여 넓은 코트에서 마음껏 뛰놀기 시작하였다. 정각인 정오가 되자 참가 선수 백여 명의 장쾌한 입장식이 있었고 작년 우승교 숙명여고보 선수 안재영양의 우승기 반환식이 있은 후 본사 부사장 안재홍씨의 개회사와 심판원 장권씨의 심판에 관한 주의 사항 설명이 있은 다음에 용장한 경기의 막은 주심 장권 김종만씨 심판하에 숙명여고보와 개성 호수돈과의 장쾌한 대전으로 열렸다. 승리의 월계관은 어디로 돌아갈지! (『조선일보』, 1930년 6월 15일자 2면).

안재홍은 1931년 4월 15일 현재 대한농구협회 전신인 조선농구협회 초대 회장에 취임했다. 부회장은 김규면, 이사는 안재홍과 함께 조선일보에서 활동했던 기자 이길용 등이 참여했다. 주요사업은 농구계의 통일 지도를 장려하고, 실업 및 소년단 선수권 대회를 개최하며, 해외팀 초빙경기와 수시 강습회를 열고 일반농구 경기에 대한 연구와 발전 대책을 강구하고자 했다[25].

> 수일 전에 창립한 조선농구협회에서는 그동안 회장 추천의 건을 이사회에 일임하여 각 방면으로 교섭 중이던 바 15일에 이르러 본사 부사장 안재홍씨의 쾌락을 얻어 정식으로 취임하기로 결정하였다(『조선일보』, 1931년 4월 17일자 7면)

> 최근 창립된 조선농구협회의 회장 추천의 건은 조선일보 사장 대리 안재홍씨를 추천키로 이사회에서 결단하고 그동안 취임을 교섭 중이던바 어제 15일에 쾌락하여 이로써 제1대 회장에 안재홍 씨의 정식 취임을 보게 되었다. 그리고 동회 사무소는 조선체육회 안에 두기로 하였다(『동아일보』, 1931년 4월 17일자 7면)

---

25) 『조선일보』 1933년 4월 27일자, 8면.

초대 조선농구협회 회장에 취임한 안재홍은 1931년 5월 9일부터 조선농구협회 주최 제1회 중등학교 농구연맹전에 참석 축사를 했다26). 안재홍이 조선농구협회 초대회장을 맡은 것은 언론인으로서 1920년대 후반부터 농구 시합의 지속적인 개최도 영향이 있었다. 조선농구협회 창설에 기여한 인물은 장권이다. 그는 1920년대 후반 유도와 씨름 등을 통해 활발한 체육활동을 전개했고 1930년대에는 민중적 운동인 체조, 농구 등의 활동을 통해 두각을 나타냈다27). 장권은 안재홍과는 YMCA, 흥업구락부 등을 통해서 인연을 맺었다.

(3) 제1회 전조선역도대회 지원과 역기를 통한 건강관리

한국 역도는1926년 문곡 서상천이 조선체력증진법 연구회를 결성하고 선수들을 지도하면서부터 시작됐다. 그는 일본 유학중 체육에 대해 깊은 관심을 가졌고 개인의 건강증진과 운동선수의 체력향상을 위해 신체단련법에 기초한 『현대체력증진법』 등 체육전문서를 간행했다.28) 민세는 1931년 2월 14일에는 한국역도의 창시자 서상천이 이끄는 중앙체육연구소와 조선일보가 공동주최한 제1회 조선체력선수권 대회에 참석해서 축사를 했다. 이것이 한국 최초 역도대회였다.

---

26) 『조선일보』, 1931년 5월 9일 2면.
27) 유성연, 「월북 체육인 장권의 체육 활동과 사상」, 『한국체육학회지』 제56권 제2호, 2017, 1-14쪽.
28) 손환·최종균, 「문곡 서상천의 한국 근대스포츠 발전에 미친 영향」, 『한국체육학회지』 제38권 제4호, 1999, 22-32쪽.

만도 인사들이 손을 꼽아가면서 기다리던 본사와 중앙체육연구소 공동 주최의 제1회 전조선 체력선수권대회는 14일 오후 7시부터 경성공회당에서 개최하였다. 당야는 일기가 사온절후에 들어가 봄날 부럽지 않게 따뜻하므로 일반 관중들은 정각 전부터 물밀듯이 모여들어서 넓으나 넓은 공회당의 홀은 문자 그대로 입추의 여지가 없을 만큼 대성황을 이루었다. 정각 7시가 되자 늠름한 출전 선수들의 보무당당한 용자로써 장쾌한 입장식이 있은 후 본사 부사장 안재홍 씨의 의미심장한 개회사와 중앙체육연구소 사범서 서상천씨의 격려가 있은 다음에 쾌활한 경기의 막은 경체중급 개인 경기로 시작하였다(『조선일보』, 1931년 2월 16일자 2면).

이 해 11월 19일 서상천의 중앙체육연구소 5주년 기념식이 있었으며 안재홍도 이 날 행사에 강낙원, 김보영과 함께 참석 축사를 했다.

살자면 무엇보다도 건강이 필요하다는 모토 하에 탄생한 중앙체육연구소에서는 금 29일 오전 10시 반 시내 화동 동회 운동실에서 제5회 창립기념식을 거행하였다. 동회 사범 서상천씨의 개식사와 이사 이여성의 보고가 있은 후 내빈 측으로부터 본사 사장 안재홍씨와 강낙원, 김보영 제씨의 축사와 같은 곳 회원 40여 명의 승급과 승단 증서와 우등상으로 양정고보 이익환군에게 표창상 수여식으로써 기념식은 성황으로 종료하였다(『조선일보』, 1931년 11월 30일 2면).

민세는 같은 해 12월 6일 열린 제2회 전조선역기대회에 참석 축사를 했다[29]. 이런 활동은 기초 체력운동인 역도에 대한 안재홍의 지속적인 관심을 보여주는 부분이다. 안재홍은 1932년 4월 경영상의 이유로 조선일보 사장직에서 물러났다. 1933년 4월 27일자 조선일보의 서상천 중앙체육연구소

---

[29] 『조선일보』, 1931년 12월 8일, 7면.

탐방 기사에 의하면 이 시기 안재홍은 주요한, 이여성, 백관수 등과 함께 서상천이 설립한 중앙체육연구소 회원으로 활동하며 역기로 체력을 관리했다는 것을 알 수 있다.

> 현재 동소 회원이 5백여 명에 달하고 있으며 매월 출석하는 회원만하여도 150명 가량에 이르고 있다고 한다. 회원 중에는 교원 교수 관리 외국인 변호사 직공 학생 문사 생도 등 각층을 망라하고 있는데 그 중에서 참고삼아 회원 몇사람의 이름을 열거해보면 안재홍 이용설 주요한 이여성 이갑수 백관수 옥선진 김두백 최병석 박종영씨 등이다. 유급자로 최고는 삼단 원희택씨가 있으며 동씨는 전 조선력기선수권보지자라고 한다. 사범 서상천씨는 사종의 역기에 세계기록을 가지고 있다. 이 연구소는 각종체조연구로는 오직 하나밖에 업는 단체이며 동시에 역기체력증진법으로는 전동양에서 선진이 되어 있다(『조선일보』, 1933년 4월 27일자 8면).

(4) 보건체조 확산 지원과 보건운동사 참여

안재홍은 조선체육연구회 주관으로 31년 9월 5일 덴마크 국민체조를 발전시킨 닐스 북(Niels Bukh) 일행이 조선을 방문해 경성사범학교에서 시연 행사한 것을 계기로 덴마크 체조에 대한 관심을 일깨운다.

> 북구의 작은 나라 농촌의 덴마크, 그의 교육, 산업과 근검 개척의 모범적인 국민으로서 세계의 놀라움을 끌고 있거니와 닐스 북씨 일행의 모범적인 연기와 그 극적인 생활상 표현은 일반 식자에게 적지 않은 흥미를 일으킬 줄 안다(『조선일보』, 1931년 9월 7일자).

이해 12월 15일에는 '살자면 건강하여야겠다!'는 모토로 조선민중 보건향상을 위한 양봉근이 주도한 보건운동사 창립 행사에 참석 축사를 했다. 이날 행사에 참여한 인사 중 김탁원은 3.1운동에 참여했고 민세와는 물산장려회 이사, 신간회 집행위원, 만주동포 지원 활동 등을 함께 했다. 1934년 경성여자의학전문학교 설립을 위해 힘썼고 안재홍도 함께 후원했는데 후에 이 뜻을 이어 받아 개교한 것이 우석대 의대 (현 고려대 의대 전신)이다. 이 단체의 체육부에는 서상천·장권·김규면 등 당시 조선체육발전에 힘쓴 주요 인사도 함께했다.30)

민세는 1932년 3월 10일에는 '억센 조선의 건설'을 목표로 조선일보, 중앙기독교청년회 주최 2회 보건체조 강습회에 참석 수료증을 전달했다. 당시 중앙기독교청년회 장권의 지도로 운영된 이 강습회는 많은 호응을 얻었으며 2회 강습 수료자는 서울 남산, 장충단, 금화산 등 7개소에서 일반인을 대상으로 체조 강습을 시작해서 보건체조열기를 확산시켰다. 이는 1931년 6월 22일 창립한 조선체육연구회의 체육강습회와 덴마크 닐스 북(Niels Bukh)의 덴마크〔丁抹〕 체조를 조선 민중에게 적합한 13가지 동작으로 체계화한 민중보건체육법의 주요 사업이었다31). 조선체육연구회를 이끈 회장 박승빈 (당시 보성전문학교 교장)은 변호사로 안재홍과는 조선물산장려회, 조선어사전 편찬, 수제구제회 등으로 인연을 맺었으며 여기에는 서상천, 장권과 조선일보 체육부 기자였다가 후에 동아일보로 옮긴 이길용 등이 참여했다.

일반대중의 건강을 목표 삼아 정진하는 보건체조열은 바야흐로 전 조선은 풍미할 기세로 발흥하여 가는 중이다. '살자면 건강'이라는 본사가 발표한 슬로

---

30) 『조선일보』, 1931년 12월 17일자, 7면.
31) 손환, 「일제강점기 조선체육연구회의 활동에 관한 연구」, 『한국체육학회지』 제50권 제6호, 2011, 1-9쪽.

건은 민중의 뇌리에 영향되는바 많아서 해를 거듭할수록 그 효과가 현저하더니 금년에 이르러 본사에서는 더욱 적극적으로 일반대중의 건강을 향상시킴과 동시에 지도자들 양성할 목적으로 중앙기독교청년회와 연합하여 시민보건체조강습회를 개최한바 이에 대한 인기는 비상하여 2기 강습기간에 벌써 206명의 건전한 청년을 양성하기에 이르렀다. 앞으로 영구히 계속할 것은 물론이려니와 더욱 축하하여 마지아니할 일은 제1기 강습생들이 서울 보건체조단을 조직하여 시내외 각처 산간에서나 또는 야외에서 신선한 공기를 흡수하면서 매일 오전 7시부터 대중을 상대 삼아 보건사상을 고취시키며 실제의 방법을 지도하는 장거이다. 이 같은 보조로 나아기면 '억센 조선을 건설'하자는 본사의 슬로건도 예기한 계획이 있을 것을 확실히 믿고도 남는 바이다(『조선일보』, 1932년 3월 10일자 7면).

안재홍은 1932년 조선체육연구회 주사 김보영이 쓴 『정말체조법』의 서문을 써서 덴마크 보건체조의 국내 확산과 그 실천의 중요성도 일깨웠다. 이 책은 당시 각계에 많은 관심을 불러일으켰는데 체육학을 전문적으로 연구한 사람에 의해 저술된 이런 종류의 전문서는 매우 드문일로서 조선 체육계의 획기적인 일이었다[32].

억센 조선의 건설은 조선인의 한 구호가 되어야 한다. 이리함에는 전민중의 대다수를 조직적 훈련 즉 집단적 체조방법에 의하여 신체의 억센 발육과 한가지로 왕성한 진취전투의 기백을 고취하는데 있는 것이다. 이에 우인(友人) 김보영(金保榮)씨의 『정말체조법(丁抹體操法』을 널리 사회 남녀인사에게 추천하노라 (『삼천리』 제25호, 1932년 4월호).

---

[32] 손환, 「일제강점기 조선체육연구회의 활동에 관한 연구」, 『한국체육학회지』 제50권 제6호, 2011, 1-9쪽.

(5) 축구, 정구, 씨름, 권투 행사 지원과 선수 격려 활동

이 밖에도 당시 신문 자료를 살펴보면 민세는 정구대회, 씨름대회, 소년축구대회, 육상경기, 권투 등 각종 스포츠행사에 참석 경기인들을 격려하고 체력증진의 필요성을 역설했다. 안재홍은 1930년 6월 7일에는 경성운동장에서 열린 조선일보 주최 여자정구대회에 참석해서 축사를 했으며[33] 같은 해 10월 18일에는 조선체육회와 조선씨름협회가 공동주최하고 조선일보가 후원한 제2회 전조선씨름대회에 회장인 윤치호와 함께 참석해서 축사와 함께 우승기도 수여했다.[34] 10월 25일에는 휘문고보에서 열린 제2회 전경기소년축구대회에 참석 축사를 했고[35] 11월 6일에는 제5회 전문학교 연맹전 축구대회에 참석 개회사를 했다.[36] 안재홍은 11월 15일 경성운동장에서 열린 제1회 전문학교 육상경기대회에는 명예회장으로도 위촉됐다.[37] 1931년 1월 24일에는 일본 오사카에 원정을 가서 일본인 중학 선수를 물리치고 우승을 차지한 양정고보 육상선수단 축하행사에 참여해서 축사를 했다.[38] 또한 1931년 6월 14일에는 한국 권투의 창시자인 성의경이 세운 조선권투구락부 낙성식에 참석 축사를 했다.

조선 운동경기계의 자랑할 조선권투구락부 낙성식은 14일 오전 11시부터 동회관에서 성대히 거행하였다. 정각이 되어 이종근씨의 개회사와 부장 성의경

---

[33] 『조선일보』, 1930년 6월 8일자, 2면.
[34] 『조선일보』, 1930년 10월 20일자, 3면.
[35] 『조선일보』, 1930년 10월 27일자, 3면.
[36] 『조선일보』, 1930년 11월 8일자, 2면.
[37] 『조선일보』, 1930년 11월 14일자, 7면.
[38] 『조선일보』, 1931년 1월 26일자, 2면.

씨의 인사말과 경과보고가 있은 후 내빈 측을 대표하여 안재홍씨와 서민호씨의 의미 깊은 축사와 부원 대표의 답사가 끝난 다음에 장쾌한 부원들의 모범경기가 있어서 권투열을 보급하는데 큰 공헌을 보여주고 폐회하였다. 그런데 동구락부는 재작년 9월에 성의경 씨가 단독으로 창립할 때에는 부원이 불과 네 사람밖에 없던 것이 금일에 이르러서는 부원이 1500여 명에 달하는 성황을 이루었으며 동건물은 건평 32 평에 총경비 4천2백원은 전부 부장 성의경 씨가 사재를 드려 건축한 것이라 한다(『조선일보』, 1931년 6월 15일자, 2면).

31년 9월 21일에는 중등학교 야구리그전에 참석 우승배를 수여했다(『조선일보』, 1931년 9월 30일, 2면) 10월 24일에는 제2회 조선정구 및 농구대회에 참석 우승기를 수여했다(『조선일보』 1931년 10월 26일, 3면) 10월 25일에는 제3회 경기소년축구대회에 참석 축사를 했으며(『조선일보』 1931년 10월 26일, 3면) 전년에 이어 11월 10일 전문학교 축구연맹전에는 명예회장으로 참석 축사를 했다(『조선일보』, 1931년 11월 13일, 7면) 11월 14일에는 18세 소년으로 마라톤에서 세계기록을 세운 양정고보 김은배씨의 표창식에 윤치호, 송진우 등과 함께 참석해서 축사를 했다.

18세의 소년으로서 마라톤 경기에 세계기록을 돌파한 양정고보 김은배군의 표창식은 예정과 같이 14일 오후 2 시부터 시내 수송동 공보 교정에서 운동방면 관계자 수백 명의 참여로 성황리에 열렸다. 정각에 유량한 주악이 있고 조선체육회 이사 김규면씨의 개회사와 대회 회장 윤치호 씨의 식사가 있은 후 표창 배포 상장 수여가 끝난 후 조선일보 사장 안재홍 씨와 동아일보 사장 송진우 양 씨의 의미심장한 축사와 김은배 군의 답사로 식을 무사히 마쳤다(『조선일보』, 1931년 11월 16일자, 2면).

민세는 1932년 1월 17일에는 경성 수송동 회관에서 열린 조선무관낙성식에 송진우, 유진태 등과 함께 참석 축사를 했으며,39) 1936년 5월에는 유도 5단 석진경씨의 축하회에 신흥우, 장권 등과 함께 참석 축사를 했다.

> 배재동창회 발기의 석진경군 (유도 5단) 축하회는 9일 오후 7시 30분부터 종로태서관에서 체육관계자 60여명이 모인 가운데 신흥우씨 사회로 열려 임재덕, 장권, 안재홍, 홍성철, 김윤근 제씨의 축사가 있었고 신봉조씨의 석군 약력소개가 있은 다음 김종우 목사의 기도가 끝나자 석군이 일어나 장래 조선유도계를 위하여 노력하겠다는 답사가 있은 후 9시 30분에 산회하였다(『조선일보』, 1936년 5월 10일자, 2면).

일제강점기 국내 1급 감시대상이었던 안재홍은 1936년 6월 이후에는 흥업구락부 사건, 군관학교 사건, 조선어학회 사건등으로 4차례 투옥되어 더 이상 스포츠를 통해 억센조선의 건설이라는 자신의 뜻을 실천할 수는 없었다. 안재홍은 대한민국 임시정부를 이끈 김구 주석으로부터 수차례 망명 제의를 받았으나 1913년 일본유학중 70여일의 중국 여행을 통해 평생 국내항일운동에 뜻을 두기로 했기에 이를 사양했다. 민세는 일제 강점기 대부분의 시간을 국내에서 활동했기에 체육계 인사 등 다방면에서 여러 사람들과 다양한 교류를 했고 많은 글을 쓰고 자료를 남겼다.

3. 해방 후 안재홍의 체육 확산 활동

안재홍은 1945년 8월 16일 국내민족지도자를 대표해서 '해내 해외 삼천

---

39) 『조선일보』, 1932년 1월 18일자, 3면.

만 동포에게 고함'이라는 첫 해방연설을 했다. 여운형과 함께 조선건국준비위원회를 결성 부위원장으로 활동하다가 건준이 좌경화하자 탈퇴하여 국민당을 창당하고 이후 통일 민족국가 수립에 몰두했다. 해방 이후에는 정당 창당과 통일국가 수립을 위한 정치활동 등으로 상대적으로 체육활동은 활발하지 않았으나 1948년 런던올림픽 지원을 위한 대한올림픽후원회 회장을 맡아 한국 최초의 복권인 올림픽 후원권을 발행한 것은 한국체육사에 남을 커다란 업적이다.

1) 국민당 정강정책과 체육 활동의 중요성 언급

민세는 1945년 9월 국민당을 창당하고 '신민족주의와 신민주주의'라는 자신이 구상한 신생 대한민국의 국가이념을 제시했다. 여기에는 국가 체육정책 관련 방향제시도 포함하고 있다. 민세는 19세기 중반 독일의 지배에 맞서 체코슬로바키아의 민족해방과 독립을 목적으로 한 국민체육운동인 '소콜(Sokol)'40)과 국민체조의 예를 들어 신생활운동, 건민운동의 구상을 밝히고 있다. 이는 일제강점기 민세가 강조했던 생활개신운동과 보건체조 지원, 다양한 스포츠 진흥을 통한 억센 조선의 건설 노력과 맥이 닿아 있다.

> 국민문화성(國民文化性)에 따르는 개신(改新)으로 신생활운동의 전개를 꾀할 것이오 의료보건 기관과 탁아소, 양로원, 임산부 보양소(保養所) 등, 사회 시설의 국영 공영의 시설 확충을 꾀할 것이며 '소콜(Sokol)' 혹은 국민 체조 등 종합회통(綜合會通)의 새로운 구상에 의한 건민운동(健民運動)을 진흥 보급하여 민족문화의 순화고양과 아울러 국민적 또는 민족적 긍지와 적극생활의 정신적 추진

---

40) 이태신, 『체육학 대사전 학술용어편』, 민중서관, 2000.

력의 고동감발(鼓動感發)을 꾀할 것이다.(안재홍선집간행위원회, 1983: 안재홍 선집 2. 신민족주의와 신민주주의. 부록 제5장 국민당 정강정책 해설)

2) 조선체육회 고문 등 경기단체 지원 활동

안재홍은 1946년 2월 26일 여운형을 회장을 창립한 조선체육회에 김규식, 김성수, 오세창, 언더우드, 홍명희, 이극로, 최규동, 조만식 등과 함께 고문으로 선임되었다[41]. 또한 같은 해 6월 3일 중앙기독교청년회관에서 열린 귀국하는 수백만 전재동포와 오랜 전쟁에 시달린 전 국민의 보건후생에 힘쓰는 국민후생협회에 방응모, 최동오, 조소앙, 김성수, 오천석, 조헌영 등과 함께 발기인으로 참여했다.[42]

또한 1947년 3월 28일에는 당시 조선일보 사장 방응모 등과 함께 전조선 프로권투연맹 고문에도 위촉됐으며[43], 4월 27일에는 문교부와 시도학무국의 후원으로 보건과 체육과의 교수요목 작성과 월간지 『체육』 간행, 모범 체육실연회 개최를 목적으로 하는 체육연구단에 이병학 조선체육회 이사장, 장리욱 서울사대 학장, 김활란 이화여대 총장과 함께 고문으로 위촉됐다.[44]

안재홍은 1947년 2월 미군정청 남조선 과도정부 민정장관에 취임했다. 1947년 6월 23일에는 민정장관 자격으로 보스톤 마라톤대회에 우승한 서윤복 선수 환영회에 하지 중장, 김규식, 여운형 등과 함께 참석해서 축사를 했다.

---

41) 『조선일보』, 1946년 2월 28일자, 2면.
42) 『동아일보』, 1946년 6월 3일자, 2면.
43) 『조선일보』, 1947년 3월 28일자, 2면.
44) 『조선일보』, 1947년 4월 27일자, 2면.

보스톤 세계마라톤 대회에서 세계신기록으로 당당 우승하여 비록 나라 없는 약소민족이나 충천의 의기를 세계에 과시한 서윤복, 손기정, 남승룡 세 선수의 개선환영회는 남조선과도정부, 조선체육회, 조선육상경기연맹 공동주최로 인천으로부터 세선수를 맞이하여 23일 오전11시부터 과도정부 대광장에서 3천여 명의 열광적인 흥분과 감격 밑에 거행되었다.

태극기를 중심으로 미 소영 중연합국의 대국기를 현관 정면에 우러러 보면서 하지 중장, 헬믹 군정장관 대리, 김규식, 여운형, 안재홍 민정장관 등 제씨를 비롯하여 정계 군정요인 체육계 외에 각계대표, 학생, 일반군중 수만 명이 모여 식은 정일형 인사행정처장 사회로 개회되었다. 식대 정면에 옷깃을 가다듬고 앉은 서, 손, 남, 세선수의 가슴에는 태극기 마ー크가 찬연히 빛나고 특히 서선수 머리와 가슴에 번쩍이는 월계관과 우승 금메달이 영예의 훈공을 나타내는 중에 수도경찰청 관현악단의 우렁찬 주악, 개회사, 국가, 미국국가 봉창에 이어서 이철원 공보부장으로부터 세선수의 소개의 말이 있은 후 하지 중장, 헬믹 대장 안 민정장관, 조선체육회장 여운형, 조선육상경기연맹회장 정환범 제씨 순서로 세선수의 승리를 찬양하는 축사가 있었다. 이에 호응하여 손, 남, 서 세선수의 답사에 뒤이어서 이화여중 합창단이 '개선의노래'를 제창하여 장내의 감격이 극도로 고조될 때 이화여중생과 여학동이 세 선수에게 꽃다발을 진정한 후 유억 겸 문교부장의 발성인 만세삼창으로 해방 조선의 역사에 일대 획선을 긋고 오후 1시 감분의 민족제전을 끝냈다(『조선일보』, 1947년 6월 24일자, 1면)

3) 대한 올림픽후원회 회장으로 올림픽 복권 발행 등 지원활동

해방 후 독립한 조선의 모습과 우리 민족의 우수성을 알리기 위해 런던올림픽 참가를 목표로 올림픽대책위원회를 결성했다. 이 위원회는 미군정의 협조와 해외 동포의 노력으로 1947년 6월 20일 국제올림픽위원회의 승인을 받아 1948년 런던 올림픽에 참가할 수 있었으며 경비조달을 위해 올림픽후원권 발행, 영화 개봉, 가극 공연 등의 노력을 했다.[45]

1947년 12월 1일 당시 민정장관 안재홍은 올림픽후원회 회장을 맡아 1948년 7월 29일부터 8월 14일까지 영국 런던에서 개최되는 올림픽 대표단 경비 충당을 위해 140만장의 복권을 발행했고 이는 전 국민의 호응을 받았다. 이는 한국 최초의 복권이기도 하다. 안재홍은 1948년 6월 18일 성동원에서 열린 대한올림픽 후원회장으로 제14회 런던올림픽에 참가하는 69명의 올림픽 파견단 결단식에 참석해서 축사를 했다. 이날 행사에는 이승만 국회의장, 김형민 서울시장, 구자옥 경기도지사, 군정장관 보좌관 헬믹 대장 등이 참석 선수단을 격려했다.

결단식은 이윤용씨 사회로 개회되어 국기 배례, 애국가 봉창, 이화여중생의 '승리의 노래' 합창이 있은 다음 조선올림픽 준비위원회 간사장 김용택씨의 "우리가 이번 올림픽에 정식 참가함은 유사 이래 처음 있는 일대 성사로서 체육을 통하여 독립주권적 국가로서 출전하는 것이다"라는 감격에 넘치는 개회사에 뒤이어 안 후 원회장 김 서울시장 구 경기도지사 헬믹 대장이 국회의장 김민정 장관 보좌관제 씨 등의 간곡한 격려의 축사가 있었고 김 간사장으로부터 파견단 전원에게 임명장을 수교하였다. 이에 단장 정항범씨의 답사와 선수 일동을 대표하여 서윤복 군의 선서문 낭독이 있은 후 꽃다발 증정과 풍문여중생의 올림픽 노래 합창으로 이 땅의 역사적인 제 1차 올림픽 파견단 결단식과 환송회는 성황리에 막을 내렸다(『조선일보』, 1948년 6월 20일자, 2면).

6월 21일에는 런던올림픽 파견단 서울역 환송식이 있었다. 오전 8시에 열린 이 날 행사는 수많은 서울시민들의 우레와 같은 환호와 만세소리 속에 국방경비대 군악대의 군악연주속에 각 학교와 단체에서는 대표 선수를 보내는 격려의

---

45) 김재우·박종인, 「제14회 런던올림픽대회(1948)의 한국 참가 과정과 그 평가에 관한 연구」, 『한국사회체육학회지』, 2012, 11-26쪽.

교가와 단가를 부르고 오색테이프를 던져 앞날의 건투를 축하했다. 안재홍은 올릭픽후원회장 자격으로 선수단을 환송했다(『조선일보』, 1948년 6월 22일자, 2면).

신생 대한민국은 태극기를 달고 처음 출전한 런던올림픽에서 역도의 김성집이 최초로 동메달, 복싱의 한수안 선수가 동메달을 획득했으나 성적 부진, 특히 마라톤에서의 부진은 큰 기대와 희망을 걸었던 국민들에게 실망을 안겼다.46) 그 해 8월 26일 오후 5시 런던올림픽 파견단이 김포공항에 도착했다. 조선체육회와 올림픽후원회는 이들을 위해 환영 다과회를 열었고 안재홍은 후원회장으로 격려 인사도 했다.

조선올림픽 파견단 일행 중 39명은 26일하오 5시 조선체육회 관계자 및 국내 제명사 등 환영리에 김포비행장에 안착하여 6시 30분 일행은 비행장 밖에 대기하고 있는 친척들과 여러 동지들의 환영을 받아가며 YMCA회관에서 조선체육회와 올림픽 후원 주최 환영다과회에 참석하였다. 동석상 올림픽후원회 회장 안재홍 씨는 기대가 너무 컸던 까닭에 낙망도 크다. 선수 일동은 와신상담 다음 올림픽에 큰 성과를 내라고 환영의 말을 하고 8시 20분 폐회하였다(『조선일보』, 1948년 8월 28일자, 2면).

이해 9월 3일에는 조선올림픽 파견단 환영행사가 서울YMCA 강당에서 열렸다. 안재홍은 김동성, 조병옥, 김형민, 구자옥 등과 함께 참석 축하를 했다. 이날 선수단을 위해 연회를 베풀 예정이었는데 선수단 일행이 이번 선수단이 그다지 좋은 성적을 내지 못하여 국민들에게 미안할뿐더러 또 설사 좋

---

46) 김재우·박종인, 「제14회 런던올림픽대회(1948)의 한국 참가 과정과 그 평가에 관한 연구」, 『한국사회체육학회지』, 2012, 11-26쪽.

은 성적을 거두었다 할지라도 우리들의 귀국과 함께 삼남지방의 참혹한 수재의 소식을 들었으니 만약 선수단을 환영할 비용이 있다면 이것을 수재민을 위하여 적절하게 이용하여 달라고 해 그 경비 20만원을 수재민에게 보내주기로 했다.47)

4. 맺음말

지금까지 민족운동가 안재홍의 체육활동에 대해 살펴보았다. 그 내용을 요약하면 다음과 같다. 첫째, 안재홍은 1920년대 조선일보라는 언론사를 기반으로 축구, 농구, 야구, 권투 등 다양한 체육 분야에서 경기인들과 협력하며 스포츠를 통한 민족의식 고취에 힘썼다. 안재홍은 조선일보 주필 시절인 1929년 생활개신운동을 주장하며 민족독립을 위한 건강증진의 필요성을 역설했다. 또한 이 시기 활발해진 야구, 농구, 권투, 축구 등 행사에 관심을 가지고 지원했다. 또한 1929년 10월 조선일보 후원 제1회 축구 경평전 개최를 지원 민족의식 각성에 노력했다.

둘째, 안재홍은 1930년대에 조선농구협회 초대 회장으로 한국 농구 발전에 초석을 놓았다. 또한 서상천이 기획한 제1회 전조선역기경기 대회를 지원하고 역도를 통해 건강을 관리하였으며 조선민중 보건 향상을 위해 양봉근이 이끈 보건운동사에 참여하고 보건체조 활성화에도 적극 도움을 주었다. 또한 이 시기에도 축구, 정구, 씨름, 권투 등 각종 경기대회에 개최를 지원해 억센 조선의 건설을 통해 독립의 기초를 다지고자 힘썼다.

---

47) 『조선일보』, 1948년 9월 4일자, 2면.

셋째, 해방 후 안재홍은 민공협동의 통일국가 수립을 위한 다양한 활동 중에도 조선체육회 고문, 한국프로권투협회 고문 등으로 체육발전에 기여했다. 자신이 창당한 국민당의 정강정책에도 신생활운동, 건민운동의 방향에서 체육정책의 중요성을 강조했다. 특히 민정장관 재직시절인 1947년 12월 대한올림픽 후원회 회장으로 한국 최초 복권인 올림픽 후원권을 발행 1948년 6월 신생 대한민국이 참여한 최초 런던올림픽 참여를 지원했다.

이런 안재홍의 체육활동은 향후 3가지 측면에서도 한국체육의 미래 발전에도 도움을 줄 수 있을 것이다. 앞서 노백린, 이상재, 여운형 등 민족지도자의 선행연구에 이어 안재홍에 이르기까지 근대와 현대 한국체육이 독립과 통일 성취에 노력한 민족지도자들의 지대한 관심 속에서 성장 발전해 왔다는 점이다. 이 점은 향후에도 전문 경기인이나 생활체육인 모두에게 한국체육에 대한 자부심을 갖게 하는 점일 것이다.

둘째, 지덕체의 균형적 발전에서 체육의 역할에 대한 성찰의 기회를 제공한다는 점이다. 안재홍은 평생 지덕체의 균형적 실천에 힘썼다. 지의 측면에서 안재홍은 평생 글쓰기를 실천하며 조선상고사감 등 5권의 단행본과 시평, 논설 등 방대한 글을 남기고 1934년에는 위당 정인보와 함께 다산 정약용의 문집 『여유당전서』 전 76권을 간행 실학 연구에도 기초를 놓았다. 덕과 실천의 측면에서 안재홍은 9번, 7년 3개월의 옥고에도 비타협민족주의자로 일제에 저항했으며 해방 후 정치활동 중에도 청렴과 통합을 실천 도덕적으로 존경을 받았다. 상대적으로 체의 측면은 그동안 체계적인 연구가 부족했다. 그러나 이번 연구를 통해서 안재홍의 등산과 걷기, 역기, 금연과 금주 등을 통한 개인적인 건강관리와 민족의식 고취 수단으로 체육의 중요성을 강조한 다양한 활동 사례를 확인할 수 있었다. 여기에서 안재홍의 치열한 삶과 활동의 바탕에는 늘 꾸준한 건강관리가 바탕이 되었음도 중요한 시사점이 될 수 있다.

  셋째, 안재홍은 백성과 함께 더불어 사는 삶, 민족과 세계, 세계와 민족이 공존하는 열린 민족주의를 주창하고 실천했다. 이는 한국체육의 미래 방향에도 시사점을 줄 수 있다, 엘리트 체육과 생활체육의 조화, 평화 정착의 수단으로서의 지역 간 국제적 지속적인 체육 교류, 민족 화해를 위한 남북체육교류 등도 긍정적으로 생각해볼 문제이다.

  안재홍의 체육활동 관련 향후 연구과제도 남아있다. 첫째, 현재 안재홍의 일본 동경유학 시절 활동에 대한 연구가 미진하다. 이 시기 안재홍이 어떤 스포츠에 관심을 가지고 있었는지 등에 대한 연구가 진행되면 귀국 후 다양한 스포츠 분야에 대한 관심과 지원을 지속한 안재홍의 활동을 이해하는데 도움을 줄 수 있을 것이다. 둘째, 안재홍은 1948년 나온 『체육문화』 창간호의 첫글로 '체육문화와 민족문화'라는 글을 실었다. 전국 각지를 도보와 등산으로 여행하며 다수의 글도 남겼다. 이런 자료들은 향후 안재홍의 체육사상을 이해하는데 큰 도움을 줄수 있을 것이다.

  셋째, 안재홍의 동생 안재학의 체육활동에 대한 조명도 필요하다. 평택 출신의 안재학은 일본 교토대에서 공업화학을 전공하고 돌아와 연희전문 교수를 지내다가, 독일 빌헬름 2세 화학연구소에 유학한 한국 최초의 독일 연구소 유학 공학사였다. 귀국 후에는 경신학교에서 교무로 있으면서 야구부를 이끌었다. 당시 자료를 보면 조선씨름협회 주관 체육대강연회에 안재학이 강사로 참여 한 점[48], 안재학이 독일 유학을 마치고 귀국했을 때 체육계에서 대대적인 환영만찬회를 열어준 것[49] 등으로 보아 독일 유학시절 서구 선진스

---

[48] 『조선일보』, 1928년 2월 7일자, 5면.
[49] 『조선일보』, 1928년 3월 16일자, 3면.

포츠 정보를 국내에 지속적으로 전해주었을 가능성도 크다. 안재학의 체육활동 조명과 함께 안재학과 안재홍의 체육활동 관련 영향 관계에 대한 규명도 필요하다.

참고문헌

김상순, 「한국근대체육의 도입과정과 전개양상」, 『한국체육학회지』 제32권 제1호, 1993.
김동규·주동진, 「몽양 여운형의 체육활동」, 『한국체육학회지』 제43권 제3호, 2004.
김성수·엄정식, 「월남 이상재의 체육사상 연구」, 『한국체육과학회지』 제12권 제1호, 2003.
김영희, 「일제강점기 언론사연구와 안재홍의 조선신문소사」, 『안재홍 언론사상 심층연구』, 도서출판 선인, 2013.
김인식, 「민세 안재홍의 사상과 행동」, 중앙대 박사학위 논문, 1998.
김인식, 『중도의 길을 걸은 신민족주의자』, 역사공간, 2007.
김인식, 『광복전후 국가건설론』, 경인문화사, 2008.
김인식, 『안재홍의 신국가건설운동』, 도서출판 선인, 2012.
김인식, 「신간회의 창립과 민족단일당 이론」, 『안재홍과 신간회의 민족운동』, 도서출판 선인, 2012.
김인식, 「1930년대 안재홍의 조선학론」, 『1930년대 조선학운동 심층연구』, 도서출판 선인, 2015.
김인식, 「민세 안재홍 저작의 전집화·DB화 사업의 의의와 남은 과제」, 『안재홍 자료 집성과 기념사업』, 도서출판 선인, 2016.
김인희, 「안재홍의 고조선 연구 성과와 한계」, 『근대 한국사상가들의 고조선 인식』, 고조선단군학회 제61회 학술발표회. 2014. 10. 2, 국립고궁박물관, 2014.
김재우, 「구한말기 한국 YMCA 체육에 관한 연구」, 『스포츠 정보테크놀러지연구』 제1권 제1호, 2006.
김재우·박종인, 「제14회 런던올림픽대회(1948)의 한국 참가 과정과 그 평가에 관한 연구」, 『한국사회체육학회지』, 2012.
김진표, 「일제강점기(1910~1945)에 도입된 한국 복싱의 발달양상을 통해 본 역사적 의의」, 『대한무도학회지』 제13권 제1호, 2011.
류시현, 『동경삼재』, 산처럼, 2016.
박찬승, 『1930년대 안재홍의 민세주의론. 민족에서 세계로』, 봉명, 2002.
박찬승, 『민족주의의 시대』, 경인문화사, 2010.
손환, 「계원 노백린의 한국근대체육발전에 미친 영향」, 『한국체육사학회지』 제13권 제2호, 2008.
손환, 「일제강점기 조선체육연구회의 활동에 관한 연구」, 『한국체육학회지』 제50권 제6호, 2011.

손환·최종균, 「문곡 서상천의 한국 근대스포츠 발전에 미친 영향」, 『한국체육학회지』 제38권 제4호, 1999.
손환·최성진, 「여운형의 체육활동과 사상」, 『한국체육학회지』 제16권 제1호, 2011.
손환·최용덕, 「한국체육의 선구자, 몽양 여운형의 체육활동」, 『한국체육사학회지』 제22권 제1호, 2017.
안재홍선집간행위원회, 『민세안재홍선집 1』, 지식산업사, 1981.
안재홍선집간행위원회, 『민세안재홍선집 2』, 지식산업사, 1983.
안호상, 간행사, 민세안재홍선집 1』, 지식산업사, 1981.
유성연, 「월북 체육인 장권의 체육 활동과 사상」, 『한국체육학회지』 제56권 제2호, 2017.
윤대식, 『건국을 위한 변명: 안재홍』, 신서원, 2018.
안진규·김재우, 「체육행정가로서의 몽양 여운형」, 『한국체육사학회지』 제21권 제3호, 2016.
이병규·유성연, 「한국 농구의 태두 정상윤의 체육활동과 사상」, 『한국체육사학회지』 제52권 제3호, 2013.
이신철, 「전쟁 이후 안재홍의 통일국가 수립운동」, 『안재홍의 항일과 건국사상』, 백산서당, 2010.
이지원, 『한국 근대문화사상사연구』, 혜안, 2007.
이진한, 「민세 안재홍의 신민족주의 사관에 대한 일고찰」, 『민세안재홍 심층연구』, 황금알, 2005.
이진한, 「민세의 한국중세사 인식과 유물사관 비판」, 『안재홍의 항일과 건국사상』, 백산서당, 2010.
이종성, 「일제하 조선인 경영신문의 축구대회 후원과 개최에 관한 연구」, 『한국체육학회지』 제53권 제5호, 2014.
이태신, 「체육학 대사전 학술용어편」, 『민중서관』, 2000.
정영렬·김흥태, 경평전의 사적 고찰과 의의. 한국엔터테인먼트산업학회논문지 제8권 제2호, 2014.
정윤재, 『다사리공동체를 향하여』, 도서출판 한울, 2002.
정윤재, 「안재홍의 조선정치철학과 다사리이념」, 『민족에서 세계로』, 봉명, 2002.
정윤재, 「1930년대 안재홍의 문화건설론 연구」, 『민세안재홍 심층연구』, 황금알, 2005.
정윤재, 「안재홍의 신민족주의 역사인식과 평화통일의 과제」, 『한국동양정치사상연구』 17(1), 2018.
조맹기, 「안재홍의 신민족주의 언론사상」, 『민족에서 세계로』, 봉명, 2002.
진덕규, 『권력과 지식인』, 지식산업사, 2011.

최흥희·김재우, 「월남 이상재의 체육사상과 활동에 관한 연구」, 『한국체육사학회지』 제22권 제4호, 2017.
천관우, 「민세 안재홍 연보」, 『창작과 비평』 13권 제4호, 창작과 비평사, 1978.
천관우, 「해제1」, 『민세안재홍선집 1』, 지식산업사, 1981.
황우갑, 『성인교육자 민세 안재홍』, 도서출판 선인, 2019.
황우갑, 『민세 안재홍 연보 1』, 도서출판 선인, 2020.

『동광』, 1932년 1월호 제29호.
『동아일보』, 1931년 4월 17일자.
『동아일보』, 1946년 6월 3일자.
『민성』, 1949년. 5권. 제10호.
『삼천리』 제25호. 1932년 4월호.
『조선일보』, 1926년 2월 1일자.
『조선일보』, 1928년 2월 7일자
『조선일보』, 1928년 3월 16일자
『조선일보』, 1929년 5월 15일자
『조선일보』, 1929년 6월 12일자.
『조선일보』, 1929년 7월 1일자.
『조선일보』, 1929년 9월 20일자.
『조선일보』, 1929년 10월 21일자.
『조선일보』, 1929년 11월 25일자.
『조선일보』, 1929년 10월 10일자.
『조선일보』, 1930년 6월 8일자.
『조선일보』, 1930년 6월 15일자.
『조선일보』, 1930년 10월 20일자.
『조선일보』, 1930년 10월 27일자.
『조선일보』, 1930년 11월 8일자.
『조선일보』, 1930년 11월 14일자.
『조선일보』, 1931년 1월 26일자.
『조선일보』, 1931년 4월 17일자.
『조선일보』, 1933년 4월 27일자.
『조선일보』, 1931년 5월 9일자.

『조선일보』, 1931년 6월 15일자.
『조선일보』, 1931년 9월 30일자.
『조선일보』, 1931년 10월 26일자.
『조선일보』, 1931년 11월 13일자.
『조선일보』, 1931년 11월 16일자.
『조선일보』, 1931년 2월 16일자.
『조선일보』, 1931년 11월 30일자.
『조선일보』, 1931년 12월 8일자.
『조선일보』, 1933년 4월 27일자.
『조선일보』, 1931년 9월 7일자.
『조선일보』, 1931년 12월 17일자.
『조선일보』, 1932년 1월 18일자.
『조선일보』, 1932년 3월 10일자.
『조선일보』, 1936년 5월 10일자.
『조선일보』, 1946년 2월 28일자.
『조선일보』, 1947년 3월 28일자.
『조선일보』, 1947년 4월 27일자.
『조선일보』, 1947년 6월 24일자.
『조선일보』, 1948년 6월 20일자.
『조선일보』, 1948년 6월 22일자.
『조선일보』, 1948년 8월 28일자.
『조선일보』, 1948년 9월 4일자.

필자소개

┃김인식┃

중앙대학교 교양대학 명예교수

┃오영섭┃

독립기념관 이사

┃이주현┃

고려대학교 동양철학과 박사 수료

┃방유미┃

경희대학교 국제한국언어문화학과 박사 수료

┃황우갑┃

고려대학교 아세아문제연구원 연구위원